Delius Klasing
EDITION MOBY DICK

SUSA BOBKE · SHIRLEY SEUL

MOTORRAD HANDBUCH FÜR FRAUEN

Delius Klasing
EDITION MOBY DICK

Für Solveig und Sabine Thams
und für Laura

Wir danken Honda Deutschland GmbH; Herrn Sautter von BMW Motorrad, Herrn Poensgen, Rockerbox München; A & F Auto- und Fahrradwerkstatt München und: Hedwig Henschel für Lektorat, Mona Brandt und Margit Weber für technische Korrektur; Esther Donatz für englische Korrespondenz; Martina und Nikolaus für Mit- und Entwicklungshilfe, Kritik und Semmelknödel.

Wichtig: Alle Ratschläge und Empfehlungen in diesem Buch sind sorgfältig geprüft und wurden nach bestem Wissen und Gewissen erteilt. Dennoch können Verlag und Autorinnen keine Haftung für etwaige Schäden übernehmen. Technische Hinweise, Preisangaben und ähnliche Informationen sind erfahrungsgemäß Veränderungen unterworfen und daher nicht verbindlich.

Die Deutsche Bibliothek – CIP-Einheitsaufnahme

Bobke, Susa:
Motorradhandbuch für Frauen/Susa Bobke und Shirley Seul. Ill. von Naomi Lawrence. – Kiel: Moby Dick Verlag, 1999
(Delius Klasing – Edition Moby Dick)
Früher u.d.T.: Bobke, Susa: Frauen-Motorrad-Handbuch
ISBN 3-89595-144-7

Die Originalausgabe dieses Werkes erschien unter dem Titel *FrauenMotorradHandbuch* beim Verlag Frauenoffensive.

Ungekürzte Lizenzausgabe des
Moby Dick Verlages, Kaistraße 33, D-24103 Kiel
ISBN 3-89595-144-7

Umschlaggestaltung: Buchholz/Hinsch/Hensinger, Hamburg
Titelbild: Kai-Uwe Widdecke
Illustrationen: Naomi Lawrence (soweit nicht anders angegeben)
Gesamtherstellung: Clausen & Bosse, Leck
Printed in Germany 1999

Vertrieb: Edition Moby Dick/Delius Klasing Verlag,
Siekerwall 21, D-33602 Bielefeld
Tel.: 0521/559-0, Fax: 0521/559-113
e-mail: info@delius-klasing.de; http://www.delius-klasing.de

INHALT

3. Allgemeiner technischer Teil

4. Wartungsarbeiten zum Selbermachen

Einleitung
Der Motorradkomplex

Daß Frauen nicht Auto fahren können, wissen wir mittlerweile. Deshalb fahren wir jetzt Motorrad.

Während das vor hundert Jahren schon wegen der damals herrschenden Kleiderordnung unmöglich gewesen wäre, sind wir heute so aufgeschlossen, daß nur noch ein Problem zu überfahren ist. Frauen und Technik: Das paßt so gut zusammen wie Frauen und Bartwuchs. Ferner macht Motorradfahren häßlich. Männer mag das kleiden. Aber Frauen! Vom Motorradfahren färbt der Lippenstift zwar nicht auf die Zähne ab, aber Wimperntusche verläuft erfahrungsgemäß ab 59 km/h, und besonders Kurzhaarfrisuren leiden unter der Helmpflicht.

Woher die Vorurteile zum Thema Frauen und Technik kommen, wissen wir, und wir beabsichtigen nicht, ein soziologisches Werk zu verfassen. Mädchen und Jungen werden verschieden erzogen. Auch heute noch, auch von aufgeklärten Müttern oder Vätern. Aus Versehen oder in bester Absicht. Darüber gibt es umfassende Studien, Langzeitbeobachtungen und und und – das alles gehört nicht hierher, aber es ist Tatsache, und deshalb setzen wir das erst mal voraus. Viel gefährlicher als die Vorurteile von außen sind jene, die dir sozusagen eintätowiert sind. Nämlich daß du dich für technisch unbegabt hältst. Deshalb probierst du erst gar nichts. Es könnte ja was schiefgehen. Du könntest was kaputtmachen. Und weißt nicht mal, wie es heißt. Geschweige denn, wie du etwas Auseinandergeschraubtes wieder zusammenkriegst – wenn du überhaupt so weit kommst, etwas zerlegt zu haben. Woher sollst du es auch können? In der Schule gab's nicht Werken, sondern Handarbeiten. Dein Papa hat immer nur deinen Bruder zum Schrauben mitgenommen. Und der hat sich mit seinen Kumpels in der Garage eingeschlossen. Vielleicht fährst du aus diesem Grund nur mit Männern. Oder nur in der Stadt. Schließlich könntest du liegenbleiben.

Das Schlimmste am Liegenbleiben ist die Angst davor. Wenn du dieses Buch gelesen hast, brauchst du keine Angst mehr zu haben. Du wirst sogar in der Lage sein, dein Motorrad vorab am Liegenbleiben zu hindern. Weil du es nämlich in einen Zustand versetzt, der mit Liegenbleiben unvereinbar ist. Warnung: Es ist nicht ausgeschlossen, daß du nach der Lektüre dieses Buches nur noch einen Wunsch hast:

Pannen, Pannen, Pannen. Warum ist das Kupplungsseil noch immer nicht gerissen? Warum haben immer nur andere das Glück, einen neuen Luftfilter zu brauchen? Und wann ist endlich der nächste Ölwechsel fällig?

Dieses Buch unterscheidet sich von anderen Motorradbüchern dadurch, daß es dir nicht erzählt, daß ein High-Tech-Helm nur in geschlossenem Zustand über Leben und Tod entscheiden kann, welche gymnastischen Übungen du auf öffentlichen Parkplätzen machen kannst, um die Schrecksekunde zu überwinden, aus wie vielen Kalorien sich dein Proviantpaket maximal zusammensetzen darf und wo du es am besten verstaust.

Was also bringt dir dieses Buch?

- Es verschafft dir einen Überblick über die Bauteile und technischen Zusammenhänge deines Motorrades – in leichtverständlicher Sprache, ohne Technik-Dünkel und mit vielen Bildern.
- Es erklärt dir technische Grundbegriffe und ermöglicht dir damit die Benutzung anderer markenspezifischer Motorradhandbücher.
- Es versetzt dich in die Lage, diverse Wartungsarbeiten an deinem Motorrad selbst durchzuführen.
- Es erzählt dir dies und das über die Geschichte des Motorradfahrens aus Frauensicht.

Des weiteren bietet dir dieses Buch unzählige wertvolle Anregungen zu Fragen wie:

- Wohin mit meinen alten Socken?
- Wie bekomme ich in der Apotheke Hausverbot?
- Was tun mit Stoffen wie Fiesoxin und Meuchelmonoxid?

Und vor allem: Es soll dich unterhalten und dir Freude machen. Technik kann Spaß machen! Worüber du lachen kannst, davor fürchtest du dich nicht (mehr). Technik ist nichts verkniffen-theoretisch Ernstes. Dazu wird sie immer nur gemacht.

Nicht von uns:

Susa Bobke, Baujahr 1964, KFZ-Meisterin, von Beruf gelber Engel, Leibspeise: Currywurst mit Pommes und Mayo. Outing: seit fünfzehn Jahren aktive Aknepatientin.

Shirley Seul, Baujahr 1962, Schriftstellerin, Leibspeise: Semmelknödel mit Champignons. Outing: Hobby Spiegelputzen.

Naomi Lawrence, Baujahr 1966, Malerin, Leibspeise: Sojamilch und Salzstangen. Outing: über 1,80 m.

Unsere Gemeinsamkeit, außer Freude am Lachen: Seit unserem achtzehnten Lebensjahr fahren wir Motorrad.

Der Mythos von der technischen Begabung

Aus der Werkzeugkiste geplaudert

Seit 1989 gebe ich KFZ-Selbermach-Kurse für Frauen, seit 1994 für Männer und Frauen. In diesen Kursen bestätigt sich, was mir schon bei meiner Arbeit als Mechanikerin in einer Autowerkstatt aufgefallen ist.

Obwohl eine deutliche Tendenz zu erkennen ist, daß Männer und Frauen sich von abgestandenen Rollenklischees trennen, möchte ich die in allen Werkstätten immer wieder gern gespielte Tragikomödie von Hold und Unhold kurz und übertrieben skizzieren.

Nicht nur Zooloqinnen stellen fest: Männliche und weibliche Versuchssubjekte weisen ein abweichendes Pannenverhalten auf.

Ist das Fahrzeug kaputt, neigen Männer dazu, bei der Fehlerdiagnose ihre Spuren zu verwischen, schlagen unmögliche Ursachen vor oder beschließen kurz und bündig, es handle sich um einen Baufehler des Herstellers. Anstatt beispielsweise zuzugeben, daß sie den Tank leergefahren haben, behaupten sie, er habe ein Loch. Schwungvoll blenden sie sich und andere mit einer häufig vorgetäuschten technischen Kompetenz, die in passenden oder unpassenden Fachausdrükken kulminiert. Sie meistern die Situation mit heldenhafter Souveränität und sind (vergleiche Adam) völlig unschuldig.

Frauen haben natürlich schuld (vergleiche Eva) und nehmen sie bereitwillig auf sich. Sie lassen sich auch ausgiebig über die Umstände aus, die zu dem Problem geführt haben könnten, „beichten" ihr Versagen geradezu schadenfroh und nehmen den Defekt an ihrem Fahrzeug als gerechte Strafe hin. Weil sie zum Beispiel nie Öl nachgeschaut haben. Sie haben deswegen ein sehr schlechtes Gewissen. Frauen haben eine Schwäche dafür, vom Schlimmsten auszugehen, das sie selbst herbeigeführt haben. Weil sie immer schuld sind. Weil sie technische Versagerinnen sind. Mit all diesem Ballast befinden sie sich in einer Situation, die ihnen offenbar häufig vertraut ist: ausgeliefert zu sein. Dabei sind sie nicht hysterisch, wie oft vermutet wird, sondern gefaßt, nämlich auf alles.

Etwas nicht zu wissen ist für Frauen selbstverständlich – für Männer eine Niederlage.

Frauen sind meistens aufmerksame Zuhörerinnen, sehr wissenshungrig, stellen viele Fragen und möchten alles deutlich erklärt bekommen. In der Praxis sind Frauen eher zurückhaltend, gelegentlich gehemmt. Erst wenn sie das Gefühl haben, theoretisch wirklich Bescheid zu wissen, wollen sie dieses Wissen in die Praxis umsetzen. Dabei benutzen sie die theoretischen Anleitungen und halten sich an die vorgegebene Reihenfolge - im Gegensatz zu Männern. Männer wollen gleich *machen*. Theorie hält sie nur auf – auch wenn es sich dabei um etwas handelt, das für sie neu ist. Männer müssen zwischendurch immer wieder mal beweisen, was sie alles schon können. Sie machen einfach drauflos. Eine sinnvolle Reihenfolge werfen sie oft über den Haufen. Gelegentlich arbeiten sie konfus. Sie sind nicht durch die Angst gehemmt, etwas kaputtzumachen. Wenn etwas kaputtgeht, ist es halt „bläd glaffa" (für unsere nichtbayerischen Freundinnen: blöd gelaufen).

Vorsicht: Falle

Männer wollen Frauen kleine Arbeiten abnehmen, fragen, ob sie vielleicht etwas helfen können, oder fragen nicht und nehmen einer Frau den Schraubenschlüssel aus der Hand. Diese Art der Entmündigung gehört zu den klassischen Flirtritualen (zoologisch: Paarungsverhalten). Wenn ein Mann in seinem Rollenverhalten dominant auftritt, reagiert die Frau oftmals mit ihrem Rollenverhalten: Sie läßt machen. Damit verliert sie ihre am Anfang des Kurses so deutlich sichtbare Unternehmungslust und Neugier, und sie macht wieder nicht selbst. Das wiederum wird ihr bei unpassender Gelegenheit beispielsweise in Form von Blondinenwitzen vorgeworfen. Dieses „Kavaliersdelikt" spielt sich nicht nur auf der Straße ab.

Die beste Lösung: Frauen und Frauen – Männer und Männer

Frauen, die an Kursen für Frauen teilnehmen, gehören zu keiner speziellen Randgruppe wie etwa Vorort-Eigenheimbewohnerinnen oder Roy-Black-Verehrerinnen. Die Kursteilnehmerinnen zwischen 18 und 60 Jahren repräsentieren einen Querschnitt der Bevölkerung.

Bei einem Kurs, an dem ausschließlich Frauen teilnehmen, entfällt die Ablenkung durch Rückfall in Rollenspiele. Frauen lernen entspannter. Ich kann gezielt auf die Fragen einzelner Frauen eingehen, ohne daß die übrigen Frauen, die vielleicht andere technische Erfahrungen haben, dazwischenfunken. Ich habe die Zeit, technische Begriffe und Funktionsweisen gründlich zu erklären, was bei einem gemischten Kurs gar nicht möglich ist, da Männer es im allgemeinen nicht aushalten, irgendwelche Grundvoraussetzungen nicht zu kennen.

In meiner Lehrzeit mußte ich anfangs sehr mit mir ringen, den Glauben an meine überdurchschnittliche Intelligenz nicht zu verlieren.

Scheinbar einfachste Dinge verstand ich nicht. Nach einer Weile erkannte ich, daß mein „schwer von Begriff“ auch der „schweren Zunge“ meines Gegenübers zu verdanken war: Drücke dich so aus, daß dich niemand versteht, scheint das erste Gebot der technischen Bibel zu lauten.

Für viele Teilnehmerinnen geht es in den Kursen um mehr als nur die Vermittlung von technischem Wissen. Frauen wagen sich in ein fremdes „Hoheitsgebiet“. Persönliche Hilflosigkeit überwinden, sich etwas zutrauen, sich wehren, nicht mehr ausgeliefert sein, Eigeninitiative ergreifen – das sind Themen, die über den Kurs hinausreichende Bedeutung haben. Am Ende eines Kurses hat sich das unsichere Gefühl der Teilnehmerinnen in fröhliches Staunen verwandelt. So einfach ist das! Wie konnte ich mir das nicht zutrauen?

Manche Frauen haben mir erzählt, daß ihnen die technischen Zusammenhänge, die sie im Kurs lernten, schon vorher mal erklärt wurden – ohne daß sie etwas, bzw. eben nur etwas, verstanden hätten. Meiner Meinung nach liegt das am eher Dummsülzen (männlicher Profilierungszwang) als Erklären. Vielleicht sind Männer auch ein wenig geizig, wenn es darum geht, Wissen zu vermitteln. Denn – was erwartet sie, wenn die Freundin selber schraubt? Ihr eigener Sockelfall ist vorprogrammiert. Gelegentlich erscheint eine Frau übrigens nicht zum zweiten Kurstag, weil ihr Freund einen Migräneanfall erlitten hat.

Für jetzt und immer und zum letzten Mal: Der Mythos von der technischen Begabung

Das Wort Mythos stammt aus dem Griechischen und heißt Erzählung, Rede, Sage, Wort. In bezug auf die technische Nichtbegabung von Frauen kann Mythos nur als Sage aufgefaßt werden. Wenn es überhaupt technische Begabung gibt, hat sie nichts mit dem Geschlecht eines Menschen zu tun. Es gibt nur eine Voraussetzung, die über technische Begabung entscheidet: das persönliche Interesse, sich mit Technik auseinandersetzen zu wollen.

Ich wünsche mir, dieses Buch bringt dich dazu, frei entscheiden zu können, ob du Lust zum Schrauben hast. Wenn du willst, kannst du. Aber du mußt nicht wollen. Du tust schließlich nicht alles, was du tun könntest, wenn du wolltest. Zum Beispiel für amnesty spenden, U-Bahn fahren, die Musik bis zum Anschlag aufdrehen, deinem Nachbarn Regenwürmer in den Briefkasten stecken, mit dem Fahrrad durch die ExDDR fahren. Es hat nichts mit Begabung zu tun, sondern mit Lust oder nicht, Zeit oder nicht und Interesse oder nicht. Es ist deine freie Entscheidung.

Jetzt möchte ich die Sage endlich zersägen. Und zwar in drei gleich große Vorurteile.

1. Vorurteil: Technik ist etwas Sachliches, Logisches.

Beweis: Frauen können weder sachlich argumentieren noch logisch denken, sondern leben aus dem Bauch heraus, in einer diffusen Wolke aus Gefühl, die sich gelegentlich in hysterischen Anfällen entlädt.

2. Vorurteil: Zur technischen Begabung gehört eine Körpergröße ab 1,85 m.

Beweis: Frauen mit dieser Körpergröße finden sich gehäuft auf Laufstegen, und da die Haute Couture im krassen Gegensatz zu Vorurteil Nr. 3 steht, erübrigt sich eine weitere Beweisführung.

3. Vorurteil: Eine richtige Frau wühlt nicht gern im Dreck, und wenn, dann nur mit Putzmitteln. Technik hat aber oft etwas mit Dreckigmachen zu tun.

Beweis: Eine Frau mit Öl an den Händen ist eine ungepflegte Frau. Ein Mann mit Öl an den Händen ist erst recht ein Mann. Ein Mann mit grauen Schläfen ist interessant, eine Frau mit grauen Schläfen kann sich verschrotten lassen.

Ich schlage vor, wir verschrotten jetzt und auf der Stelle und ein für alle mal die Sage von der technischen Nichtbegabung der Frauen. Weg mit dem Müll! Geistiger Müll hat übrigens eine sehr lange Halbwertzeit und muß deswegen besonders gründlich entsorgt werden.

Nach intensiver Suche hat Bruno den Schaden zwar nicht behoben, aber die Ursache scharfsinnig eingekreist und schließlich aufgespürt. (Naomi)

Pionierinnen

Im Zentrum des öffentlichen Interesses: der weibliche Unterleib

Falls du dich auf deinem Motorrad jemals als Pionierin gefühlt haben solltest – vergiß es. Frau und Motorrad, das ist nämlich genauso alt wie Motorrad allein. Nicht als Sozia. Als Fahrerin. Und was für Fahrerinnen! Weltrekordfrauen. Frauen, die die USA durchquerten (1907). Oder Afrika (1934). Lange bevor es die Paris-Dakar gab. Unter Bedingungen und auf Straßen, die wir heute nicht mal als Trampelpfad bezeichnen würden. Da die Geschichte immer nur an jene erinnert, die sich besonders hervorgetan haben, wissen wir wenig von den Frauen, die einfach so Motorrad fuhren – ohne Rekorde zu brechen. Aus Spaß. Oder weil es extravagant war (Marlene Dietrich fuhr Harley). Oder weil sie schlicht und einfach ein Fortbewegungsmittel brauchten. Um die Oma zu besuchen. Um als Hebamme zu einer Gebärenden zu kommen. Oder als Kaminkehrerin zu einem Schornstein bzw., das innerautorinnenschaftliche Nord-Süd-Gefälle berücksichtigend, als Schornsteinfegerin zu einem Kamin (1940).

Wir kennen lediglich die Namen von Rennfahrerinnen und Weltrekordhalterinnen. Aber es muß auch motorradfahrende Frauen, wie wir es sind, gegeben haben. Schließlich setzten sich die Zeitungen mit diesem skandalösen Thema auseinander. Eine Frau mit gespreizten Beinen in der Öffentlichkeit (bzw. ohne Mann dazwischen) – an und für sich schon undenkbar – aber dann noch auf einem motorisierten Sattel! Das ging entschieden zu weit! Hatte das Radfahren doch schon zur öffentlich-männlichen Empörung geführt. Hätten sie halt ein Damenfahrrad entwickelt, das es den Frauen ermöglichte, gesittet, nämlich mit geschlossenen Beinen zu radeln (vergleiche Damenreitsattel). Was das alles mit Sitte zu tun hat? Da müssen wir gar nicht in den Benimmbüchern der vergangenen Jahrhunderte blättern. Eine anständige Frau sitzt nicht mit gespreizten Beinen. Haben wir selbst noch gehört. Von Tante Adele zum Beispiel – vor zwanzig Jahren.

Eine anschauliche Schilderung, wie es einer Motorradpionierin in der Großstadt ergehen kann, stammt von der „Wanderfahrerin“ Ilse Lundberg. Im Jahr 1927 schrieb sie in der Zeitschrift „Das Motorrad“:

> ... zieht (sie) den Plan von Berlin heraus und will diesen gerade um Rat fragen, da stürmt schon eine Horde Kinder hervor – Jungens und Mädels –, die johlen und schreien, als sie erkennen, daß es kein männlicher Herr ist. „Kiek doch mal, en Mannweib mit

Hosen", oder „Mensch, Dicke, bleib doch man lieber zu Hause an de Kochtöppe" und „Fräulein, daß Ihnen nur keene Masche an den Wickelgamaschen runterfällt", sind noch ganz harmlose Stilblüten. Trotz energischen Protests der alleinstehenden Dame rütteln die Rangen am Hinterrad – und wenn sie die hintenstehenden davon wegtreiben will, tuten die anderen ganz schnell und wenig schonungslos vorne an der Ballhupe. Der eine hat den Gashebel erwischt – Flucht – ein Tritt auf den Kickstarter – die Landkarte wandert ganz schnell in die Tasche der Windjacke zurück – da sieht sie gerade noch rechtzeitig, wie einer der Jungens ein paar Reißzwecken vor den Vorderreifen legt. Eine wohlgezielte Ohrfeige – das Hindernis wird kunstgerecht umfahren – weiter.

Sitte und Anstand – Frauen in Fesseln

Anfang unseres Jahrhunderts hatte eine Frau weder ein Recht auf ihren Körper noch eines auf Sexualität. Eine anständige Frau hatte schlicht und einfach keine Sexualität. Da die Männer aber doch Angst hatten, sie könnte heimlich eine haben – schließlich war der weibliche Unterleib das große schreckliche Geheimnis, vor dem sogar Freud kapitulierte –, mußte er (der Unterleib) also mit aller zur Verfügung stehenden Aufmerksamkeit ignoriert werden. Besonders Ärzte taten sich hervor, den Frauen immer wieder einzutrichtern, daß sie einen gefährlichen Krankheitsherd in sich trügen: ihren Unterleib. Alles, was dieses Pulverfaß zum Explodieren bringen könnte, wie z.B. Radfahren, Reiten etc., müßte unter allen Umständen vermieden werden.

Im folgenden wollen wir kurz auf die Stellung der Frau des Bürgertums im 18. und 19. Jahrhundert eingehen, woraus ersichtlich wird, mit welchen Schwierigkeiten die Pionierinnen des Motorradfahrens kämpfen mußten. Einmal abgesehen davon, daß jeder Mensch, der Anfang unseres Jahrhunderts Motorrad fuhr, gleichzeitig Mechanikerin/Mechaniker sein mußte, hatten sich fahrende Frauen nicht nur mit ihren Motorrädern, sondern noch wesentlich intensiver mit ihrer Umwelt auseinanderzusetzen, die wenig Verständnis für solche unzüchtigen und ordinären „Mannweiber" aufbrachte. Da Motorradsport sich aus Motor und Sport zusammensetzt, konnten die Pionierinnen des Motorradfahrens an den Eroberungen anknüpfen, die die Pionierinnen des Frauensports geleistet hatten: Sie brauchten nicht im Korsett und mit Riechsalz zu fahren ...

Weltberühmte Herren Philosophen hatten sich hingebungsvoll mit weiblicher Bildung und weiblichem Benehmen beschäftigt. Rousseau vertrat Mitte des 18. Jahrhunderts die Auffassung, die Bildung eines

Mädchens verfolge den Zweck, daß „ein Mann Gefallen an ihr findet"; Frauen seien von Natur aus dazu geschaffen, sich unterzuordnen. Rousseaus Frauen sind höflich und bescheiden und lesen keine geistig anspruchsvollen Bücher, denn dies würde ihren Geist verdunkeln.

Unzählige Regeln der Schicklichkeit und Sittlichkeit beschränkten den Lebens- und Erfahrungsbereich der Frauen aus dem Bürgertum. Hinzu kam eine Kleiderordnung, die mit Knebelordnung treffender bezeichnet ist. Bis zu fünfzehn Pfund schwere Fesseln machten die Frauen zu dem, was sie sein sollten: unbeweglich, passiv, „ans Haus gebunden", und zwangen ihnen ein Dasein voller Einschränkungen und Entbehrungen auf. Das beengende Korsett mit Stäben aus Fischbein oder Stahl führte zu einer hoheitsvollen Haltung und kleinen „weiblichen" Bewegungen. Unerheblicher Nebeneffekt: schwere gesundheitsschädigende Folgen. Die geschnürten Damen konnten sich kaum vorbeugen, nicht einmal tief Luft holen. Von irgendeiner körperlich ausgelassenen Ertüchtigung, die versehentlich zu einem Gefühl der Lebensfreude führen könnte, ganz zu schweigen. Hatten sie auch kein Recht drauf. Ihre Lebensaufgabe war die Erquickung des männlichen Auges. Und eine Dame kam sowieso nicht außer Atem. Je nach Stil der Zeit und Entschlossenheit seiner Trägerin konnte ein Korsett bis zu 80 Pfund Druck ausüben. Bekannt ist das traurige Schicksal des Mädchens, das seine Taille auf 48 Zentimeter schnürte: Liebreizend lächelnd sank es entseelt zu Boden – eine gebrochene Rippe hatte die Leber durchbohrt.

Wenige medizinische Meinungen sind publiziert, die das Korsett und den dadurch erzwungenen Bewegungsmangel als gesundheitsschädlich anprangerten. Die Mehrzahl der Ärzte versuchte ihre Patientinnen davon zu überzeugen, daß der Fortpflanzungsapparat einer Frau durch körperliche Anstrengung und/oder intellektuelle Stimulation aus dem Gleichgewicht geraten könnte. Kinderkriegen ist selbstverständlich keine Anstrengung, sondern eine Freude. Und außerdem die gerechte Strafe für den Apfel.

1810 billigte Turnvater Jahn in seinem Werk über das „Volksthum" den Mädchen, die sich auf ihre verantwortungsvollen Aufgaben als Schöpferinnen häuslichen Glücks und als opferbereite Mütter und Gattinnen vorbereiteten, mäßige und vor allem weibliche Leibesübungen zu – nicht aber sein auf Männer ausgerichtetes Turnen. In Preußen gab es gar ein Verbot des Turnens (1820–1842). In anderen Ländern wurden in den dreißiger Jahren des 19. Jahrhunderts erste Turnkurse für Mädchen angeboten, die der Vermittlung von Grazie und Anstand dienten. Alle Veröffentlichungen zu den Leibesübungen propagierten allerdings lediglich die körperliche Ertüchtigung der Mädchen. Daß erwachsene oder verheiratete Frauen „es" tun könnten, wurde nicht einmal in Erwägung gezogen. Das Mädchenturnen orientierte sich selbstredend an der herrschenden Prüderie und an den Vorurteilen über die angeblichen körperlichen Defizite der Frauen. Ein Schreckgespenst war die negative Auswirkung, die das Turnen auf die Weiblichkeit haben könnte. Auf keinen Fall dürfe die Eigentümlichkeit des weiblichen Körpers gefährdet sein, sprich: die Gebärfähigkeit beeinträchtigt werden. Der harten körperlichen Alltagsarbeit der Nicht-Bürgersfrauen unterstellte niemand schädliche Auswirkungen. Statt dessen wurde mit großer Entschiedenheit darauf hingewiesen, daß Turnübungen gegen den weiblichen Sinn für Wohlanständigkeit verstießen.

Gegen Ende des 19. Jahrhunderts – zu einer Zeit, als das erste Motorrad fuhr (1885) – begann die Konkurrenz des deutschen Turnens mit dem aus England importierten „Sport". Frauen und Mädchen beteiligten sich an einigen der neuen Sportarten – obwohl die hierzu geforderten Eigenschaften wie Ausdauer, Kraft und Durchsetzungsfähigkeit allgemein immer noch als unweiblich beurteilt wurden. Vor allem exklusive Sportarten wie Tennis oder Golf boten sich für die Frauen der Ober- und Mittelschicht an, wobei die Turniere auch das Ambiente eines gesellschaftlichen Ereignisses hatten und die Frauen in ihrer dekorativen Rolle brillieren konnten.

Die Moral verlangte eine so unpassende Kleidung von den Sportlerinnen der ersten Stunde, daß die Damen sich oftmals in ernste Gefahr brachten. Hosentragende Frauen waren als Dirnen oder Mannweiber verschrien. Also schwammen sie in Strümpfen und unförmigen Badeanzügen (ins Wasser stiegen sie unter einem Anstandsbaldachin), spielten Federball im Korsett unter langem Rock, immer lächelnd um Gleichgewicht und sittsame Haltung ringend. 1903 riet der Arbeiter Turnerbund den Turnschwestern, in Hosen zu turnen. Die Beteiligung an Wettbewerben galt übrigens als so anrüchig, daß die Presse vom ersten Leichtathletik-Damensportfest in Berlin (1904) nur die Vornamen der Siegerinnen nannte, weil sie der Ansicht war, „daß wir es trotz des zweifelhaften Unternehmens mit anständigen Damen zu tun haben, deren Familien es unmöglich angenehm sein kann, wenn ihre Namen in dem Bericht öffentlich genannt werden".

(Wir riskieren ein Ungenügend für Themaverfehlung mit unserer Meinung, daß all dieser Zirkus vor allem den Grund hatte, die Frauen daran zu hindern, ihren Körper zu spüren, sprich: eigene Lust zu entwickeln und in der Folge dem Gatten davonzulaufen oder erst gar keinen zu akzeptieren und das Verbrechen zu begehen, den Sohn – landstrichweise auch heute noch die zweite weibliche Daseinsberechtigung nach der Augenweide – erst gar nicht in die Welt zu setzen.)

Daß die ersten motorradfahrenden Frauen nicht die ersten in Beinkleidern waren, verdanken sie – außer mutigen Frauen durch die Jahrhunderte wie etwa Piratinnen oder George Sand, die allerdings den Künstlerinnenbonus hatte – auch den sportbegeisterten Frauen. Die breite Öffentlichkeit war nicht so schnell bereit umzudenken, was ein Fall aus dem – was Sport und insbesondere Motorsport betraf – fortschrittlichen England belegt: Dort wurde eine Motorradfahrerin wegen ihrer Kleidung aus dem Gastzimmer eines Lokals verwiesen. Ihre Ehrenbeleidigungsklage hatte keinen Erfolg. Der Richter sprach den Wirt frei. Das Gerichtsurteil wird zitiert als Antwort auf den Brief einer Leserin an die Zeitschrift „Das Motorrad" aus dem Jahr 1903: „In unserer aufgeklärten Zeit muß es doch möglich sein, Damen in Beinkleidern zu sehen."

Egal wie aufgeklärt die Zeit gewesen sein mag: Das Problem des weiblichen Unterleibs war nicht so leicht aus den männlichen Köpfen zu vertreiben. Schadet das Motorradfahren der weiblichen Gesundheit, lautete die Frage an die Herren Professoren. Nun ja, sagten die. Wenn man es vorsichtig und mit Bedacht betreibt. Wobei unterleibskranke Frauen (innere und äußere Geschlechtsorgane, Darm, Blase, Leber, Milz, Nieren, Magen) nicht Motorrad fahren sollten. Auch Frauen, die zu Hysterie neigen, sollten es bleibenlassen. Selbstverständlich sollten die Frauen nicht während der Periode Motorrad fahren. Oder gar während der Schwangerschaft. Oder nach schweren Geburten.

1927 widmete die Zeitschrift „Das Motorrad" den fahrenden Frauen ein ganzes Heft, in dem all diese (Unterleibs-)Probleme ausführlich diskutiert wurden. Prinzipiell wird empfohlen, vorher einen Frauenarzt aufzusuchen. Klingt zum Kaputtlachen, oder? Hat aber doch eine Berechtigung. Denn das, was wir heute unter Motorradfahren verstehen, hat fast nichts mit dem Motorradfahren von vor siebzig Jahren gemein. Zum einen liegt das am technischen Aufwand, der jeden Motorradausflug zu einem Wartungsabenteuer machte. Einmal abgesehen von den permanenten Platten, mit denen schon allein wegen der überall rumliegenden Hufnägel der Pferde zu rechnen war – Zündkerzenreinigen vor und während der Fahrt gehörte zum Fahralltag wie Einstellen der Unterbrecherkontakte, Ventile ölen und vor allem unaufhörliches Nachschmieren aller möglichen Teile wie Kette etc. (Wenn du Oldtimer-Motorräder betrachtest, findest du die obligatorischen Halter für Ölkanne und Luftpumpe.) Zum anderen liegt die Unvergleichbarkeit unserer Motorräder mit denen von damals am Komfort. Klar, daß es früher ein bißchen mehr geschüttelt und gerüttelt hat, denkst du vielleicht. Jetzt stell dir das ganze aber mal ohne Federung vor. Nur die Fahrerin hatte einen halbwegs bequemen Sitz – im Gegensatz zum Soziasitz, dem Platz der Frauen hinter ihren Gatten. Wie sich das angefühlt haben mag, direkt auf einem ungefederten (!) Hinterrad zu sitzen? Vielleicht gerade mal auf einem als Satteldecke übergeworfenen Kissen, das Kilometer für Kilometer dünner wird. Und schlimmstenfalls nicht einmal Fußrasten für die Beine zu haben. Keine Chance, Stöße abzufangen. Und das bei Straßen, die mit Schlaglöchern gepflastert waren. Eigentlich müßten vernunftbegabte Männer den Frauen zugeraten haben, selbst zu fahren. Nachfolgend zwei Zitate, beide aus der Zeitschrift „Das Motorrad“:

> Wer nicht eine schlanke, jugendliche und womöglich über das weibliche Mittelmaß hinausragende Figur besitzt ... wird auf dem Herrenrade nur einen unschönen Eindruck machen, schon darum, weil die unbefangene Natürlichkeit der Bewegungen, die der Trägerin sonst wohl in ihrem Straßenkleide eigen ist, hier unter den neugierigen Blicken, den spöttischen Bemerkungen des gebildeten wie ungebildeten Pöbels, unsicher wird, zumal da die Fahrerin sich doch ganz unvermeidlich nicht nur auf der Maschine, sondern auch neben ihr gehend und auch ohne sie im Restaurant etc. zeigen muß. (1903)

> Schließlich aber sind doch auch sie in erster Linie Weiber; und das Weib ist nach natürlichen Gesetzen gefallsüchtig oder vielmehr von der Natur bestimmt, zu gefallen und durch Anmut oder Schönheit zu reizen. Die Technik, die ja auch mit ihren eigenen Naturgesetzen sich abzufinden hat, kann dieses Naturgesetz nicht aus der Welt schaffen, und darum halte ich es für unwahrscheinlich, daß jemals Frauen in größerer Menge ohne Mechaniker einen Wagen besteigen werden, solange der Motor ebenso launenhaft ist wie angeblich sie selber es sein sollen, und solange die Beschäftigung mit dem Benzinmotor alles andere als eine kosmetische ist. Diese Rücksicht trifft in verstärktem Maße beim Motorradzweirade zu, wo der Fahrer unter allen Umständen, sofern er nicht stets und ständig in Begleitung fährt, auf sein eigenes technisches Verständnis und immer auf seine eigene Fahrkunst angewiesen ist ... Und bei dem geringen technischen Interesse der Damen würde alles zur tödlichen Panne, was der kundige Fahrer in einer Minute spielend repariert ... Mitfahren, ja, das haben sie jetzt schon gern, aber selbst

Hand anlegen, eventuell meilenweit entfernt von anderer Hilfe, das trauen wir ihnen nicht zu,

schreibt ein Herr Richard Koehlich im Jahr 1906. Hat er nicht gelesen, was Marie Reuschel drei Jahre vorher in derselben Zeitschrift ausführte? Thema: Wie starte ich mein Motorrad: „Nachdem ich meinen Motor mit Benzin versehen, geölt, nach Kompression und Zündung gesehen und sonst alles in Ordnung gefunden habe, nehme ich meinen Treibriemen, ziehe damit den Motor an und lasse ihn leer laufen. Geht derselbe nun wie er muß, was man ja im Gehör hat, bringe ich ihn wieder mittels des Auspuffhebels zum Stehen, lege meinen Riemen auf, und fort geht es."

Heute kann jeder Mensch Motorrad fahren, ohne das geringste Interesse an Technik aufbringen zu müssen. Ein Knopfdruck, und das Motorrad springt an. Der Sitz könnte bequemer sein, was sich allerdings meistens erst nach einigen hundert Kilometern herausstellt. Die Straßen sind asphaltiert, eine Reifenpanne ist sehr, sehr selten. Am Straßenrand warten allzeit einsatzbereit die gelben Engel auf die Brigaden der Schönwettermotorradfahrerinnen und -fahrer.

In den ersten Jahrzehnten des Motorradfahrens handelte es sich nicht nur um eine elitäre Freizeitbeschäftigung – für Menschen mit 35-Stunden-Woche, freiem Wochenende und 30 Tagen Jahresurlaub. Natürlich mag die eine oder andere „höhere Tochter" im Fahrtwind Freiheit und Abenteuerlust verspürt haben. Gefühle, die wir auch kennen. Aber vielen wäre ein Automobil lieber gewesen. Nur war das eben zu teuer. Geradezu unerschwinglich in einer Zeit, in der es mehr Pferdedroschken als Automobile gab. Im Jahr 1907 gehörte es zu den größten Risiken des Motorradfahrens, sich wegen scheuender Pferde ein Strafmandat oder gar einen Prozeß einzuhandeln. Der Kampf zwischen FührerInnen von Pferdedroschken, Fahrrädern und Automobilen füllte die Zeitungen. Der Ausbau des Wege- und Straßennetzes ist im wesentlichen auf den Boom des Fahrradfahrens zurückzuführen. Die Automobilistinnen und Motorradfahrerinnen waren zunächst nur Mit-Benutzerinnen.

1926 übertraf die Zahl der Motorräder erstmals die der Automobile. Während der dann einsetzenden Motorisierungswelle in Deutschland behaupteten die Krafträder deutlich ihre Spitzenposition unter den Motorfahrzeugen. Bis zum Zweiten Weltkrieg übertraf der Motorrad-Bestand den Automobil-Bestand um ca. 30 %. Motorradfahren war bis in die frühen fünfziger Jahre hinein für die wenig verdienenden Bevölkerungsschichten die einzig erschwingliche Möglichkeit zur Mobilität. Von den Frauen, die „professionell“ Motorrad fuhren, das heißt an Rennen teilnahmen, Rekorde brachen und über die die Presse in groß aufgemachten Artikeln berichtete, gehörten wahrscheinlich die wenigsten zur unteren Bevölkerungsschicht.

Bei unserer Recherche stießen wir auf einige „anonyme“ Frauen (Leserinnenbriefe etc.), die oft durch ihre Männer zum Motorradfahren gekommen sind und eindringlich versichern, das Selbstfahren habe ihnen (und ihrem Unterleib) nicht geschadet. Sie halten es für genauso selbstverständlich wie die in Deutschland lebende erfolgreiche englische Rennfahrerin Dr. Gertrude Eisenmann, die ihre Motorenbegeisterung allerdings ihrer Nationalität zuschreibt:

> Die vielen Lobspenden, mit denen ich überschüttet werde, sind nicht berechtigt. Es wundert sich doch niemand darüber, wenn eine Ente schwimmt, und ebenso wenig darf er sich wundern, wenn eine Repräsentantin des schwachen Geschlechts Englands auch etwas im Sport leisten kann. Mit dem Esel fing ich an, dann bekam ich ein Pony, ein Pferd, zwei Pferde, vier Pferde, dann ein Dreirad, ein Zweirad, Motordreirad, ein kleines Automobil, großes Automobil und zuletzt kam ich aufs Motorzweirad. Außerdem habe ich gerne Schwimmen, Tauchen, Turnen, Tennis und Laufen getrieben. („Das Motorrad“, 1905)

Die Engländerin Muriel Hind gilt als erste weibliche Motorradrennfahrerin. 1901, im Alter von 21 Jahren, fuhr sie eine 2HP Singer: „Ich wurde angesehen wie ein Freak, und die Leute zeigten mit dem Finger auf mich.“ Welche Energie es Pionierinnen wie Muriel Hind gekostet hat, trotz der ablehnenden Haltung der Gesellschaft im Sattel zu bleiben, können wir uns aufgrund der vorstehend beschriebenen Heuchelei um den weiblichen Unterleib bestens vorstellen. Muriel Hind ist nicht nur ein bißchen Motorrad gefahren. Sie galt als sachverständige Mechanikerin, exzellente Fahrerin und verfaßte Kolumnen für Motorradzeitschriften. Ihre Rennerfolge errang sie im gemischten Feld. Damals gab es noch keine Damenrennen. Fünf Goldmedaillen gewann Muriel Hind allein beim London-Edinburgh-Rennen – das mit

Motorrädern, Autos und Tri-Cars (Dreiräder) gestartet wurde. Ob der Leserbrief aus dem Jahr 1912 an eine englische Zeitung von einem der Männer stammt, die ihren Staub schlucken durften, wissen wir nicht: „Ich bin prinzipiell gegen Frauen, die das tun! Die Ambition eines Mädchens hat grundsätzlich die zu sein, schön auszusehen!"

Zwei Jahre später, 1914, war das plötzlich nicht mehr so. Im Ersten Weltkrieg wurden in England sogenannte Dispatch Riders (Depeschenfahrerinnen) auf sperrigen 350er/600er BSA, Norton und AJS-Seitenventilern eingesetzt. Die Dispatch Riders fuhren nicht nur, sie warteten ihre Motorräder auch. Ihr Dienst war so erfolgreich, daß in Deutschland fieberhaft daran gearbeitet wurde, ein ähnliches Depeschennetz motorradfahrender Frauen aufzubauen. Das Ende des Krieges verhinderte den Einsatz der Frauen.

Dispatch Riders (Imperial War Museum London)

Mit Kriegsende hatten die Frauen natürlich nichts mehr auf Motorrädern zu suchen. Diese „Gleichberechtigung" findet sich auch im und nach dem Zweiten Weltkrieg: Sind die Männer an der Front, stehen die Frauen „ihren Mann". Sind die Männer zurück, stehen die Frauen in der Küche.

Muriel Hind arbeitete – wie später viele ihrer Nachfolgerinnen – mit einer Motorfirma zusammen. Nach ihren Anregungen brachte die Rex Company ein Frauenmotorrad auf den Markt. Für damalige Verhältnisse sehr spät, nämlich im Alter von 32 Jahren, heiratete Muriel Hind einen Motorradfreund und fuhr keine Motorradrennen mehr, sondern Tri-Car-Rennen. Sie starb 1954 in Coventry/England. Was aus ihrem „Frauenmotorrad" geworden ist, wissen wir nicht. Wir sind jedoch sehr beeindruckt, daß die Fragen, die wir uns beim Schreiben dieses Buches stellten, schon damals aktuell waren.

1912 wagte es ein Hersteller, mit einer Frau im Badeanzug für ein Motorrad zu werben. In der Verpackung eines Damenpreisausschreibens heißt es da:

> Durch dieses Preisausschreiben soll in erster Linie bezweckt werden, auch bei unserer Damenwelt das Interesse für den herrlichen Motorradsport zu wecken. Kann es doch der heutigen Stellung,

welche die Frau im Sport einnimmt, nicht entsprechen, daß sie nur als Sozia am Motorradsport teilnimmt. Gerade die günstigen Ratenbedingungen der Zschopauer Motorenwerke (Wochenraten in 10 M.) ermöglichen es auch dem größten Teil der Frauenwelt, von ihrem Einkommen oder Taschengeld ein DKW zu erwerben. Im übrigen ist das DKW-Motorrad durch seine einfache Bedienungsweise, durch sein sicheres Liegen auf der Straße, durch sein geringes Gewicht und sein nahezu erschütterungsfreies Fahren in erster Linie für die Dame geeignet.

Die Vorzeigefrau des deutschen Motorsports war Hanni Köhler. Als zehnfache Weltrekordinhaberin (1928 zuerkannt) hat sie nicht nur für das Bild der Frau in der Öffentlichkeit, sondern auch für den deutschen Motorradsport insgesamt etwas getan. Gelang es ihr doch, zum ersten Mal nach dem Ersten Weltkrieg, Deutschland wieder in die Liste der Weltrekord-Länder zu bringen. Hanni Köhlers Rekorde lesen sich abenteuerlich. Zum Beispiel: 7 Stunden 328,5 km, 8 Stunden 376,5 km, 9 Stunden 424,5, 10 Stunden 460,5, 11 Stunden 503,5, 12 Stunden 550,5, 24 Stunden 1.081,5 km.

Auf den ersten Blick wird klar, daß diese Rekorde nichts mit denen gemein haben, die wir heute kennen. Bei damaligen Motorradrennen ging es nicht um Zehntel- oder Hundertstelsekunden, sondern um Geschicklichkeit, Durchhaltevermögen und immer wieder: technisches Können. Stell dir einen Military-Ritt auf einem Motorrad anstatt Pferd vor, dann hast du die ungefähren Bedingungen dieser Wettbewerbe über Stock und Stein, durch Flüsse und Schlamm, über Wiesen und Berge. Oftmals dauerten die Rennen mehrere Tage. Die Route eines 6-Tage-Rennens führte beispielsweise von München nach Genf. Nicht nur das Ankommen entschied über den Sieg – der Ausfall der Teilnehmer war beachtlich. Es ging auch um das „Wie". Für Steckenbleiben am Berg wurden beispielsweise Strafpunkte vergeben. Da die Motorräder technisch und straßenbedingt oft versagten, mußte jede Fahrerin/Fahrer ihr Motorrad schnell wieder flottkriegen, um weiterfahren (und gewinnen) zu können.

Eine, die sich durch die widrigsten Bedingungen nicht abschrecken ließ, war Hanni Köhler. Sie bekam von ihrem Vater eine Evans geschenkt und trat mit ihm zusammen einem Motorradklub bei. (Leider wissen wir von den wenigsten Frauen, wie sie zum Motorsport kamen. Da die meisten in den Gewinnlisten als „Fräulein" bezeichnet werden, ist auszuschließen, daß sie durch ihre Gatten inspiriert wurden.) Kaum im Motorradklub, gewann Hanni Köhler den ersten Preis bei einem kleinen Rennen.

Von da an war sie nicht mehr aufzuhalten. Als Siebzehnjährige nahm sie an der Nord-Süd-Expreß-Nachtfahrt von Leipzig nach Frankfurt teil. Die Distanz: 420 km. Nach fünf Kilometern fiel das Licht aus. Es regnete in Strömen. Das Rennen verfuhr sich. Sechs Stunden schob Hanni Köhler die Maschine durch Dreck und Lehm. Nach siebzehn Stunden erreichte sie ihr Ziel, als einzige ihrer Klasse, gewann den Ersten Preis und hatte vielleicht die Genugtuung, daß ein Großteil des Teilnehmerfeldes unterwegs aufgegeben hatte.

In einem Interview (1927) mit der Zeitschrift „Das Motorrad" antwortet Hanni Köhler auf die beliebteste Frage der Zeit: Ist Motorradfahren für Frauen schädlich?

> Ich fahre jetzt seit fünf Jahren eigentlich ununterbrochen. Sommer und Winter und wirklich nicht sehr rücksichtsvoll ... Wenn ich nur ins Warenhaus zum Einkaufen fahre, hole ich schon mein Pferd aus dem Stall. Und sehe ich aus, als ob ich gesundheitlich dadurch geschädigt bin? (Der Berichterstatter mußte an dieser Stelle eingestehen, als er das wettergebräunte lustige Gesicht und die schlanke, sehnige Figur Fräulein Köhlers betrachtete, daß sie wirklich keinen „geschädigten" Eindruck machte.) Eine Fahrt von 10 Stunden empfinde ich heute bereits nur noch als Spazierfahrt. Ich kann jeder Frau nur den aktiven Motorradsport raten.

Unter aktivem Motorradsport versteht Hanni Köhler:

> Daß eine Frau selbst auf dem Sattel sitzt und mit ihrem Rade verwachsen ist. Nichts ist schlimmer, als als „Klammeraffe" durch die Gegend zu gondeln. Ich hasse nichts mehr als diese Soziusfahrerei! ... Ich habe vor gar nicht langer Zeit eine Fahrt von nur 150 km auf dem Soziussitz mitgemacht. Ich bilde mir ein, allerhand vertragen zu können, aber ich war hinterher müder, als wenn ich 10 Stunden auf meiner Mabeco gefahren wäre. Es ist aber auch toll, wenn man ... zusieht, wie das ungefederte Hinterrad über die Straße springt, und dann überlegt, daß all diese Stöße die Sozia aus allererster Hand senkrecht von unten aushalten muß.

Wenn wir daran denken, daß wir manchmal nach nur 4 Stunden auf dem Motorrad jammerten, steigt uns die Schamröte ins Gesicht. Hanni Köhler auf die Frage, ob Motorradfahren auch psychische Einflüsse habe:

> Zweifellos! Besonders auf den Charakter. Es erzieht die Frau zur Selbständigkeit. Wenn man den Sport, wie ich, aktiv betreibt, ist man oft ganz auf sich angewiesen. Man muß seine Maschine verladen, muß auf der Landstraße flicken und reparieren, sich mit Bauern und Fuhrleuten herumschlagen und muß manchmal recht erfinderisch werden, um sich von der Stelle zu helfen. Aber auch als Sozia hat man Gelegenheit, sich zur Tatkraft zu erziehen. Der „beleidigte Kletteraffe", der am Straßenrand aus der mitgenommenen Bonbonniere nascht, während „er" im Schweiße seines Angesichts baut, hat Gelegenheit genug, statt dessen eine tüchtige Arbeitsgenossin zu werden, welche hilfreich zupackt. Gerade das Motorradfahren entwickelt oft eine kameradschaftliche Stellung zwischen Mann und Frau, die die Grundlage jeder wirklichen Freundschaft und, meiner Meinung nach, auch jeder Ehe ist.

Leider wissen wir nicht, ob Hanni Köhler nach ihrer Heirat als Freifrau von Skal weiter Motorrad gefahren ist. Aber daß diese für damalige Verhältnisse revolutionäre Ansicht einer freundschaftlichen, gleichgestellten Beziehung zwischen Mann und Frau nicht auf offene Ohren stieß, versteht sich von selbst. Wir vermuten, die Pionierinnen des Motorradfahrens, die dies oftmals gegen den Widerstand der Gesellschaft betrieben, stellten auch im Privatleben andere Ansprüche, als die Zeit, in der sie lebten, ihnen zubilligte.

Die Engländerin Marjorie Cottle, 1900 in England geboren, kam wie Hanni Köhler durch den Vater zum Motorsport. Er war Chairman des Liverpool Motor Club und nahm Marjorie schon als kleines Kind mit zu Rallyes. Zu ihrem vierzehnten Geburtstag schenkte er Marjorie ihre erste Maschine, eine Premier. Marjorie Cottle fuhr mit Vorliebe Long-Distance-Trials, einmal 5600 Kilometer in zwölf Tagen. Einen ihrer größten Erfolge – und sie hatte viele – errang sie zusammen mit Mrs. Louie McLean und Miss Edyth Foley. Die drei Frauen bildeten das erfolgreiche English Ladies Team, das im Jahr 1927 die Silver Vase gewann. Der Preis wurde der besten Performance eines Teams auf drei Motorrädern während des International Six Days Trial zuerkannt. In sechs Wochen und bei meist sehr schlechtem Wetter durchquerte das Trio zehn Länder: Belgien, Frankreich, Italien, Schweiz, Deutschland, Schweden, Norwegen, Dänemark, Holland und England. Ohne Mechanikertroß, ohne Versorgungsjeep. Reparaturen erledigten die

Marjorie Cottle (1932)

drei Frauen selbst. „Wo immer wir auch auftauchten – wir wurden bestaunt wie Jahrmarktsgestalten“, berichtete Marjorie Cottle einem Reporter der *Daily Mail.* In Pisa mußte die Polizei den Frauen einen Weg durch die johlende Menge bahnen. In Holland wurde das Trio zu einem Motorradrennen eingeladen und während der Pause genötigt, eine Runde zu fahren, zur Belustigung von 8000 Zuschauern. Ein wichtiger Punkt in der Berichterstattung der Presse über die Leistung der drei kuriosen Ladys war, daß das Gepäck des Trios auch die passende Garderobe zum Nachmittagstee und Abend beinhaltete.

1928 fand das erste Motorradbahnrennen für Damen auf der Brooklands Rennbahn bei London statt. Die Durchschnittsgeschwindigkeit der Siegerin Miss Russell betrug 125 km/h. 1929 veranstaltete der Londoner Damen-Motorrad-Club eine Zuverlässigkeitsfahrt, die hauptsächlich für männliche Fahrer bestimmt war, während sämtliche Funktionärs- und Leiterposten von Damen besetzt waren.

Selbstverständlich gab es auch in Amerika aktive Pionierinnen. 1932 gründete Linda Dugeau den Motorradclub „Motor Maids“. Andere Pionierinnen fuhren quer durch die USA (Clara Wagner, 1916; die Schwestern von Buren, 1916; Dot Robinson, 1928, die insgesamt 2,4 Millionen Kilometer auf Harleys zurücklegte) oder brachen gleich zu einer Weltreise auf (Renee Lees, 1931)). Wir beschränken uns hier auf diese wenigen Namen.

Nur ein paar der bekanntesten europäischen Pionierinnen möchten wir erwähnen: Fräulein Hatschek, Thea Hanzal, Claire Elste, Ilse Thouret, Charlotte Loewener, Mizzi Nahmer, Sophia Skorpil. Sie fuhren nicht nur Rennen, Motocross und Rallye. Viele von ihnen brachen auf zu spektakulären Touren, Weltreisen sogar. Wie haben diese Frauen gelebt? Was gibt es sonst, außer ihren Rekorden?

Eine Weltreise sah damals natürlich anders aus als heute. Staubwege, Schlammpfade, Sandpisten. Reifenpannen, Rahmen-, Speichen- und

Felgenbrüche, Motor- und Getriebeschäden gehörten zu den unkalkulierbaren Risiken. Kein ADAC in der Nähe. Keine Lufthansa, die schnell ein Ersatzteil einfliegt. Kein Fax, kein Telefon, keine Currywurst. Natürlich gab es auch reisende Männer. Und natürlich hatten sie kein James-Bond-Wundermotorrad im Gepäck. Doch die Pionierinnen des Motorradfahrens hatten zusätzliche Hemmnisse zu überwinden.

Die beiden Engländerinnen Florence Blenkiron und Theresa Wallach (Testfahrerin für AJS, Norton, BSA und Triumph) starteten 1934 in London zu einer Afrika-Nord-Süd-Durchquerung auf fünf Rädern: ein Gespann mit Anhänger. Florence und Theresa hatten schon viele Motorradabenteuer gemeinsam bestanden. Afrika erschien ihnen als besondere Herausforderung.

Kaum am Hafen in Algier angekommen, schien es, als wären alle Vorbereitungen umsonst gewesen: eine Reiseerlaubnis für zwei „allein" reisende Frauen? Durch die Sahara? Bestimmt nicht! Florence und Theresa gaben nicht auf. Wir können uns vorstellen, wie sie gezittert, getobt und gekampft haben. Nach sechs Tagen hatten sie alle erforderlichen Stempel. Und fuhren los. Und kamen nicht weit. Ein paar Kilometer hinter der Stadt wurde die Straße fast unbefahrbar. Wie die Perlen einer Kette reihten sich Reifenpannen aneinander. Der gebrochene Seitenwagenanschluß war vorprogrammiert. Theresa und Florence hatten viele Ersatzteile im Gepäck. Nicht aber die Beiwagenschelle. So feilten sie sich einen improvisierten Anschluß. Und mußten nachts noch weiterfahren, denn sie hatten einen strengen Zeitplan einzuhalten. Mit den Behörden war eine Suchaktion abgesprochen, sollten sie die Meldestationen nicht zur verabredeten Zeit passieren. Die Kosten für diese sehr teure Aktion hätten die beiden Frauen tragen müssen. Sie fuhren also. Und schoben. Und gruben ihr Gespann immer wieder aus dem Sand. Und froren in eisigen Wüstennächten. Und schwitzten tagsüber. Und blieben schon wieder im Sand stecken.

Am 11. März 1935 kamen sie an die nigerianische Grenze. Das erste Gespann der Welt, das Kano von Algerien aus erreichte! Die nächste Etappe führte 5 000 km durch Zentralafrika nach Nairobi. Unterwegs brach das Vorderrad zusammen. Da die nächste Ortschaft über 200 km weit entfernt lag, kürzten Florence und Theresa als erste Maßnahme die täglichen Essensrationen. Und dann warteten sie. An Schlaf war nachts nicht zu denken – dafür sorgte schon das Gebrüll der Löwen. Nach einigen Tagen entdeckten sie einen Lastwagen, der das Vorderrad mit ins nächste Dorf und später repariert zurückbrachte. Durch die in diesem Umfang nicht kalkulierten Verzögerungen und die schlechten Straßenverhältnisse erreichten Florence und Theresa Zentralafrika zur Regenzeit. Lehmige Urwaldpisten, die sich stellenweise in schlammige Rinnsale aufgelöst hatten, waren die nächste Herausforderung. Florence und Theresa meisterten auch diese.

Von Nairobi aus war die Tour ein „Kinderspiel". Die letzten 6 500 km führten nicht mehr durch „weiße Flecken auf der Landkarte", sondern durch englisches Kolonialgebiet. Dort wurden die Pionierinnen überall begeistert gefeiert. Am 29. Juli 1935 erreichten Florence und Theresa Kapstadt. Da Theresa an Malaria erkrankte und den Heimweg per Schiff antreten mußte, startete Florence im September 1935 allein zur Süd-Nord-Durchquerung Afrikas. Die Wüstenstrecke mußte sie allerdings mit dem Lastwagen zurücklegen: Die französischen Behörden untersagten ihr die Durchquerung der Sahara im Alleingang. Im März 1936 kehrte Florence nach London zurück.

Für die Zeit des Nationalsozialismus konnten wir wenig bis nichts über motorradfahrende Frauen in Erfahrung bringen. (Leni Riefenstahl soll Motorrad gefahren sein.) Motorradfahren paßte nicht zum deutschen Mädel. Nach dem Krieg ging es weiter wie vorher – bis zum Ende der fünfziger Jahre, als der Auto-Boom Deutschland überrollte. Viele traditionsreiche Motorradhersteller wie DKW oder NSU mußten schließen. Andere wie BMW und Zündapp überlebten, indem sie ihr Sortiment spezialisierten und rigoros einschränkten. Von den Straßen verschwanden die Motorräder deshalb noch nicht. 1965 waren immerhin noch über 700 000 Motorräder unterwegs. Der absolute Tiefstand war 1972 erreicht, mit knapp 200 000 Stück. Das sind so viele Motorräder, wie jetzt in Deutschland auf Frauen zugelassen sind.

In den achtziger Jahren suchte die voll durchautomobilisierte Freizeitgesellschaft neue Herausforderungen und fand sie auch im Motorradfahren. Tendenz steigend. Besonders auf Frauenseite. Deshalb wirst du auch nicht mehr wie eine Jahrmarktfigur begafft. Außer du fährst vielleicht auf einem Oldtimer-Motorrad.

Wie Irmgard Kronester (37), eine Pionierin der Neuzeit. Nicht nur, daß Irmgard als Motorradmechanikerin arbeitet. Sie hat sich auch noch auf Oldtimer spezialisiert. Ein Gebiet, bei dem ganz besonders viel Erfindungsreichtum und technisches Know-how gefragt sind, denn wo es keine Ersatzteile gibt, muß eine sich was einfallen lassen. Irmgard Kronester wohnt mit ihren Motorrädern und dem „Bastlerkönig" auf einer Fabriketage in einer wunderschönen Werkstatt voller Motorräder, die mittels Hebekran nach oben gehievt werden. Bevor Irmgard den Bastlerkönig kennenlernte, „lief eigentlich alles wie bei vielen". 1958 „am Land" geboren, Pubertät und nicht so ohne weiteres an die Pille gekommen. Das Resultat: ein Sohn. Zwar wäre Irmgard gern

Motorrad gefahren, hatte auch Freundinnen, die fuhren, dachte aber, mit Sohn auf dem Sozius wäre das zu gefährlich. Mit 29 Jahren lernte Irmgard den Bastlerkönig kennen. Der fährt, verkauft und restauriert Oldtimer-Motorräder. Irmgard fuhr mit und machte dann – zwei Monate bevor der Stufenführerschein eingeführt wurde – noch schnell den Einser. Im Winter.

Ihr erstes Motorrad, das sie bis heute pflegt, war eine Triumph Tiger 100 Baujahr 1954. „Wer sich ein altes Motorrad zulegt, muß einfach basteln", sagt Irmgard. Und bastelte. Und war begeistert. Irgendwann bekam sie Lust auf eine neue Ausbildung. Nach einigen Schwierigkeiten und drei verschiedenen Ausbildungsplätzen beendete sie ihre Lehre zur Zweiradmechanikerin. In einer „normalen" Werkstatt zu arbeiten käme für sie nicht mehr in Frage. Sie genießt die Unabhängigkeit und Eigenverantwortlichkeit ihrer Arbeit.

„Manchmal fragen mich Kunden, ob ich eine Ausbildung habe. Dann bin ich froh, ja sagen zu können. Aber das meiste habe ich nicht in der Ausbildung gelernt, sondern beim Selberschrauben und im Austausch mit anderen." Irmgard findet, sie wird viel seltener „blöd angesprochen", als sie befürchtet hat. „Sehr selten macht ein Kunde eine Anspielung in der Art ‚Sie als Frau'. Es kommt so gut wie nie vor, daß ein Fehler, für den ich gar nichts kann, darauf zurückgeführt wird, daß eine Frau das Motorrad repariert hat." Irmgard glaubt nicht, daß ihre Tätigkeit etwas Besonderes ist. „Wer will, kann das."

Irmgard fährt auch Rennen. Oldtimer-Rennen natürlich. „In den Kurven fahren alle gleich schnell, weil da die äußeren Bedingungen das Tempo bestimmen. Erst auf gerader Strecke zeigt sich, wer am schnellsten beschleunigt und dann die besten Bremsen bzw. die besten Nerven hat, am spätesten zu bremsen." Irmgard hat schon oft bewiesen, daß sie gute Nerven hat. Sie repariert übrigens nicht nur Oldtimer. Auch neuere Modelle sind in der „Rockerbox" in München willkommen.

Zum Schluß eine Empfehlung aus dem Jahr 1927 aus der Zeitschrift „Das Motorrad":

> Gegen Blutarmut und eine gewisse Zartheit ist der schöne Motorradsport eine wohlschmeckende und bekömmliche Medizin und kann nur empfohlen werden. Ist doch auch das Wandern auf dem Motorrad für die Frau, falls sie Lust dazu hat, besonders geeignet, allen bedrückenden Ballast, der sich durch die Sorge des Alltags angehäuft hat, abzuwerfen, um erfrischt und mit frohem Sinn die neue Woche zu beginnen.

Motorradfahren und Emanzipation

Jessasmariaundjosef, ein Einser! Bleibt uns denn gar nichts erspart?

Als wir 1968, Susa war damals vier, mit der APO auf den Straßen demonstrierten, begegneten wir nur selten einer Motorradfahrerin, und das war immer dieselbe. Genaugenommen hatte sie ein Trike. Heute gehören motorradfahrende Frauen genauso zum Straßenbild wie Vierjährige. Was haben Frauen und Vierjährige gemeinsam? Eltern, die sich Sorgen machen.

Im Gegensatz zu allen anderen Einsern führt der Motorradeinser in der Regel weder zu einem Scheinchen von der Oma noch zu Elternlob. In der Bewertung der nach oben offenen Richterskala kommt dieser Einser kurz vor dem unehelichen Kind von einem ausländischen Gast, der bereits dreimal verheiratet ist. Drüber kommt nur noch das eheliche Kind vom selben Kandidaten.

Ein Klischee? Das hätten wir vermutet. Die Auswertung unserer nicht repräsentativen Fragebogenaktion belehrte uns eines besseren. Viele Frauen ahnten die Reaktion ihrer Eltern voraus und stellten sie mit dem frisch erworbenen Führerschein (vergleiche Kind) vor vollendete Tatsachen, was eine finanzielle Unterstützung durch die Familie ausschließt. Ganz anders als beim Führerschein Klasse 3 und auch anders als bei motorradfahrenden Brüdern. Denen wird oftmals seufzende Duldung, wenn nicht sogar finanzielle Unterstützung gewährt. Bleibt die Frage, warum sich Eltern weniger Sorgen um ihre Söhne machen. Sollten Töchter plötzlich wichtiger sein?

Selbstfahrende Eltern, Lebenspartnerinnen und Lebenspartner finden es übrigens durchweg gut, daß die Tochter/Freundin Motorrad fährt. Nur Nichtfahrerinnen und -fahrer neigen zu Kummerspeck.

Aber warum fahren sie Motorrad? Alle Frauen unserer Fragebogenaktion sind sich einig: Abenteuer, Spaß, Freude, Freiheit, Unabhängigkeit und immer wieder: um sich einen Traum zu erfüllen und Naturverbundenheit zu erleben. Praktische Gründe wie Parkplatz oder Mobilität im Stadtverkehr werden erst an zweiter Stelle genannt.

Die Frage, ob es etwas Besonderes sei, „als Frau“ Motorrad zu fahren, wird entweder mit Nein, völlig normal oder mit Ja, weil ich in eine Männerdomäne eindringe, beantwortet.

Frauen bevorzugen oft niedrigere Motorräder wie Chopper. Besonders wenn sie zu den Menschen gehören, die kleiner als 1,70 m sind.

Aber auch Geländemaschinen mit viel Bodenfreiheit und hohem Sitz sind bei Frauen sehr beliebt. Was zeigt, daß die Sitzhöhe bei der Wahl des Motorrads nicht ausschlaggebend sein muß. Emanzipation heißt nicht, Schwebebalken zu üben, Emanzipation heißt, das Motorrad zu fahren, auf das ich Lust habe. Das Motorrad als Statussymbol wird Männern zugeordnet. Frauen fahren nicht für andere. Frauen fahren für sich.

Uns persönlich hat sehr interessiert, wie Frauen sich fühlen, wenn sie mit männlichen Beifahrern unterwegs sind. Wir konnten nämlich feststellen, daß manche Frauen dann nicht so entspannt fahren und sich leicht verunsichern lassen.

Die Frauen unserer Fragebogenaktion machen keinen Unterschied zwischen Sozia und Sozius. Viele geben an, nur sehr selten jemanden mitzunehmen. Eine Frau schreibt, sie hätte gedacht, „ihn“ während der Fahrt verloren zu haben – so wenig spürte sie sein Gewicht. Eine andere: „Es mag ja sonst oft ein Nachteil sein, aber bei einer Beifahrerin finde ich die weibliche Fähigkeit zum Anpassen positiv.“ Das Vertrauen in die Fahrerin – darin sind sich alle einig – spielt die entscheidende Rolle.

Auf die Frage, wie sich die Frauen beim Beifahren fühlten, stellte sich heraus, daß fast alle Frauen lieber selbst fahren. Außer uns. Shirley schaut sich gern die Gegend an, und Susa kann als Beifahrerin ungestört ihre festen Mahlzeiten einhalten.

Motorradfahren kann Ihren Typ verändern ...

... in jedem Fall verändert es aber Ihre Frisur. (Naomi)

Der Geschmacklosigkeit sind keine Bremsen gesetzt

Obwohl es DAS Motorrad heißt, ist es weiblich: die Honda, die BMW – sobald vier Räder im Spiel sind, der Honda, der BMW. Die Geschlechtszuweisung haben mit Sicherheit Männer vorgenommen, die dabei ganz rational aus dem Unterkörper argumentiert haben. Das spiegelt sich auch in der männlichen Sprache rund ums Motorrad und in der Art und Weise, wie Motorräder und Zubehör vermarktet werden. Was mit Motorrad zusammenhängt, ist oft sexuell und/oder die Würde einer Frau beleidigend besetzt. Ein Beispiel aus der Werbung kannst du hier bestaunen: Eine sportliche Enduro auf der Fahrt in die auf Loch reduzierte Frau. Heiße Zonen, heiße Sprünge. Silikon als Gleit- oder Dämpfungsmittel. Mit Öldose. Rein Raus. Dämpferöl fürs Gabeln.

In den letzten Jahren präsentiert sich die Werbung gemäßigter. Das heißt jedoch nicht, daß es auf scharfen Feuerstühlen keine barbusigen, langmähnigen blonden Frauen wie ich nicht und du nicht gibt. Daß diese Figuren nichts mit aktivem Motorradfahren zu tun haben, könnte sogar einem männlichen Betrachter dämmern. Schwieriger ist es bei Bildern, auf denen Motorradfahrerinnen in Sicherheitskleidung abgebildet sind: Lederjacke, Strapse und Stöckelschuhe. Was übrigens immer fehlt, ist der Helm. Als gäbe es für Frauen keine Helmpflicht.

Um eine Motorradfahrerin, wie wir sie uns vorstellen, zu finden, mußten wir viele Motorradzeitschriften durchblättern. In der *ADAC motorradwelt* wurden wir endlich fündig. Da steht sie neben ihrem schönen Motorrad, hat selbstverständlich eine Panne und würde nie mehr nach Hause kommen, bis an ihr Lebensende auf dem Seitenstreifen ausharren müssen – was muß sie aber auch allein durch die Gegend fahren. Zum Glück gibt es den ADAC: Der freundliche Retter – heute in gelb – ist bereits zur Stelle. Männer haben keine Pannen. Schon gar nicht in der Werbung. (Oder sie kokettieren damit – siehe Mercedes.)

Aber immerhin ist da tatsächlich eine Frau aufgetaucht, die Motorrad gefahren sein muß – wie wäre sie sonst mit dem Motorrad auf den Seitenstreifen gekommen. Totschweigen ist eine andere Form der Diskriminierung. Die findet sich beispielsweise bei Werner (für unsere süddeutschen Freundinnen: eine norddeutsche Comicfigur). Werner ist amüsant zu lesen und insofern nicht frauenfeindlich, als Frauen in dieser Welt motorradfahrender Alkoholiker, deren Lebensinhalt aus Saufgelagen, Männerfreundschaften und Basteln besteht, gar nicht erst vorkommen. (Vergleiche einschlägige Motorradclubs, bei denen Frauen nur passiv – in Form von Witzen – zugelassen sind.)

Und dann entdeckten wir noch die positive Diskriminierung. Beim Motorradrennen am Nürburgring gibt es den Damenpokal, eine Auszeichnung, die jede Frau „gewinnt", die an diesem Rennen teilnimmt. Die gleichen umwerfenden Chancen haben Frauen übrigens beim ADAC-Juniorcup. Schade, daß so etwas noch nicht beim Lotto eingeführt wurde.

Wir stellen also fest, daß Frauen – wenn sie überhaupt in Zusammenhang mit Motorrad auftreten – neben dem Motorrad stehend oder darauf posierend abgebildet sind. Fahrende Frauen konnten wir nirgends finden. Aber viele Männer. Meistens in atemberaubender Kurvenlage.

In Deutschland sind derzeit ca. 250 000 Motorräder auf Frauen zugelassen – 14 % aller Motorräder. Da aber 30 % der Führerscheinanwärter Frauen sind, ist anzunehmen, daß sie bald alle ein Motorrad haben werden. In einer Umfrage wollten wir von den Motorradherstellern wissen, ob sie ein spezielles Frauenmotorrad anbieten oder in ihrer Werbung speziell auf Frauen eingehen. Immerhin – 14 % ! Das ist ein großes Stück von der Currywurst. Da sich die 14 % ziemlich gleichmäßig auf die marktführenden Hersteller verteilen, entspräche es den kapitalistischen Spielregeln, daß Motorradhersteller darauf reagieren. Oder ihre Werbeagenturen.

Einige Firmen wie Moto Guzzi, Aprila, Harley Davidson, Triumph, Ducati und Kawasaki schienen von unserer Anfrage so überfordert zu sein, daß sie nicht einmal zu einem höflich nichtssagenden Schreiben in der Lage waren. Von einem Pressesprecher eines japanischen Motorradherstellers erfuhren wir, daß Frauen selbstverständlich jedes Motorrad fahren können, daß aber die Werbung mit fahrenden Frauen vermieden wird, da Männer niemals ein Motorrad kaufen würden, das als Frauenmotorrad vermarktet wird. Und da es ja in erster Linie um Männer geht und Frauen daran gewöhnt sind, nicht persönlich angesprochen zu werden, hat er recht. Frauen sind eben nur Frauen oder –

hübsch verpackt – Männer zweiter Klasse. Sie rauchen Zigaretten, in deren Werbung seit Jahren nur Männer vorkommen (gelegentlich kann es passieren, daß in dieser Werbung unerkannt ein weibliches Pferd mitspielt), tragen Jeans, in deren Werbung Frauen zu großäugigen Statistinnen degradiert sind, und lassen sich nicht davon abhalten, Motorräder zu kaufen, die ihnen gar nicht angeboten werden.

BMW prescht mit an Todesmut grenzender Waghalsigkeit vor: In der Werbung für die 650er Funduro wird das Motorrad mit einem weiblichen Model (stehend) abgebildet, das einen Helm dabei hat. Mangels Mann in der Nähe kann nicht ausgeschlossen werden: Das Model fährt das Motorrad selbst. Die Funduro wird von BMW übrigens als Einsteigermodell bezeichnet. Wenn das nun kein Fortschritt ist – genauso wie der Rückschritt der Geschmacklosigkeit, die in letzter Zeit deutlich nachgelassen hat. Ein Verdienst von Frauen – wie zum Beispiel WOW (Women on Wheels). Jahr für Jahr vergeben sie den „Goldenen Abfalleimer“ für frauenfeindliche Motorradwerbung. Obwohl uns der Titel Goldener Abfalleimer überhaupt nicht gefällt und wir ihn eher Rostige Ölwanne nennen würden, sind wir von dieser Initiative begeistert. Bisherige Gewinner des Preises sind: Levior für Helmwerbung, der Polo-Katalog und die Zeitschrift Mopped. Letztere hat die Auszeichnung so irritiert, daß sie seither ganz auf Frauen verzichtet. Legal ist die Sozia und darf bleiben, wo sie hingehört: in die zweite Reihe. Falls du einmal von einem Sozius hörst, ist damit noch lange nicht gesagt, daß es sich um einen Mann handelt.

In der Literatur, sprich Motorradzeitungen und -bücher, sieht es ebenfalls finster aus. Überschriften wie „Zwei Deutsche auf zwei Italienerinnen durch Afrika“ oder „Sixpack mit hartem Schwanz“ (gemeint ist ein Motorrad der Marke Honda) sind keine Seltenheit, und bei manchen Zeitschriften sprengt das Bildmaterial die Grenzen der Geschmacklosigkeit. So zum Beispiel bei *Biker's Live*, *Biker's News* und dem *Harley Magazin*, wo man gelegentlich die Schnappschüsse stolzer Motorrad- und Freundinnenbesitzer betrachten kann: halbverhungerte Gestelle auf propperen Maschinen.

In manchen Zeitschriften tauchen vereinzelt Fahrerinnen auf, die dürfen mal eine 500er Tourenmaschine fahren, aber keinen qualifizierten Test durchführen bzw. auswerten. Selbst BMW beschäftigt keine Testfahrerin. Auch die meisten Motorradzeitschriften konnten mit unserer Anfrage nach der Zielgruppe Frau nichts anfangen. Die einzige Ausnahme von dieser Regel ist die Zeitschrift *Motorrad* mit der Testfahrerin Monika Schulz. In Japan gibt es übrigens eine Motorradzeitschrift für Frauen: *Ladybike*. Hierzulande müssen wir wahrscheinlich noch ein paar Jahre auf „Brigitte on Bike“ und „Emma on Wheels“ warten – nachdem die Zeitschrift *Visier*, die eine Chefredakteurin hatte, 1985 aufgrund eines Schadenersatzprozesses eingestellt werden mußte. *Visier*, die sich durch unkonventionelle und umstrittene Berichterstattung auszeichnete, hatte auf einen unkorrekten Helmtest verwiesen und verlor den Prozeß gegen den Helmhersteller.

In den Motorradbüchern beherrschen selbstverständlich die Herren das Inhaltsverzeichnis. Gelegentlich schreibt seine Frau für ihn. Sie ist dann Journalistin, und er ist Maschinenbauer. Manche machen Turnübungen auf öffentlichen Parkplätzen, andere verreisen zusammen. Weltreisen und spektakuläre Aktionen sind Männern vorbehalten. Ausnahme: Anne France Dautheville. Ihre Bücher gibt's allerdings nur noch in den Reiseabteilungen der öffentlichen Büchereien.

Schließlich noch die Bibel der Motorradfahrer mit Hochschulreife „Zen oder die Kunst, ein Motorrad zu warten“. Könnte auch heißen „Zen oder die Kunst zu warten“ – nämlich auf die tollen Frauen, die es zuhauf gibt, nur leider nicht in diesem spätestens ab Seite 180 immer langweiliger werdenden Vater-Sohn-Vater-Epos.

Bestanden hat die Prüfung eigentlich nur das nette Taschenbuch mit dem eher abturnenden Titel „Rocker, Hexen, Kamikazes“, eine soziologische Studie zum Bedeutungswandel des Motorradfahrens in Deutschland. Da ist den Frauen ein ganzer Abschnitt gewidmet, und die fahrenden Frauen sind anständig porträtiert.

Fazit: Obwohl es eine Menge motorradfahrender Frauen gibt, werden sie von den Medien meistens ignoriert. Indem sie totgeschwiegen, totgeschminkt oder tot-al daneben dargestellt werden.

Frau Skorpil auf BMW R 47, 1929 (BMW-Archiv München)

Intermezzo
Aus „ROF“ von Shirley Seul

Mein Vater bestand mit sechzig den Motorradführerschein, meine Mutter schwor, kein Wort mehr mit ihm zu sprechen, wozu sie Sätze verschleuderte, und erweiterte ihr tägliches Versprechen, sich nie im Leben auf ein Motorrad zu setzen. Als Vater seine Frührente in achtundneunzigpeess umsetzte, schwieg Mutter tatsächlich. Kaum stand Vaters Maschine in der Garage, benahmen sich beide, als wären sie auf Motorrädern zur Welt gekommen. Vater verchromte alle Schrauben und putzte seine Rente täglich. Nach irgendwelchen Gefühlen befragt, versicherte er, keine zu haben. Auf die Frage, wie es ihm bei der Führerscheinprüfung ergangen sei, sagte er in einem Tonfall, als bestreite er täglich drei Prüfungen, „normal“.

Was Vater kauft, ist sehr gut. Dahinter steht nämlich die Stiftung Warentest. Vater akzeptiert nicht, daß es Menschen gibt, die sich nichts Neues kaufen können. Kauft ein Familienmitglied etwas, ohne seinen und den Rat der Stiftung einzuholen, setzt er es herab. Über Tag quietscht bei meinem neuen Motorrad die Kupplung. Ein Japaner halt. Was will man da auch groß erwarten. Und mit dem Kabelbaum kommst du auch nicht mehr weit. Keine Feuerwehrsirene übertönt auf den nächsten hundert Kilometern meine rund um den Motor schleifende Kupplung.

Mutter sagt Kardan und Boxer, und es klingt wie Parfüm. Vater schneidet alle Kurven gerade an. Mutter, neben der jeder Schrubber eine atemberaubende Kurvenlage hätte, sagt, sie fahre sportlich: Bei herausgestreckter Zunge würde sie den Asphalt polieren.

Meine Eltern laden meinen Bruder und mich zu einer Kaffeefahrt ein; zu viert auf drei Motorrädern. Der Videorekorder und die Katze müssen zu Hause bleiben. Letztere wird verabschiedet wie ein entführtes wiedergefundenes Kind.

Mutter windet sich in ihren Goretexanzug. Die Reißverschlüsse kann sie nicht allein zuziehen; die warmen Papahände versorgen sie. Dabei weist sie darauf hin, daß sie mit diesem Anzug sozusagen das Nonplusultra besitzt, worin Vater sie bestätigt, indem er die Testergebnisse der Stiftung zitiert.

Unterwegs halten wir bei jeder Sehensunwürdigkeit. Vater fotografiert. Motorrad und Kapelle, Motorrad und Panorama und immer wieder Motorrad und Braut: im Profil mit Motorrad von links, auf

Motorrad bei Sonnenschein; Mutter tut so, als führe sie – nie ohne das Vordergrundzweigchen vor der Linse des von der Stiftung empfohlenen Apparates.

Am Ziel der Fahrt ins Blaue stellen wir die Motorräder auf einen öffentlichen Parkplatz und steigen einen Hügel hinauf zum Café Schöne Aussicht. Vater dreht sich verfolgungswähnend um und wählt den Tisch. Kaum haben wir Platz genommen, zieht es, und er sucht einen anderen Tisch. Jetzt hat er seine Rente im Blick.

Mutter bittet Vater, für sie Kaffee zu bestellen, und geht zur Toilette. Sie fröstelt. Aber das liegt an ihr. Weil der Anzug das beste ist, was es zur Zeit auf dem Markt gibt. Windundwasserdichtundatmungsaktiv! Von der Stiftung Warentest empfohlen, sagt Vater.

Als Mutter zurückkehrt, springt Vater auf und bittet sie, für ihn Kaffee zu bestellen. Auf dem vom Café sichtbaren Parkplatz kontrolliert er das Lenkradschloß. Wenig beruhigt setzt er sich wieder. Besänftigend legt Mutter ihre Hand auf seinen Arm. Bei so vielen Menschen könne es niemand stehlen, da sei sie ganz sicher.

Das hat nichts zu bedeuten, sagt Vater.

Ich trinke einen Kaffee, sagt Mutter, und du, fragt sie den Bruder. Eine Gulaschsuppe mit Kaffee, sagt er. Was trinkst du, fragt Vater die Mutter. Kaffee, sagt die Mutter, und du. Ich nehme auch einen Kaffee, sagt er und fragt mich: Und du. Cappuccino, sage ich. Und du, fragt er meinen Bruder. Gulaschsuppe.

Endlich kommt eine überforderte Kellnerin an unseren Tisch. Vater fragt Mutter, was sie will. Kaffee, sagt Mutter. Die Bedienung schaut mich an. Vater fragt, was ich möchte. Cappuccino, sage ich. Vater möchte eine Gulaschsuppe. Die Bedienung sagt: Kaffee, Cappuccino, Gulaschsuppe. Und einen Cappuccino, sagt Vater.

Die Bedienung sagt: ein Kaffee, zwei Cappuccino und eine Gulaschsuppe und schaut meinen Bruder an. Gulaschsuppe sagt er. Also zwei Gulaschsuppen, sagt die Bedienung. Und einen Cappuccino, sagt Vater. Zwei Cappuccino, sagt die Bedienung. Bitte drei, sagt die Mutter. Ohne Kaffee, sagt Vater. Die Bedienung geht ab.

Vater schaut zum Motorrad und deutet dann auf die am Nebentisch Sitzenden, die schon da saßen, als wir kamen, und noch immer nichts haben. Wir haben doch Zeit, sagt Mutter.

Vater fragt Mutter, ob sie Geld dabei hätte.

Mutter sagt nein, oder doch. Sie hat ja immer hundert Mark und dreißig Pfennig zur Reserve dabei – in der linken Innentasche des Goretexanzuges. Wenn ich dich nicht hätte, sagt Vater und tastet nach seinem Portemonnaie.

Vater sagt zu Mutter, sie solle vom Reservegeld zahlen, er müsse noch tanken, außerdem plädiere er dafür, gleich bei Erhalt der Bestellung zu zahlen, da man so lange warten müsse. Mutter bittet ihn, sie nicht vergessen zu lassen, beim Nachhausekommen die Reservegeldtasche aufzufüllen und legt den Hundertmarkschein auf den Tisch. Wieso legst du das Geld auf den Tisch, fragt Vater. Der Wind könnte es wegwehen.

Die Bedienung bringt ein Eis. Wir haben kein Eis bestellt, sagt Vater.

Was unser Kätzchen jetzt wohl macht, sagt Mutter. Ich schau noch mal nach dem Motorrad, sagt Vater. Da kommen zwei Gulaschsuppen und drei Cappuccini. Etwas später nimmt die Kellnerin im Vorbeigehen einen leeren Teller und meine halbvolle Cappuccinotasse mit.

Manche Menschen, da sind sich die Eltern einig, haben keine Manieren.

Motorräder – welche gibt es überhaupt?
Vom Staubsauger zum Joghurtbecher

Es gibt kein „Frauenmotorrad“. Keines der vor rund hundert Jahren konstruierten Frauenmodelle konnte sich durchsetzen. Auch die Pionierinnen des Motorrads bevorzugten „Herrenräder“. Alle heutigen Empfehlungen von wegen „höchstens 500 ccm“ kannst du mit dem Mythos von der technischen Nichtbegabung verschrotten. Du kannst jedes Motorrad fahren. Mußt du viel rangieren, weil du es beispielsweise mit ins Bett nehmen möchtest, raten wir zu einem leichteren Motorrad. Ansonsten gilt: Was dir gefällt. Oder was anderen gefällt. Welches Image strebst du an?

Straßentauglich und sicher sind heutzutage alle Motorräder. Im folgenden wollen wir dir lediglich einen Überblick über den derzeitigen Stand der Motorradzucht verschaffen. Alle Gattungen gibt es in allen Preis-, PS- und Kubik-Klassen. Willst du weder von einer Ente noch von einem R4 „versägt“ werden, dann sollte ein Motorrad mit 27 PS nicht mehr als 500 ccm haben. Bei 50 PS sollte es nicht mehr als 800 ccm haben. Leistungsstarke Motorräder lassen sich mit Drosselsätzen, die in den Vergaser oder Auspuff eingebaut werden können, auf 27/34 PS drosseln (Stufenführerschein).

Die Versicherungsbeiträge staffeln sich nach PS-Klassen. Bis 10, 17, 27, 50, 78, 98 PS und darüber. Bei manchen Versicherungen macht es einen 100%igen Beitragsunterschied, ob dein Motorrad 98 oder 99 PS hat! Früher durften Motorräder in Deutschland höchstens 100 PS haben. Heute gibt es auch Motorräder mit 130 PS.

1. Der Gebärstuhl (auch Chopper)

Wenn du glaubst, ein Hubschrauber lande vor deinem Haus, und zum Fenster rast, wirst du wahrscheinlich einen Chopper entdecken. Chopper verschaffen sich zuerst einmal Gehör. Das liegt am großen Hubraum und der sparsamen Auspuffanlage. Problemlos kannst du bei 50 km/h in den vierten Gang schalten und bis 170 km/h beschleunigen. Andere Motorräder würden dabei bocken. Ein Chopper zieht unbeeindruckt tuckernd seines Wegs. Wir finden den Sound – umwerfend.

Bei Choppern interessiert nicht die Endgeschwindigkeit, sondern viel Power im mittleren Drehzahlbereich zwischen 1000 und 4000 U/

min. Da Chopper lange Vordergabeln haben, ist enges Kurvenfahren auf Dauer ziemlich anstrengend. Oft sind Chopper über und über mit Chrom behangen. Chopper fühlen sich wohl bei Menschen, die gern putzen und polieren. Das viele Chrom schreit geradezu nach „Never Dull" – so heißt die Polierwatte, die Chromteile zum Strahlen bringt. Manche Chopper sind weniger straßentauglich als optisch ansprechend. Wenn du mal in einem Choppermagazin blätterst, wirst du neben nackten Frauen sogenannte Showbikes entdecken – es gibt nichts, was es nicht gibt. Im Vergleich zu Straßenmaschinen haben Chopper meistens schlechte Bremsen. Und die oft verbauten vorverlegten Fußrasten werden eher dein Auge als deine Wirbelsäule erfreuen. Obwohl zur Zeit nur wenige Außenseiterinnen für die Niederkunft auf einem Chopper plädieren, sind wir davon überzeugt, dieser Trend wird sich durchsetzen, bietet sich der Chopper doch geradezu als Gebärstuhl an. Wir haben uns sagen lassen, die Vibrationen des Choppers würden sogar die Wehen mildern, und halten den Chopper aus diesem Grund auch für menstruationstauglich. Bleibt also nur die Frage: Was tun Männer auf Choppern? Außer neidisch zu sein?

Der *Softchopper* ist die weniger extravagante Alternative. Hat eine kürzere, kurvenfreundlichere Vordergabel, liegt aber – wie die „harte" Variante – ziemlich tief, setzt also in Kurven leicht mit dem Auspuff auf. Auch der Seitenständer scheint eine innige Beziehung zum Asphalt zu pflegen. Richtige Chopper haben keinen Hauptständer, weil sie so schwer sind, daß auch kräftige Männer sie nicht aufbocken könnten und dies das zartbesaitete männliche Selbstbild in Verwirrung stürzen würde.

Image: Du bist echt cool. Brauchst deine Freiheit. Der Weg ist das Ziel. Parfüm: Lagerfeuer. Zigarette: Camel oder Selbstgedrehte. Urlaub im Indianerreservat.

2. Stadtförsterzweitwagen (auch Enduro)

Neben dem Geländevierradantrieb wesentliches Utensil jedes Stadtförsters. Die meisten Enduros sind zu schwer, um geländetauglich zu sein. Aufgrund ihrer Bauart sind sie auf der Straße sehr wendig. Enduros sind flink, verfügen über einen guten Durchzug im unteren Drehzahlbereich, und es macht Spaß, mit ihnen Pässe zu fahren. Durch die vielen Plastikteile können sie umfallen, ohne daß gleich etwas kaputtgeht. Wegen ihrer Fußballschuhe haben sie auf Teerstraßen keine so gute Haftung wie Straßenmaschinen, dafür sind sie auf dem Sportplatz im Vorteil. Für Urlaube in Ländern, in denen der Straßenbau nicht mit deutscher Gründlichkeit betrieben wird, eignen sie sich vortrefflich. Enduros sind außerdem die einzigen wüstentauglichen Motorräder. Wir wollten das schon oft im Sandkasten überprüfen, aber da war uns immer zuviel Hundedreck drin. Übrigens gefällt uns der Endurosound am zweitbesten.

Image: Mountainbike für Faule. Sportliche Naturliebhaberin. Parfüm: Moos. Zigarette: natürlich keine.

3. Staubsauger (auch Straßen-/Tourenmaschine)
Wir stehen nicht auf Staubsauger, sind aber so tolerant einzuräumen, daß es Menschen geben mag, für die es beim Motorradfahren nicht auf den Sound ankommt. Straßenmaschinen haben eine hervorragende Straßenlage. Sie sind relativ wendig, beschleunigen rasant und bremsen enorm gut. Meistens verfügen sie über bequeme Sitze für Fahrerin und Sozia – was bei Choppern und Enduros die Ausnahme darstellt.

Image: Zurückhaltender, dezenter Typ, Zigarette: Petra Stuywesant

4. Joghurtbecher (auch Rennmaschine)
Fahrer von Joghurtbechern erkennst du am typischen Kniewackeln (vergleiche Hospitalismus). In freier Wildbahn kannst du beobachten, wie sie dich mit 200 km/h in einer enggezogenen Kurve überholen und dabei hektisch mit dem Knie zucken. Der Kopf bildet meistens eine Diagonale mit dem zuckenden Knie. Rennmaschinen verfügen über ein enormes Beschleunigungsvermögen. Eine Fahrt spart dir die Wiesn (für unsere restdeutschen Freundinnen: den Rummelplatzbesuch). Daß du mit Joghurtbecher aussiehst wie Affe auf Schleifstein, liegt oft an den nach hinten verlegten Fußrasten. Die erzwingen eine windschnittige, liegende Fahrhaltung, die den Eindruck vermitteln kann, trotz Geschwindigkeitsrausch zu Hause zu sitzen, nur starrst du nicht auf die Glotze, sondern auf das Armaturenbrett.

Weitere Punkte (minus oder plus – wie es dir gefällt): Der Stummellenker erspart durch das enorme Unterarmmuskeltraining die Kosten fürs Fitneßstudio, und das aggressive Geräusch erinnert an ein hubschraubergroßes Moskito – Joghurtbecher scheinen für Tierfreundinnen prädestiniert. Übrigens trägt eine bekannte Rennmaschine den Namen „Ninja“, was soviel wie Kamikaze-Terminator bedeutet (Terminator I natürlich). Rennmaschinen heißen oft nach berühmten Rennstrecken, auf denen sie zu Ehren kommen sollen. So gibt es z.B. eine Bol d’Or und mehrere Daytonas sowie eine Moto Guzzi Le Mans – nur eine Ducati Nürburgring haben wir noch nicht gesehen. Apropos Namen: Joghurtbecher kommt natürlich davon, daß über den nackten Motor ein großer bunter Joghurtbecher gestülpt ist. Angeblich wegen der Windschnittigkeit – oder ist es doch eher Prüderie? Oder schämen sie sich ihres zu kleinen Motors?

Image: bigger, better, faster.

5. Damensattel (auch Roller)

Schon allein deshalb erwähnenswert, weil du damit bequem im Rock fahren kannst. Früher beherrschten Roller das Straßenbild wie – etwas später – VW Käfer. Vor allem Frauen rollerten. Heute ist der Roller vor allem „in“. Roller haben eine instabile Straßenlage. Bisher sind sie uns nur auf italienischen Paßstraßen begegnet. Wir diskutieren heute noch darüber, ob wir hätten grüßen sollen. In Deutschland wirst du kaum in diese Verlegenheit kommen. Nicht mal am Nürburgring. Auf jeden Fall sind Roller tolle Stadtflitzer.

Image: Eisdiele, Picknick, Italien. Zigarette: Lord.

6. Dreirad (also Motorrad mit Seiten-/Beiwagen)

In der guten alten Zeit, als Mütter noch verehrt wurden, hatten auch die Beiwagen Konjunktur. So konnten Mama und Mamas Mama immer mitfahren. Im Krieg wurden Beiwagen zum Transport von dicklichen Vorgesetzten und Kriegsgerät eingesetzt. Aber der Krieg ist vorbei, bzw. hat sich zu den Müttern verlagert, und die müssen leider draußen bleiben. Motorräder mit Beiwagen zeichnen sich dadurch aus, daß sie die Nachteile des Autos mit denen des Motorrads verbinden, und Vordrängeln ist nicht. MZ und Java bauen beispielsweise heute noch Beiwagen. Einige Motorradhersteller rüsten auf Bestellung um. Es gibt auch spezielle Umbaufirmen. Meistens wirst du aber – wenn überhaupt – alte Beiwagen sehen, und die sind auch am schönsten.

Image: Bernersennenhund-, Kinder- und Familienausflug, Camping, Kriegsveteranen sowie friedensbewegte Allwetter-Individualisten. Hobby: Umziehen. Zigarette: Gauloise.

Der Motorradführerschein

Die Gnade der Frühgeburt

Früher gab es den Einser ohne Wenn und Aber. Früher waren auch die Fritten billiger. Wenn du heute zum ersten Mal einen Führerschein, egal welcher Klasse, machst, wird er dir für zwei Jahre zur Probe ausgehändigt und kann bei groben Verstößen gegen die Verkehrsordnung wieder entzogen werden. Du solltest also weder Kinderwagen rammen noch Radfahrer auf dem Radweg rechts überholen, der 112 nicht die Vorfahrt nehmen und Trunkenheit in der Verkehrskontrolle vermeiden. Sonst mußt du günstigenfalls zur Nachschulung. Ungünstigenfalls kannst du wieder von vorn anfangen.

Ab 1999 gibt es den EU-Führerschein, eine schicke Kreditkarte mit Alufelge, Straße und Verkehrszeichen drauf. Welche dann einen Autoführerschein macht, ehemals 3er, jetzt B, darf damit keine Krafträder fahren. Dafür gibt's extra drei Führerscheinklassen: M für Mofas mit max. 50 ccm und 45 km/h und A1 für Roller etc. mit max. 50 ccm, 11 kw und 80 km/h. Beide Führerscheine sind für Pubertierende gedacht. Wenn du „richtig" motorradfahren willst, machst du den Schein Kl. A für Motorräder bis25 kw. Nach zwei Jahren kannst du den Lappen auf der Führerscheinstelle gegen ein überhöhtes Trinkgeld umschreiben lassen. Jetzt darfst du alles, was zwei Räder hat, fahren. Auch mit Beiwagen. Ach ja. Achtzehn mußt du sein. So auszusehen, reicht nicht. Bist du bereits 25, kannst du die Prüfung auf einem großen Motorrad absolvieren und bekommst gleich den unbeschränkten A-Schein.

Heute mußt du mit ca. 2000 Mark rechnen, da zu den zehn Pflichtstunden Übungsstunden und Prüfgebühren hinzukommen. Prüfgebühren sind festgelegt. Fahrstundenpreise sind nicht einheitlich. Es lohnt sich, Vergleichsangebote einzuholen und das Stadt-Land-Fluß-Gefälle zu beachten. Eine normale Fahrstunde kostet ca. 50 Mark. Pflichtstunden sind Sonderfahrten wie Autobahn-, Nacht- und Überlandfahrt und kosten ca. 70 Mark/Stunde. Je mehr du auf einem Privatgrundstück übst, desto billiger wird der Führerschein.

Ausweichen, Gefahrenbremsung, Anfahren am Berg, Kreise – das mußt du in der Prüfung beherrschen. Die dauert ungefähr eine Stunde und ist inzwischen recht anspruchsvoll. Voraussetzung für die Zulassung zur Prüfung ist der bestandene Sehtest und der Nachweis über einen irgendwann absolvierten Erste-Hilfe-Kurs. Wird von lustigen Samariterinnen, hartherzigen Brüdern und ähnlichen Zivildienststellenanbietern veranstaltet. Keine Barmherzigkeit, was den Preis betrifft. Unser Tip: Als Schülerin kannst du den Kurs umsonst in der Schule machen. Als Arbeitnehmerin und Untergebene: Überzeuge deine Übergebene, dich – wegen des gesunden Betriebsklimas – zu einem solchen Kurs zu schicken.

Seit 1910 gibt es den Motorradführerschein. Seit 1918 haben Frauen in Deutschland das aktive und passive Wahlrecht. Dies gilt auch für die Wahl einer Fahrschule. Nach welchen Kriterien du dich entscheidest, bleibt deinen Vorlieben überlassen. Wenn du dich grundsätzlich nur von Männern unterrichten lassen möchtest, weil Männer die einfühlsameren Lehrer und schon allein wegen ihres Haarwuchses an Brust und besonders Rücken geradezu prädestiniert sind, pädagogische Fähigkeiten zu entwickeln, hast du die große Auswahl: Von 40 000 Fahrlehrberechtigten sind gerade mal 5 Prozent Frauen. Das liegt daran, daß meistens Männer Inhaber von Fahrschulen sind und ihre Gattinnen im Haushalt und mit der Büroarbeit oftmals nicht erschöpfend ausgebeutet werden, so daß sie bei Bedarf aushelfen dürfen. Dies ist keine Behauptung von uns, sondern eine Vermutung des Königs des Fahrlehrerverbands.

Gegen vorsichtige Fahrübungen ist grundsätzlich nichts einzuwenden. (Naomi)

Frauen, Ferien und Führerschein

Wenn du Wert auf eine Fahrlehrerin legst und Lust hast, mit anderen Frauen zusammen den Führerschein zu machen, und auch noch zwei Wochen Resturlaub vom letzten Jahr wegzuschaffen hast, bieten dir die auto-mobilen Frauen eine interessante, aber leider teure Alternative: die Frauen-Ferien-Fahrschule bei Mainz. Informationen dazu bei auto-mobile Frauen, Schulrat-Spang-Straße 24, 55597 Wöllstein.

FAHRSICHERHEIT
Das A und O: das O und B

Egal welche Bekleidung, welches Motorrad, welche Witterungs- und Verkehrsverhältnisse – nur mit OB kannst du dich wirklich sicher fühlen. Denn OB fängt das Unglück da auf, wo es passiert. Im Inneren des Körpers. Mann sieht nichts. Mann spürt nichts. Und außen bleibt alles angenehm sauber. Damit du dich auch in den drei prä- und postmenstruellen Wochen sicher fühlen kannst, empfehlen wir Fahrtrainings.

Automobil- und Motorradklubs sowie Motorradzeitschriften bieten Fahrtrainings an. Dort wirst du mit Gefahrensituationen vertraut gemacht und trainierst, deine Reaktionsweise in eine klinisch getestete Reihenfolge zu bringen. Genußvolles Kurvenfahren, Schräglage, Ausweichmanöver, Einlenkpunkt und richtige Kurvenlinie gehören zum Übungsprogramm. Und – das A und O: *Optimales Bremsen.* OB.

Bremst du zuwenig, hältst du zu spät oder wirst durch ein Hindernis gebremst; bremst du zuviel, mußt du damit rechnen, daß die Räder blockieren. Ein blockiertes Hinterrad ist relativ leicht auszugleichen. Hast du vielleicht schon mal erlebt, wenn die Straße ein bißchen naß ist. Der Hinterreifen rutscht zur Seite, du hast einen Moment ein unsicheres Gefühl, aber dann gelingt es meist schnell, das Motorrad wieder in die Balance zu bringen. Blockiert das Vorderrad, verlierst du die Lenkfähigkeit.

Da alle wissen, wie fatal sich ein Bremsfehler auswirken kann, besteht oft eine Bremshemmung. Die lernst du in einem Fahrtraining zu überwinden. Und zwar nicht nur beim Geradeausfahren, sondern auch in Extremsituationen wie Schräglage, in der das Motorrad noch empfindlicher auf Bremsen reagiert. Derzeit erfreuen sich die Kurse großer Beliebtheit und sind im Handumdrehen ausgebucht – trotz des teilweise hohen Preises. Hier zeigt sich wieder einmal, daß Motorradfahren längst „salonfähig“ ist und in den Reigen der Freizeitgestaltungen neben Golf und Tennis aufgenommen wurde.

Gelegentlich werden Fahrtrainings für Frauen angeboten. Moto Aktiv bietet auch Eintageskurse an – die Regel sind Wochenendkurse.

Sinn dieser Trainings ist – außer des Erwerbs von Routine –, daß du das Gefühl kriegst, du fährst dein Motorrad und nicht umgekehrt. Entschieden und sicher in jeder Situation. Mit diesem Gefühl fährt es sich wesentlich entspannter und schöner.

ABS – Antiblockiersystem
(zur Funktionsweise von ABS blättere zu *Bremsen*)
Hartnäckig hält sich in Heldenkreisen das Vorurteil, nur wer den Sprung ohne Fallschirm wage, sei ein echter Held. Dieses Vorurteil findet sich auch in Motorradfahrerkreisen: Wer ABS benötigt, ist besser in der Straßenbahn aufgehoben. Wir halten ABS für OB-verdächtig. Viele sich selbst als begnadete Bremser verehrende Motorradfahrer belächelten das ABS bis zu dem Tag, an dem sie mit ihm um die Wette bremsen mußten. Außer Honda und BMW sind uns keine Hersteller bekannt, die ABS als Zusatzausstattung liefern. Bei BMW werden mittlerweile ca. 90 Prozent der Neumaschinen mit ABS bestellt, und ABS wird auch serienmäßig verbaut, was den Preis allerdings nicht bremst. Warum nicht auch andere Motorradhersteller mit ABS reagieren, gehört zu den Geheimnissen der von Männern unsicher gemachten Welt.

Egal welche Bekleidung, welches Motorrad, welche Witterungs- und Verkehrsverhältnisse – nur mit ABS kannst du dich wirklich sicher fühlen. Denn ABS fängt das Unglück da auf, wo es passiert. Im Inneren der Bremse. Du siehst nichts. Du spürst was. Und außen bleibt alles angenehm sauber.

BeifahrerInnen sollten weder dich noch dein Motorrad allzusehr belasten. (Naomi)

ZUSATZAUSSTATTUNGEN
Wie verwandle ich mein Motorrad in ein Wohnmobil?

Was ist ein Opel Kadett ohne Klopapierrolle und Fuchsschwanz? Ein kastriertes Selbst? Ein Minderwertigkeitskomplex? Fragen Sie Frau Dr. Sommer! Fürs Motorrad gibt es einen florierenden Zubehörhandel, der dazu verführt, auf die Therapie zu verzichten. Wenn wir manchmal einen Blick auf die Zusatzausstattung besonders von Choppern werfen, können wir uns des Eindrucks nicht erwehren, daß es sich bei dem Kind im Mann doch eher um einen in der Pubertät steckengebliebenen Komplex handelt.

Nichtsdestotrotz gibt es ein paar Zusatzausstattungen, die wir gut oder wenigstens erwähnenswert finden. Den besten Überblick verschaffst du dir, indem du im Katalog eines Zubehörherstellers blätterst.

Griffheizung: Als wir noch keine hatten, lachten wir darüber. Dann waren wir nachts mit Nicole unterwegs. Zu Hause brauchte Nicole ihre Hände nicht auf die Herdplatte zu legen. Sie hatte warme Hände. Eigentlich hätten wir es wissen müssen. Gehörte zu den Standardsätzen unserer Mütter: Warme Hände (und Füße) sind das Wichtigste im Leben.

Griffheizungen gibt's für ca. 100 Mark. Der Einbau ist leicht und erfordert nicht mehr Kenntnisse, als in diesem Buch vermittelt werden (vgl. *Elektrik*). Eventuell brauchst du eine Bohrmaschine.

Sturzbügel: Es passiert nun mal. An einer Ampel, im Stehen, beim Aufbocken. Das Motorrad kippt – und fällt. Oder es wird von einem kontaktfreudigen einparkenden Lastwagen überschwenglich begrüßt. Sturzbügel verhindern, daß der Motor in solchen Fällen Schaden nimmt. Bei einer BMW zum Beispiel können die Zylinder undicht werden, die ja seitlich ziemlich vorwitzig rausstehen. Selbstverständlich kannst du Sturzbügel schmücken. Mit Scheinwerfern, Hupen, Ölkühlern, Schminkspiegeln oder bunten Fähnchen deiner Lieblingspartei. Und beim Fahren eignen sie sich hervorragend als Fußablage. Sturzbügel kosten 80 bis 200 Mark (ohne Schminkspiegel etc.).

Hupe: Wer schon einmal mit dem Motorrad hinter einem rückwärts fahrenden Lastwagen gestanden ist, kennt die existentielle Bedeutung einer schmetternden Fanfare. Hupen gibt es in verschiedenen Größen und Lautstärken ab ca. 30 Mark in Autozubehörgeschäften.

Zigarettenanzünder: Besonders praktisch: Du kannst am Zigarettenanzünder auch eine Handlampe anschließen – wenn du z.B. in einer mondlosen Nacht und entlegenen Gegend ganz spontan Lust auf einen Ölwechsel kriegst. Aber überschätze die Ausdauer deiner Batterie nicht!

Gepäcksysteme: Es gibt viele Möglichkeiten, Gepäck zu verstauen. Auf die unseriösen kommen wir später zu sprechen. Drei seriöse wollen wir hier kurz erwähnen.

Koffer: Es gibt Alu- und Plastikkoffer. Beide Koffersysteme sind von verschiedenen Herstellern erhältlich. Koffersystem heißt alles zusammen – also Koffer und Kofferträger. Wenn du ein gebrauchtes Motorrad kaufst, wirst du in vielen Fällen ein Koffersystem dazubekommen. Deshalb gibt es so gut wie keinen Gebrauchtkoffermarkt. Willst du neue Koffer kaufen, erkundige dich nicht nur bei deinem Motorradhersteller. Ein Blick auf die Angebote des Motorradzubehörs lohnt sich, da gibt es oft billigere Alternativen. Je größer die Koffer, desto besser. Und sie werden dir trotzdem noch zu klein sein – wetten! Kofferhalter kosten zwischen 150 und 400 Mark. Koffer (Alu oder Plastik) kosten zwischen 200 und 600 Mark (einzeln). Der Preis sagt nichts darüber aus, ob der Koffer wirklich wasserdicht ist und die Verschlüsse länger als ein TÜV-Intervall halten. Frag nach dem Auftrieb der Koffer, denn je aerodynamischer sie sind, desto schneller kannst du sicher fahren.

Dann gibt es noch etwas, das nennt sich *Topcase.* Eine Art Kosmetikkoffer oder Hutschachtel, die der Beifahrerin im Nacken sitzt. Susa hält nichts davon, obwohl ein Topcase sich vortrefflich als Brotzeitbox eignet. Shirley hat weder eine Meinung noch eine gehäkelte Klopapierrolle, die sie im Topcase verstauen könnte. Kostenpunkt: 100 bis 200 Mark.

Tankrucksack: Ist natürlich nicht so praktisch wie Koffer, weil du ihn beim Parken – nicht nur in Gegenden, in denen wilde Räuberbanden hausen – abmachen und mitnehmen solltest. Koffer kannst du absperren und am Motorrad lassen. Eine vorbildliche Räuberbande läßt sich davon natürlich nicht abschrecken. Die entführen dein hilflos an den Koffern hängendes Motorrad einfach mit. Tankrucksäcke kosten zwischen 150 und 300 Mark.

Sitzbänke: Es gibt extra dünn gepolsterte Sitzbänke, die – weil schmaler – eine tiefere Sitzposition ermöglichen. Manche Motorräder (BMW, Suzuki) verfügen über eine höhenverstellbare Sitzbank.

Kickstarter: Können in Motorrädern mit E-Starter eingebaut werden. Vorteil: Ist die Batterie leer, kannst du trotzdem starten, indem du antrittst.

Brems- und Kupplungshebel: Gibt es auch für kleinere Hände bzw. verstellbar. Vom selber Biegen raten wir dringend ab.

Gummigriffe: Die Gummigriffe am Lenker haben meistens ein hartes Profil. Das macht unschöne Druckstellen, und wir finden es auch nicht besonders angenehm. Deshalb haben wir uns Griffe aus weichem Schaumgummi besorgt. Die fühlen sich schön an und sehen gut aus (Chromrand). Allerdings sind sie für kleine Hände vielleicht zu dick. Die Schaumgummigriffe kosten zwischen 10 und 70 Mark, und beim Recherchieren haben wir staunend festgestellt: Es gibt sie sogar als Langhaarfrisur mit Lederfransen oder als zwölfschwänzige Katze.

Vorhängeschloß: Kann nicht schaden, hilft aber auch nicht viel. Die beste und billigste Diebstahlsicherung ist immer noch das verrostete Schlunzmotorrad. Oder ein Wartburg-Emblem. Skoda tut's auch.
Kosten für ein Vorhängeschloß: 50 bis 300 Mark.

Montagebühne: Kostet ca. 200 Mark. Das Motorrad wird so auf die Bühne gehoben, daß Vorder- oder Hinterrad frei sind. Breite und Höhe lassen sich meist verstellen. Gut geeignet für Motorräder mit asymmetrischer Auspuffanlage und zudem stabiler als Mineralwasserkiste.

Klarer Vorteil der Schalenhelme: Das Visier bleibt sauber. (Naomi)

Motorradbekleidung

Wie es dir gefällt

Eine Anschnallpflicht gibt es in Deutschland beim Motorradfahren nicht. Bis auf den Helm kannst du auf alles verzichten. Theoretisch könntest du nackt fahren.

Helm: Du hast die Wahl zwischen einem Hut und einem Helm. Hüte sind Halbschalenhelme ohne Kinnschutz, mit oder ohne Visier. Susa trägt Halbschale, weil sie damit Currywurst essen kann. Shirley bevorzugt geschlossene Helme, weil sie nicht nur allergisch auf Currywurst reagiert, sondern auch auf Zugluft.

Halbschalenhelm: Abgesehen von unseren persönlichen Vorlieben: Die Schale ist der Kompromiß für alle, die am liebsten ohne Helm fahren würden. Und es gibt sie schon ab ca. 100 Mark. Halbschalen sehen cool aus (die Chopperfahrer darunter meistens nicht), sind prickelnd bei Regen und verhindern deshalb Geschwindigkeiten über 80 km/h, so daß ein Aquaplaning ausgeschlossen ist. Wo keine Scheibe ist, kann allerdings was draufschlagen. Andererseits: Wo keine Scheibe ist, kann auch nichts beschlagen. Weitere Sicherheitsvorteile bietet die Schale nicht.

Sonnenbrillen, Schweißbrillen oder Motorradbrillen steigern nicht nur die Coolness der Schale. Sie eignen sich auch vortrefflich als Aufprallscheibe – wichtig, damit nichts ins Auge geht – für Fliegen, Wespen und sonstiges fliegendes Getier, das sich trotz fehlenden Führerscheins nicht davon abhalten läßt, den Luftraum über den Straßen unsicher zu machen. Aber solange es Kampagnen wie „Freien Flug für freie Insekten gibt", wird sich daran nichts ändern. Shirley ist mal von einer Wespe in den Busen gestochen worden. Beim Fahren und obwohl sie einen Helm trug. Ein unter Insekten weit verbreitetes Hobby scheint die Jagd auf Motorräder zu sein, die Krönung dieses Hobbys, in einen Helm zu fliegen und unmittelbar neben dem menschlichen Ohr die insektalische Musikalität unter Beweis zu stellen.

Integralhelm: Neben dem Gefühl, in einem engen Auto zu sitzen, das sich der jeweiligen Kopfform nur sehr widerwillig anpaßt, bietet der Integralhelm einigen Komfort (vergleichbar mit einem ICE):

- Insekten müssen draußen bleiben.
- Du machst die Tür zu, und es zieht nicht mehr – Bindehautentzündung ade.
- Bei Regen das Gefühl, gemütlich zu Hause vorm Kamin zu sitzen.

- Durch die deinem Kopf entsprechende aerodynamische Form kannst du mit hohen Geschwindigkeiten fahren, ohne daß dir, wie beim Schalenhelm, der Kopf nach hinten abknickt.
- Bei einem Sturz verhindert der Kinnbügel eine eventuelle Verletzung des Gesichts. Die geschlossene Form des Integralhelms entspricht sozusagen der Knautschzone eines Autos.

Helm und Brille: Als Brillenträgerin ist dir sicher bekannt, daß du zuerst den Helm, dann die Brille aufsetzt. BMW entwickelte einen aufklappbaren Integralhelm, der aufgesetzt werden kann, obwohl die Brille schon da hockt, wo sie hingehört. Bei einem Unfall ermöglicht dieser aufklappbare Integralhelm ein relativ ungefährliches Entfernen des Helms vom Kopf. Das BMW-Logo auf dem Helm kostet ca. 700 DM, den Helm gibt's gratis.

Für Sonnenbrillenträgerinnen gilt das oben Ausgeführte natürlich ebenfalls. Ansonsten möchte Shirley noch ein paar Sätze zu ihrem Lieblingsthema Bindehautentzündung äußern: Es gibt Sonnen- bzw. Motorradbrillen, die auch an den Seiten dicht sind (wie Gletscherbrillen), und wenn du gern Halbschale oder eben Integral mit offenem Visier fährst und zugempfindliche Augen hast, empfiehlt sich eine solche Brille. Shirley ist erst nach zwölf Jahren Motorradfahren auf diese Idee gekommen und jetzt so begeistert, daß sie die Brille auch beim Haarefönen aufsetzt.

Ein Helm – egal welcher Form – kann aus drei verschiedenen *Materialien* bestehen:

1. *Polycarbonat*-Helm. Material: Thermoplastische Kunststoffe. Leichter als Fiberglas, Haltbarkeit: ca. 4 Jahre, da die UV-Einstrahlung das Material schwächt. Ab ca. 300 Mark.
2. *Fiberglas*-Helm. Material: Duroplastische Kunststoffe. Schwerer als Polycarbonat, Haltbarkeit: ca. 8 Jahre. Ab. ca. 500 Mark.
3. *Carbon*-Helm. Material: Duroplastische Kunststoffe. Derzeit der letzte Schrei, weil am leichtesten, Haltbarkeit: ca. 8 Jahre. Ab ca. 700 Mark.

Bunte Rallyestreifen kosten ca. 100 DM extra.

Helme, die in Deutschland verkauft werden, müssen seit 1990 der Europa-Prüfnorm ECE 22-03 entsprechen. Dadurch ist ein bestimmter Sicherheits- und Qualitätsstandard gewährleistet. Im Inneren eines solchen Helms ist das ECE-Prüfsiegel eingenäht.

Beim Kauf eines Helms mußt du dich – abgesehen von Schale oder Integral – entscheiden, welcher Helm bei deinen Gewohnheiten am sinnvollsten ist. Susa wirft ihren Helm dauernd vom Motorrad, manchmal fliegt er schon runter, wenn sie ihn nur anschaut, also reicht ein

Polycarbonat-Helm völlig aus, weil dessen natürliche Lebensdauer durch ihre liebevolle Behandlung nicht ausgeschöpft werden kann. Shirley möchte öfter mal was Neues und ist deshalb ausnahmsweise der gleichen Meinung: Zwei zu Null für Polycarbonat. Naomi meint, ein Helm aus Polycarbonat ist durch sein leichteres Gewicht auf langen Strecken auch angenehmer (und finanziell) tragbar. Drei zu Null für Polycarbonat.

Aber laß dich davon nicht beeinflussen! Im Motorradgeschäft wird dir höchstwahrscheinlich ein Carbonhelm empfohlen. Und zwar nicht nur, weil er am teuersten ist, sondern auch wegen der hohen Belastbarkeit und der Elastizität des Materials, die bei einem Sturz einen Teil der Aufprallenergie absorbiert. Daß wir den Polycarbonat-Helm bevorzugen, liegt an unserer eher leichtsinnigen Einstellung.

Da sich die Produktpalette jedes Jahr verändert, lohnt sich ein Blick in die Testergebnisse der Stiftung Warentest bzw. des ADAC und Tests in Motorradzeitschriften.

Beim Helmkauf: Wie du einen Helm anprobierst, möchten wir dir nicht beschreiben müssen; daß das wichtigste Kriterium beim Helmkauf die gute Paßform ist, wird dir jede Verkäuferin erzählen. Gemeint ist damit übrigens, daß er dich einengen soll. Dafür sollst du auch noch bezahlen. Wir empfehlen dir, den Helm im Geschäft wirklich lange aufzubehalten, das heißt, mit dem Helm auf dem Kopf dreizehn bis einundzwanzig Lederhosen zu probieren. Erfahrungsgemäß merkst du erst nach einer halben Stunde, ob du durch den Helm Kopfweh bekommst. Wenn es dir unangenehm ist, in der Öffentlichkeit fremde Hosen anzuprobieren, kannst du mit Jacken überbrücken oder dir was zu lesen mitnehmen und dich in die Umkleidekabine zurückziehen.

Individuelles Design: Wenn du deinen Helm diebstahlsicher gestalten möchtest, ihm also eine individuelle Note aufmalen willst, solltest du beim Lackieren nur vom Fachhandel empfohlene Lacke verwenden, die das Helmmaterial nicht angreifen, also keine Lösungsmittel enthalten. Das gilt auch für das Klebematerial bei Aufklebern. Außerdem empfehlen wir dir, keine zusätzlichen Öffnungen in die Helmschale zu bohren, auch nicht für toupierte Frisuren.

Helmpflege: Für Markenhelme gibt es ungefähr zehn Jahre lang Ersatzteile, also Visiere, Schrauben, Verschlüsse. Manchmal ist ein Visier so verkratzt, daß du es besser austauschst (kostet je nach Qualität – getönt, kratzfest, antifog – ca. 20 bis 100 Mark). Zum Reinigen des Helms und Visiers eignen sich Geschirrspülmittel. Es gibt aber auch spezielle Helmpflegemittel (teuer und umweltfeindlich) sowie ein antistatisches Helmpflegetuch (Visier-Wisch-und-Weg,

30 Mark). Kein Benzin oder Verdünnungsmittel verwenden, weil es das Helmmaterial auflöst! Zur Innenreinigung des Helms empfehlen wir einen Staubsauger, Marke egal.

Helm und Haare: Ein Problem für alle Frisuren, die mehr als nackenlang sind. Entweder die Haare schauen aus dem Helm raus und werden vom Wind so an den Helm gepeitscht, daß sie schizophren werden (Spliss), oder der Wind flicht sie zu knotenartigen Objekten, die nur mit viel Geduld oder der Reißmethode (führt wiederum zu Spliss) entwirrt werden können. Oder – und das ist die Regel – beides zusammen. Je tiefer der Helm in den Nacken reicht, desto leichter ist es, die Haare zu verstauen. Aber wenn du dicke Haare hast, wird es schwierig, sie in den Helm zu quetschen, der ja eng am Kopf anliegen sollte. Benutzt du eine Haarspange oder einen Haargummi, kannst du schnell Kopfweh bekommen. Kapuzen-T-Shirt oder Sturmhaube eignen sich als Präventivmaßnahmen. Ansonsten bleibt nur noch ein Termin in einem auf den ersten Blick mit einem Waschbeckengeschäft zu verwechselnden Studio.

Schal: Ein Schal verhindert, daß dir der Wind ins Hemd fährt. Bei kälteren Temperaturen macht das ziemlich viel aus. Zum Motorradfahren gibt es extra Lederschals in Dreiecksform mit Druckknopf zum hinten Schließen – kosten ca. 30 Mark. Wir kennen welche, die schwärmen davon. Ansonsten tut's auch jedes andere Tuch (Indien, Asien, Schwarzwälder-Tracht).

Nierengurt: Finden wir wichtig. Erstens aus medizinischen Gründen, wobei wir die jetzt nicht so genau wissen. Susa wagt zu behaupten, daß Nieren zug-, kälte- und erschütterungsempfindlich sind. Shirley hat wieder mal die falsche Ausbildung. Nierengurte gibt's aus Leder (auch mit Lammfelleinlage) oder aus Stretchmaterial. Letzteres läßt sich auch gut als Gürtel verwenden. Kosten: ca. 30 bis 150 Mark.

Wenn du den Restkörper in einen Kombi packst, hast du einen zusätzlichen Nierenschutz.

Restkörper ohne Füße: Früher gehörten Lederbekleidung und Motorradfahren zusammen wie Pommes und Mayo. Aber der Fortschritt schreckt vor nichts zurück. Vielleicht gilt Lederbekleidung in ein paar Jahren als altmodisch. Gibt es doch jetzt die sogenannten High-Tech-Materialien, die vom Skianzug bis zum Portemonnaie Verwendung finden und besonders bei Vegetarierinnen sehr beliebt sind.

Der erste Motorradanzug dieser Art war der BMW-Gore-Tex-Anzug. Mittlerweile gibt es viele andere Firmen, die dieses High-Tech-Material herstellen. Bekleidung, in der solches Material verarbeitet wurde, ist angeblich wind- und wasserdicht und atmungsaktiv. Wir sind bei strömendem Regen und eisigem Wind gefahren und kaum naß geworden noch haben wir gefroren. Allerdings kannst du auch mit High-Tech-Materialien nicht stundenlang durch Unwetter fahren. Durch eine Waschanlage kommst du trocken. Spart das Motorradputzen. Auf den Unterbodenschutz würden wir verzichten.

Heutzutage sind auch die High-Tech-Klamotten gegen Abrieb geschützt. Aber bei einem Sturz bieten sie keinen ganz so guten Schutz wie die schöne alte Lederbekleidung. High-Tech-Materialien sind teuer – das ist gutes Leder aber auch. Für beide gibt es einen florierenden Gebrauchtkleidungsmarkt. In Second-Hand-Motorradgeschäften bekommst du gebrauchte Kleidung sehr günstig. Es lohnt sich aber auch ein Blick in Anzeigenblätter. Übrigens ist die Entsorgung dieser Stoffe (Membranen) schwierig. Sie verrotten einfach nicht. Vereinzelt beginnen sich Händler – bisher noch freiwillig – dazu zu verpflichten, die Kleidungsstücke später wieder zurückzunehmen.

Leder: Bester Schutz gegen Abrieb. Es gibt auch Lederkombis mit Protektoren (Knautschzonen) an Knien, Ellenbogen und Schultern. Sie sind ungefähr so schwer wie eine Ritterrüstung.

Leder ist natürlich nicht Leder. Dünn, dick, Kalb, Rind, Krokodil – wie es dir gefällt. Aber: Leder ist auch nicht gleich Motorradleder. Klar kannst du dir für 99 Mark eine Lederhose und für 200 Mark eine Lederjacke kaufen. Die Teile werden sich aber nicht unbedingt zum Motorradfahren eignen. Besonders wichtig sind – außer Verstärkungen an den richtigen Stellen – enge Ärmel an den Handgelenken, ein Kragen, der bis unters Kinn schließt, und körpergerechte Paßform (Windschutz). Überteure Lederjacken von überteuren Motorradherstellern (z.B. Harley) sind schön zum Flanieren, aber nicht zwingend motorradtauglich. Mit Leder bist du immer – na ja – passend angezogen. Steigst vom Motorrad und mußt dich nicht erst in die Büsche schlagen, um dich aus deiner Thermohose zu schälen.

Nachteil bei Leder: Ist schwer, sehr warm und weist den Regen nur höflich, nicht entschieden ab, erfordert also die Zusatzausrüstung Regenkombi. *Regenkombis* gibt es aus sehr leichten Materialien, sie sind zu kleinen, raumsparenden Päckchen zusammenfaltbar. Kostenpunkt: 50 bis 200 Mark. Öloveralls gibt's schon ab 25 Mark.

Noch drei Tips. Erstens, um Schlüsselerlebnisse zu vermeiden: Die schönsten Polster und Protektoren nützen nichts, wenn du deinen Schlüsselbund an den Rippen trägst. Zweitens: Zu weite Jackenärmel lassen sich mit Einmachgummis verengen. Drittens: Nicht vergessen, das Leder gelegentlich einzufetten.

Handschuhe: Susa fährt bei warmem Wetter meistens ohne Handschuhe. Shirley ist auch ohne Handschuhe gefahren, bis sie in einer Kurve ein bißchen umgekippt und über den Asphalt gerutscht ist. Bei kälterer Witterung wirst du wahrscheinlich ohnehin zu den Handschuhen greifen. Denk an Mutters Satz von den warmen Händen. Chopper-Handschuhe ohne Finger wird Muttern nicht befürworten. Daß die High-Tech-Materialien auch in Handschuhen verbaut werden, könnte sie zu einem Geschenk anregen. Handschuhe kosten zwischen 50 und 150 Mark. Fingerlose bekommst du schon für 25 Mark. Du kannst aber auch die für 150 Mark abschneiden.

Fußbekleidung: Wir sind barfuß, in Sandalen und mit Stöckelschuhen gefahren. Alles geht. Allerdings können Füße leicht gegrillt werden – du fährst einen heißen Ofen. Wenn du keine Zeit hast, dir jede Woche neue Schuhe zu kaufen, raten wir dir, eine Plastiktüte über den linken Schuh zu stülpen, da er sonst vom Schalthebel einen schwarzen Streifen verpaßt kriegt. Falls du mit Turnschuhen fährst, achte bitte darauf, die Schnürsenkel gut zu verstauen, damit sie sich nicht im Schalt- oder Bremshebel verfangen. Im Motorradzubehörladen werden sie dir Motorradstiefel empfehlen. Die gibt es auch mit High-Tech. Sie halten die Füße warm und trocken. Stiefel bieten aber auch einen guten Schutz bei einem Sturz – im Gegensatz zu Cowgirlstiefeln knicken Motorradstiefel am Knöchel nicht um. Für einen sicheren Stand und um Ausrutschen zu vermeiden, sollte die Schuhsohle ein gutes Profil haben. Als Regenschutz gibt es Gummiüberziehstiefel, etwa so groß wie ein Babypuppensarg, und du kannst sie über deine normalen Schuhe oder Stiefel ziehen – falls die Stiefel ohne High-Tech sein sollten. Mit diesen Überziehstiefeln – kosten ca. 20 Mark – und einem Regenkombi bist du auch ohne High-Tech bestens ausgerüstet. Du solltest aber rechtzeitig vor dem Regen mit dem Einpacken beginnen. Uns geht es meistens so, daß wir zum Himmel schauen und beschließen, das dauert noch eine Weile. Es ist sehr ärgerlich, sich komplett in Regenschutz zu packen, und dann regnet's nicht! Bisher ist es uns immer gelungen zu vergessen, daß wir mindestens fünf Minuten brauchen, bis wir uns in unförmige Mondfrauen verwandelt haben. Wir haben es oft genug getestet und versichern dir: Es gibt fast nichts Ekligeres als innen und außen nasse Regenschutzbekleidung.

MOTORRADURLAUB
Urlaub oder Umzug?

Wenn man mit einer Frau in den Urlaub fährt, schreibt ein Herr Müller in einem 1979 erschienenen Motorradbuch, muß man bedenken, daß sich das Gepäck nicht verdoppelt, sondern verdreifacht. Herr Müller rät nicht, auf die Frau zu verzichten. (Wir würden raten, auf Herrn Müller zu verzichten.) Herr Müller empfiehlt, die Frau mit dem Gepäck (ihrem und seinem) im Auto hinterdrein fahren zu lassen. Warum hat Frau Müller mehr Gepäck als Herr Müller? Weil Männer nicht schweißeln, sondern duften, weil Dreck männlich ist und weil es keine Helden mit Waschbeutel gibt. Frau Müller muß sauber und adrett sein. Eine Augenweide in jeder Kurvenlage. Herr Müller braucht nicht schön zu sein. Es reicht, wenn er riecht. Wir meinen, er braucht sich nicht zu wundern, wenn er mit dem Gepäck hinter Frau Müller herfahren darf. Schließlich ist sie nur ihm zuliebe so adrett.

Es gibt vier verschiedene Arten, Motorradurlaub zu machen. Am komfortabelsten und teuersten ist es, mit einem Action Team zu reisen. Gelegentlich werden Touren für Frauen angeboten. Alles ist bestens organisiert. Dein Gepäck wird dir – auch wenn du keine Gattin hast – nachgefahren. Ein Späher fährt voraus und erkundet den besten Weg. Du brauchst keine Landkarte. Schönes Wetter wird garantiert. Selbstverständlich gehört ein Hofmechaniker zum Troß.

Die zweite Möglichkeit: Du übernachtest in Hotels und/oder Pensionen. Heutzutage wirst du als Motorradfahrerin nicht mehr wie eine Wohnungsuchende behandelt. Wir erinnern uns noch gut an Zeiten, in denen wir als Rockerinnen abgewiesen wurden. An dieser Stelle ein Dank an die zahlungskräftigen Turborentner (meistens auf BMW, K-Reihe), denen dieser Sinneswandel der Hoteliers und Pensionisten zuzuschreiben ist.

Es gibt übrigens Frauenferienhäuser, Frauenhotels und Frauencampingplätze, womit wir bei den Möglichkeiten drei und vier wären: Zeltplatz bzw. Wildcampen. Im *Gaia's Guide* und *Frauenorte überall* findest du Adressen. Meistens wissen auch die Frauen im Frauenbuchladen, wo du im Urlaub übernachten kannst, ohne damit rechnen zu müssen, blöd angequatscht zu werden.

Um draußen zu schlafen, brauchst du natürlich soviel Gepäck (Schlafsack etc.) wie Frau Müller, die Herr Müller jeden Tag in einem neuen Outfit zu sehen wünscht. Wildcampen ist die preiswerteste und abenteuerlichste Alternative. Am besten ist es, in der Dämmerung ein

Lager aufzuschlagen und morgens weiterzufahren. In Europa ist Wildcampen fast überall verboten, was bedeutet, eine Nacht wird geduldet, weil dich meist niemand bemerkt. Verstecke das Motorrad in einem Gebüsch, verhänge das reflektierende Nummernschild und campe am besten hundert Meter weiter, denn da vermutet dich niemand. Laß aber in waldbrandgefährdeten Gebieten den Gaskocher im Koffer. Wir haben mit Wildcampen fast nur gute Erfahrungen gemacht.

Einmal weckte uns ein Traktor mit einem hektisch gestikulierenden italienischen Bauern. Zuerst dachten wir, der schimpft, bis wir begriffen, daß er fragte, warum wir nicht zwanzig Meter weiter gefahren wären, da war nämlich ein Fluß, und da sei es doch viel schöner. Oder in Frankreich – wir schlugen unser Zelt unwissend an einem See auf, und als Shirley gerade einer ihrer Lieblingsbeschäftigungen nachging (Schwimmen), wurde Nicole von einem freundlichen Polizisten darauf hingewiesen, daß dies das Trinkwasserreservoir der nächsten Stadt sei.

Es gibt aber natürlich auch andere Erfahrungen. In einem marokkanischen Reiseführer ist zu lesen, daß du dich an die Polizei wenden und dir einen Platz zuweisen lassen sollst. Wir vermuten, diese Nächte werden als unvergeßlich in deine Biografie eingehen. In Skandinavien ist Wildcampen übrigens erlaubt. Es wird allerdings ein verantwortungsvoller Umgang mit der Natur vorausgesetzt.

Lade keinen Müll ab, und verlaß den Platz so, wie du ihn vorgefunden hast. Gegebenenfalls packst du den Joker ein: Vollkornzahnpasta, die ist biologisch abbaubar.

Selbstverständlich kannst du die verschiedenen Möglichkeiten mischen. So machen wir es auch. Zwei Tage Wildcampen – wenn es das Wetter erlaubt –, dann mal wieder eine Dusche am Campingplatz oder in einer Pension und erkennen: Heißes Wasser ist Luxus.

Beladung

Allein reisend wird es dir kaum gelingen, das Motorrad zu überladen – außer du planst eine Weltreise. Eng wird es, wenn du auf einem Motorrad zu zweit bzw. dritt (Gepäck) unterwegs bist. Wir haben festgestellt, daß es keinen Unterschied im Gepäck macht, ob wir zwei Tage oder fünf Wochen unterwegs waren. Denn warme Klamotten etc. hatten wir immer dabei. Das einzige Problem waren stets die Bücher. Die Bibliothek ist beschränkt: Im Fahrzeugschein findet sich unter Ziffer 15 das zulässige Gesamtgewicht.

Pack nicht mehr als zehn Kilo in einen Koffer, und belade die Koffer unbedingt gleichmäßig. Selbstverständlich brauchst du im Urlaub keine schweren Sachen. Ausnahme: Fotoapparat und Werkzeug.

Die kommen nach unten. Der Schwerpunkt ist immer unten. Wie beim Städtebau. Du kannst so hoch hinaus, wie du willst – mußt dann allerdings deine Geschwindigkeit drosseln.

Schnall das Gepäck gut fest. Dafür gibt es sehr praktische Spanngurte. Frage in Motorradgeschäften danach. Neue Motorräder werden damit in Kisten angeliefert, und meistens bekommst du sie umsonst. Sie sind auf jeden Fall besser als Expandergummis, weil sie nicht „schnalzen". Achte darauf, Rücklicht und Blinker nicht zu verpacken, bzw. wenn du es tust, vergiß es unterwegs nicht, und paß deinen Fahrstil an. Bei Enduros ist der Auspuff zu berücksichtigen – wenn dein Gepäck zu nah dran ist und ein bißchen abrutscht, brutzelt dein Urlaubszubehör. Dieses Zubehör wie Schlafsack, Zelt, Thermomatten, dicke Pullover, Regenklamotten etc. raten wir dir in einem wasserdichten Sack zu verstauen. Der kostet ca. 100 Mark und ist in Survivalgeschäften erhältlich. In den kannst du all das stopfen, was du nicht dauernd brauchst. Fotoapparat und andere Utensilien – wie dein spannendes Buch –, die du nicht an Räubervereine spenden möchtest, empfehlen wir dir im Tankrucksack zu verstauen. Den nimmst du ja eh mit, wenn du dein Motorrad länger unbeaufsichtigt läßt.

Beim Kochgeschirr – würden wir auch in den Sack packen – raten wir dir dringend von Aluminium ab. Der Abrieb ist erheblich, sieht sehr ungesund aus und würzt das Essen mit einem metallischen Beigeschmack. Aluminium führt zu Alzheimer. Also gib 50 Mark mehr für Edelstahl aus. Damit du dich auch morgen noch an deinen Urlaub von heute erinnern kannst.

Zum Kochen brauchst du natürlich Wasser, also einen Wassersack, den du wunderbar oben auf deinen Turm schnallen kannst. Auf dem Bild siehst du nicht den Wassersack, sondern Martina, weil Susa den Sack gerade füllt. Er kommt dann auf die Holzkiste (Susa-Proviant). In Südeuropa findest du überall – im Meer, am Straßenrand, auf Berggipfeln und sogar in allen Geschäften – die überaus umweltfreundlichen Plastikflaschen mit Cola, Wasser und Limo. Sie eignen sich auch sehr gut als Wasserbehältnisse. Als Selbstversorgerinnen mit kompletter Küchenausstattung haben wir die Erfahrung gemacht, daß Öl, auch wenn es aufrecht steht, nicht am Auslaufen zu hindern ist. Wir füllen Öl, Essig und Milch in kleine Plastikflaschen mit festem Drehverschluß. Als Salz- und Pfefferstreuer empfehlen wir Fotodosen. Den Film für Achtmarkfünfzig kannst du ja wegwerfen.

Bei vielen Motorrädern verbessert sich die Straßenlage mit zunehmendem Gewicht. Die Bremskraft wird allerdings schlechter, und der Bremsweg verlängert sich enorm. Vergiß nicht, die Federn bei voller Beladung auf die stärkste Stufe zu stellen. Falls du unglückliche Besitzerin eines Motorrades mit Kette bist, lockere diese.

So – alles fertig! Dann mach noch eine Probefahrt. Wenn das Motorrad zu schwer beladen ist, kann es nämlich zu Lenkerflattern kommen, und es ist besser, dies festzustellen, wenn du noch nicht richtig losgefahren bist und noch leicht abrüsten kannst.

Wir nehmen übrigens immer auch ein paar „Wegwerfklamotten“ mit, die das Rote Kreuz empört zurückwiese. Und sind beim Heimkommen leichter als beim Losfahren. „Das ist was für'n Urlaub“, ist bei uns eine stehende Redewendung.

Selbstverständlich hat auch Herr Müller einen Tip: Er schlägt vor, gebrauchte Wäsche nach Hause zu schicken (ob seine Mutter die wohl waschen darf?) und sich unterwegs neue zu kaufen. Wir empfehlen Frau Müller, den gebrauchten Herrn Müller nach Hause zu schicken und sich unterwegs einen neuen zu kaufen.

Regional gibt es inzwischen viele Frauen-Motorrad-Clubs und -Stammtische. Meistens machen sie keine bis wenig Werbung. Um sie zu finden, observiere die Szene. Wahrscheinlich kommst du den Motorradfrauen über Frauenprojekte, Frauenbuchläden etc. auf die Spur. Falls sich irgendwelche Männer ausgeschlossen fühlen sollten, rate ihnen, selbst einen Frauen-Motorrad-Club zu gründen.

Im folgenden stellen wir dir drei große deutsche Clubs – teilweise mit internationaler Anbindung – vor.

WOW – Women on Wheels
WOW ist ein bundesweiter Verein motorradfahrender Frauen. Die Clubfrauen sind so unterschiedlich wie die Motorräder, die sie fahren: zwischen 18 und 80, von der Schülerin zur Unternehmerin, von der Hetera zur Lesbe – Hauptsache motorradbegeistert.

WOW wurde 1985 gegründet. „Gemeinsam haben wir viel Spaß" heißt das Motto der über 300 Clubfrauen. Sie treffen sich zu regionalen Stammtischen und überregionalen Touren und Treffen. Viele Clubfrauen haben schlechte Erfahrungen mit motorradfahrenden Männern gemacht. Als Kompliment getarnte blöde Sprüche – das Übliche. Die Clubfrauenliste von WOW sorgt dafür, daß Frauen, die Lust auf gemeinsames Fahren haben, die Freude daran nicht mit blöden Sprüchen verdorben wird.

Trotzdem müssen Männer bei WOW nicht draußen bleiben. Bei den bundesweiten Treffen wird immer auch ein Beschäftigungsprogramm für Begleiter angeboten. Beim letzten Mal konnten sie kegeln – während die Frauen ihre Hauptversammlung abhielten.

WOW vertritt mit viel Engagement die Interessen motorradfahrender Frauen. Die Aktivitäten reichen von Schrauberinnenkursen und Sicherheitstrainings bis zu gemeinsamen Touren und Tips rund ums Motorrad. In der monatlich erscheinenden Clubzeitung können sich die Frauen über Treffen und Aktionen informieren und natürlich auch inserieren. Selbstverständlich setzt WOW sich für die speziellen Belange von motorradfahrenden Frauen ein. Dazu gehört frauentaugliche Motorradbekleidung (besonders Motorradstiefel in Schuhgröße 36 sind manchmal schwer aufzutreiben) ebenso wie risikogerechte, d.h. niedrige Versicherungsprämien für Motorradfahrerinnen. Ein großes

Anliegen von WOW ist es, für eine stärkere Akzeptanz von Motorradfahrerinnen zu sorgen. Das fängt bei der Präsenz von Frauen in bundesweiten Motorradgremien an und hört beim „Goldenen Abfalleimer“ auf – einer Trophäe, die Jahr für Jahr für die frauenfeindlichste Werbung im Bereich Motorrad und Zubehör verliehen wird.

Der Clubbeitrag beträgt jährlich 80 Mark (ermäßigt 50) und wird vor allem für die Clubzeitung verwendet. Kontaktadresse: Inge Landmann, Gevelsbergstraße 18, 44269 Dortmund.

WIMA – Women's International Motorcycle Association

WIMA ist ein internationaler Frauen-Motorradverband mit unabhängigen Länderorganisationen. Das Alter der Mitfrauen liegt zwischen 18 und 70 Jahren, wobei die Altersklasse zwischen 45 und 55 Jahren zur Zeit unterrepräsentiert ist. Ältere Frauen bringen ihre inzwischen selbst fahrenden Töchter mit.

Gegründet wurde WIMA im Jahr 1952 in den USA. Die Gründung in Europa fand 1956 in Holland statt, und zwar von sechs Frauen unterschiedlicher Nationalität. In Deutschland gibt es derzeit ca. 160 WIMA-Frauen. Stark vertreten sind Länder wie England, Schweden, Schweiz, Australien, Neuseeland und USA. Durch die internationale Adressenliste aller Mitfrauen können weltweit Kontakte geknüpft werden.

Hauptaktivität der WIMA ist das jährlich stattfindende einwöchige Treffen (Anfang August). Es gibt nur ein Jahr, in dem dieses Treffen ausfallen mußte: 1961 – wegen allgemeiner Schwangerschaft. Die nächsten Treffen: 1999 Italien, 2000 Deutschland. Hierzu sind auch Nicht-WIMAs herzlich eingeladen. Männer sind bei den Treffen als Gäste zugelassen.

Der jährliche Mitfrauenbeitrag beträgt 10 Mark und wird für Porto und Kopien der Rundschreiben verwendet. Kontaktadresse: Floh Petit, Sandstraße 2, 64832 Babenhausen.

Hexenring

Der Hexenring versteht sich als Zusammenschluß von Frauen für Frauen, die Motorrad fahren. Eine Interessengemeinschaft und eine Art Pannenhilfsdienst. Bunt zusammengewürfelt wie WIMA und WOW. Der Hexenring wurde 1979 gegründet. Damals schwebte den Gründungsfrauen eine Art „Kradnetz für Frauen“ vor. Ein Notdienst, der Motorradfahrerinnen durch ein dichtes Netz von Adressen Schutz und Sicherheit bietet. Der Name Hexenring bezieht sich nicht nur auf den motorisierten Besen, sondern auch auf jenen Ring aus Fliegenpilzen,

von dem gesagt wird, daß keine etwas Böses fürchten muß, wenn sie inmitten des Ringes steht.

Mittlerweile gibt es ein stattliches Büchlein mit den Adressen von rund vierhundert Frauen aus Deutschland, Österreich und der Schweiz, Belgien, Luxemburg und England. In den Niederlanden gibt es die Schwesterorganisation „Motorsien". Alle sind sie Hexen und als solche bereit, anderen Hexen zu helfen.

Der Hexenbeitrag beträgt 20 Mark pro Jahr und wird für den viermal jährlich erscheinenden Hexenbrief verwendet. Der Hexenbrief listet Termine für Stammtische, Treffen oder Ausfahrten auf, berichtet über Werkstatterfahrungen und gibt Schrauberinnen- und Reisetips. Aktuelle Infos können über die regionalen Kontakthexen erfragt werden. Kontaktadresse der Organisationszentrale: Ilse Laaser, Burgstraße 1A, 53343 Wachtberg-Villiprott.

GRUNDBEGRIFFE

Schrauben: Durch Schrauben werden *lösbare* Verbindungen hergestellt, d.h., mit ihnen werden Teile fest verbunden, die, ohne daß dabei etwas zerstört wird, wieder gelöst werden können.

Die Schraube (Abb. 1) hat einen Kopf mit wahlweise einem Außensechskant (a), einem Innensechskant (b), einem Innenvielzahn (c), einem Schlitz (d), einem Kreuzschlitz (e).

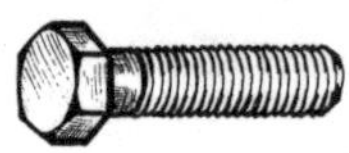

a: Sechskantschraube

b: Inbusschraube mit Sechskant

c: Inbusschraube mit Vielzahn

d: Schlitzschraube

e: Kreuzschlitzschraube

Abb. 1 (Naomi)

Am Schraubenkopf wird das Werkzeug angesetzt, mit dem die Schraube bewegt werden soll. Unterhalb des Kopfes beginnt das Gewinde. Schrauben haben ein Außengewinde, das in ein Innengewinde (z.B. Mutter) hineingeschraubt wird. Die Verbindung hält dadurch, daß sich die Gewindegänge von Innen- und Außengewinde ineinander verklemmen. Die Gewinde werden je nach Steigung, Form und Tiefe der Gewindegänge und nicht zuletzt nach der Drehrichtung unterschieden. Im allgemeinen finden wir bei Autos und Motorrädern metrische Rechtsgewinde. Rechts heißt, die Schraube wird rechtsschraubend festgezogen und nach links geöffnet. Dabei gilt: Du stehst vor der Schraube und schaust auf ihren Kopf. (Oder du stellst dir einfach vor, du öffnest ein Marmeladenglas oder einen Wasserhahn.)

Zu jeder Schraube gibt es ein passendes Gewinde. Schön für die Schraube, denkst du jetzt, aber sei getrost – oft läuft es auch für Schrauben, wie im wirklichen Leben, auf eine Mutterbindung hinaus. Ob zwei Gewinde ineinanderpassen, merkst du daran, daß die Schraube sich in *einer* Stellung, nämlich wenn sie ganz gerade angesetzt ist, leicht einschrauben läßt. Da gibt's endlich mal kein Vielleicht, sondern nur Ja oder Nein – jedenfalls in der Theorie.

Schrauben heißen auch. Oft haben sie lange Namen. Ich kenne eine, die nennt sich „Dreizehner Sechskantschraube". Und das ist schon ihr Spitzname, denn eigentlich heißt sie „Außensechskantschraube mit Schlüsselweite 13 mm (SW13) und einem metrischen ISO-Rechtsgewinde mit dem Nenndurchmesser 8 mm (M8)". Wenn du eine Schraube aufmachen willst, interessiert dich zuerst einmal, welches Werkzeug du brauchst – und dazu reicht der Spitzname. Wenn du Schrauben kaufen möchtest, stell dich darauf ein, daß der Verkäufer sich ungefähr so blöd anstellt, wie er in Wirklichkeit ist. Mit 13er Schraube kann sowohl die Schlüsselweite als auch der Gewindedurchmesser bezeichnet werden.

Es sollte dich unbedingt interessieren, wie herum das Gewinde aufgeschraubt wird. Ich weiß, es interessiert dich nicht, aber du wirst klarkommen, wenn du davon ausgehst, daß alle Schrauben nach links aufgehen. Bevor du aber loslegst, orientiere dich über deine Position im Hier und Jetzt. Vergiß nicht zu atmen! Kläre unbedingt die Grundbegriffe von rechts und links, und entscheide dich dann für *auf* (links) oder *zu* (rechts). Je nach Größe der Schraube brauchst du mehr oder weniger Kraft. In den Jahren meiner intensiven Kommunikation mit Schrauben verschiedenster Gesinnung habe ich herausgefunden, daß sie weniger auf Kraft reagieren als auf Entschiedenheit. Sag „Ich will!", und sie liegt dir quasi schon zu Füßen ... Du setzt also deinen Schlüssel an, und – alter Kampfsporttrick – mit dem Ausatmen schaffst du's dann: Gewicht aufs Werkzeug, es ist toll, schwer zu sein! Knack macht es, und die Schraube ist locker, oder du hast sie in der Hand. Dann ist sie abgerissen, und du weißt, daß du stark bist und links doch andersrum ist. Möglicherweise kostet diese Lehre ein paar Mark (ca. 50), wenn du keinen Menschen deines Vertrauens findest, der dir zeigt, wie eine Schraube ausgebohrt wird. Aber verzage nicht! Du mußt dein Motorrad deshalb nicht wegwerfen. Jede Schraube geht irgendwie raus. Und nur, weil du eine abgerissen hast, heißt das nicht, daß du dieses kleine Mißgeschick dazu benutzen sollst, dich mal wieder als Versagerin zu fühlen. Das tust du wahrscheinlich eh viel zu oft, auch wenn du nichts falsch gemacht hast. Also Schluß damit! Auf zur nächsten Schraube – es kann ja nur besser werden. Wie herum geht noch mal eine Schraube (das Marmeladen-, das Gurkenglas) auf?

Bolzen sind Schrauben ohne Kopf (Stiftschrauben).

Muttern (Abb. 2) sind die zu Schrauben gehörenden Gegenstücke mit Innengewinde. Es gibt Vierkant-Muttern (a), Sechskant-Muttern (b), selbstsichernde Muttern (Achsmuttern, c, gehen schwer aufs Gewinde, sobald der Plastikring eingeritzt wird), Hutmuttern (d, hübsch! für verchromte Teile), Kronenmuttern mit Splint (e, kommen auf Gewinde, die eine Bohrung haben, durch die der Splint gesteckt wird), Flügelmuttern (f, werden von Hand festgezogen und zum Einstellen benutzt) und Rändelmuttern (g, ebenso, Bremsgestänge, Kupplung, Gaszugeinstellschrauben).

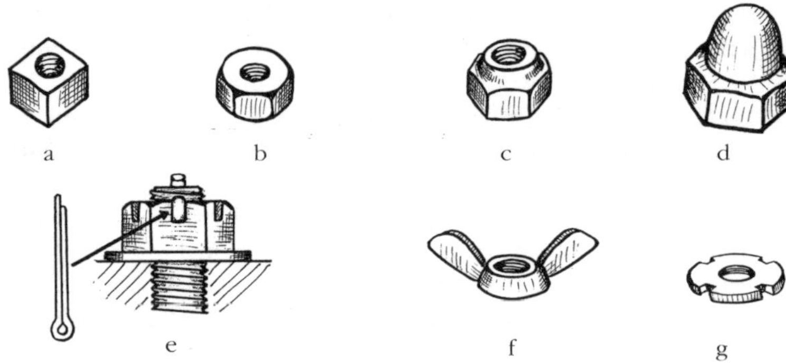

Abb. 2: Muttern (Naomi)

Sicherungen: Sicherungen sollen verhindern, daß sich Verbindungen lösen (vgl. Ehe). Es gibt Schraubensicherungen (Abb. 3), die die Verklemmung der Gewinde unterstützen – entweder durch Spannung, Klebstoff (z.B. Loctite) oder dadurch, daß die Muttern mechanisch festgehalten werden.

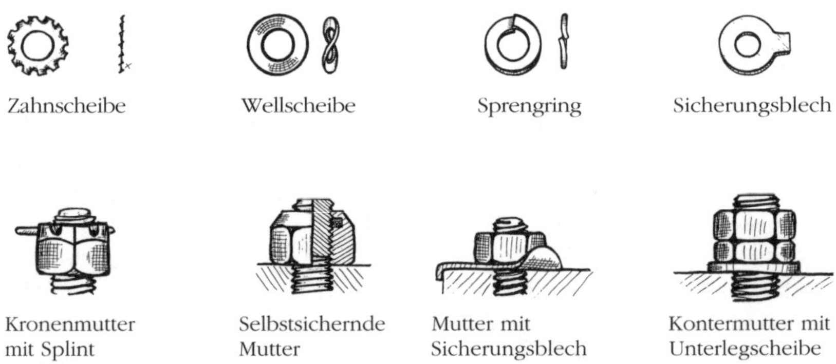

Abb. 3: Schraubensicherungen (Naomi)

Des weiteren gibt es Sicherungen für Wellen und Bohrungen. Diese Sicherungen, sogenannte Seegerringe (Abb. 4), rasten in eine Aussparung auf der Welle oder in der Bohrung ein. Um sie herauszunehmen, mußt du sie erst mal finden und dann entweder zusammendrücken oder spreizen oder mit einem Lüsterklemmenschraubenzieher (kleiner Schraubendreher) abhebeln.

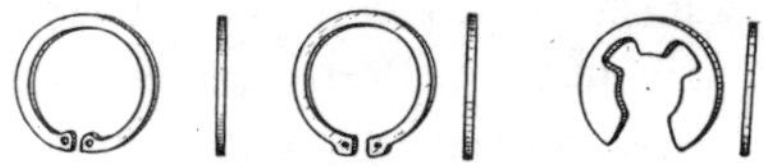

Abb. 4: Seegerringe (Naomi)

Welle: runde Stange, drehbar gelagert, die eine Antriebskraft weiterleitet. Kommt auch als flexible Welle vor, z.B. Drahtseil, die „Seele" bei der Tachowelle.

Achse: runde Stange, an die z.B. ein Rad angeschraubt ist, dessen Belastungskraft über die Achse auf ein Lager übertragen wird. Dreht sich nicht.

Lager: ringförmiges Teil zur Führung von sich drehenden Wellen.

Nut: längliche Aussparung auf einer Welle oder in einem Balken zur Führung und Befestigung anderer Teile, z.B. mit Hilfe eines Stiftes.

Splint: Sicherungsstift (Abb. 5), der durch ein Loch in einen Schraubenbolzen gesteckt wird, um zu verhindern, daß der sich löst. Die offenen Enden werden umgeklappt. Zum Lösen müssen die Enden gerade gebogen oder abgezwickt werden (Seitenschneider). Die Schlaufe muß mit einer Zange herausgehebelt werden. Dies sind Einwegsplinte. Bei Motorrädern gibt es an der Hinterachsmutter wiederverwendbare Splinte, Dauersplinte genannt.

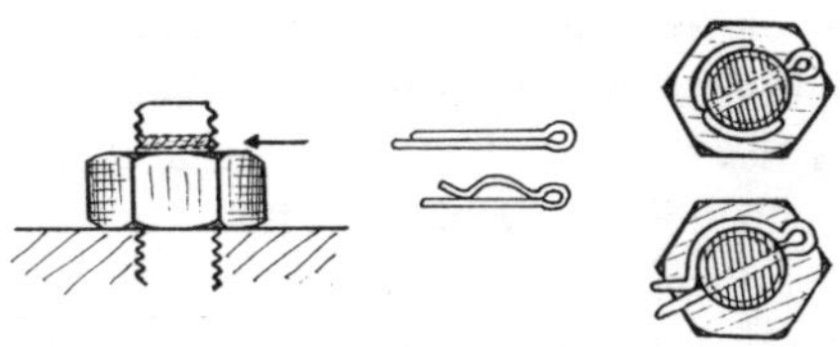

Abb. 5: Splint (Naomi)

Bohrung: ein rundes Loch in einer Schraube oder in einem Stück Holz, Blech, Eisen – egal worin. Es kann durch etwas hindurchgehen oder nur ein Stück hineinragen. Bohrung heißt es, weil es mit einem Bohrer hergestellt wurde.

Drehmoment: technische Größe für das, was du dir allgemein unter Kraft vorstellst. Rechnerisch ist es das Produkt aus Kraft und dem Hebelarm, der verwendet wird. Also dein Körpergewicht multipliziert mit der Länge des Schraubenschlüssels. Das Drehmoment wird angegeben in Newton-Meter (Nm). Es ist die Kraft, die du brauchst, um eine Schraube auf- oder zuzumachen. Dabei dient die Messung der Aufmachkraft nur deiner persönlichen Eitelkeit oder eher noch der des jungen oder alten Herrn, der sich da gerade beflissentlich ins Zeug legt. Das Anzugsdrehmoment einer Schraube spielt jedoch eine große Rolle, wenn es darum geht zu gewährleisten, daß eine Schraube sich weder selbständig lockern noch überdreht werden soll.

Bei Achsmuttern, Bremssattelschrauben und Zündkerzen z.B. werden Anzugsdrehmomente angegeben. Bei Zylinderkopfschrauben müssen sie auch unbedingt eingehalten werden.

Wie fest z.B. 50 Nm sind, bekommst du im Lauf der Zeit ins Gefühl. Wenn du mit diesem Gefühl Schwierigkeiten haben solltest, gibt es ein Werkzeug, mit dem du bestimmte Drehmomente einstellen kannst. Den Drehmomentschlüssel, der leider nicht für die Einstellung aller anderen Gefühle taugt, gibt's in Werkstätten und bei Tankstellen. Du brauchst ihn eigentlich nur selten, und dazu würde es genügen, ihn kurz auszuleihen, um einzelne Schrauben nachzuziehen. Hast du allerdings vor, eine aktive Schrauberin zu werden, und fehlt es dir bisher an Erfahrung, wie fest fest wirklich ist, kaufe dir ruhig einen und probiere verschiedene Drehmomente aus (siehe *Werkzeuge*).

Lösen: Als Lösen wird der Vorgang des „Knacks" bezeichnet, und zwar in Richtung „auf". Im Gegensatz zum Abschrauben wird die Schraube beim Lösen nur gelockert. Irgendwann später wird sie dann meist doch noch abgeschraubt, aber eben erst später, weil sonst alles unkontrolliert auseinanderfällt.

Dichtungen: sind aus Gummi, Asbest, Papier oder flüssigem, klebrigem Kunststoff. Sie werden verwendet, um miteinander verbundene Teile an den aufeinander liegenden Flächen abzudichten, beispielsweise gegen Öl (Motorgehäuse), Benzin (Vergasergehäuse), Wasser (Thermostat), Luft (Ansaugstutzen). Am bekanntesten ist wohl die Zylinderkopfdichtung, die gegen alles oben Genannte abdichten muß und sich zwischen Zylinderkopf und Motorblock befindet.

Zerlegst du etwas und taucht dabei eine Dichtung auf, sollte diese grundsätzlich ersetzt werden. Wichtig ist, daß die Dichtflächen ganz sauber – sprich fettfrei! – und plan (ohne Kratzer und Riefen) sind. Werden dann die Befestigungsschrauben angesetzt, ziehe sie gleichmäßig und über Kreuz etappenweise fest, damit die Dichtung nicht ungleichmäßig gequetscht wird. Da versteht sie nämlich keinen Spaß, die Dichtung. Einmal falsch gequetscht und gleich wieder undicht!

Spiel: hat nichts mit Spaß zu tun. In der eher humorlosen Technik bezeichnet Spiel den Abstand zwischen zwei Teilen. Wenn etwas Spiel hat, wackelt es. Das kann sehr wohl beabsichtigt sein (vgl. *Ventilspiel*). Wie sehr etwas wackeln soll, ist meist in Millimetern angegeben.

Düsen: kommen aus Tschechien und heißen eigentlich Schlauch. Gemeint ist damit aber eine Rohr-/Schlauchverengung, die z.B. dazu dient, eine Flüssigkeit über die erhöhte Strömungsgeschwindigkeit an der Verengung in einen gasförmigen Zustand zu bringen oder zu zerstäuben (vgl. Gartenschlauch).

Zerstäuben: eine Art Kompromiß zwischen flüssig und gasförmig – vergleichbar mit Nieselregen.

Bowdenzug: ein Drahtseil, benannt nach Herrn Bowden. Es läuft in einer starren Führungshülle und soll etwas bewegen. Eine Bremse oder Kupplung oder einen Gasschieber.

O-Ring: Wird Oh-Ring gesprochen und ist ein runder, schwarzer Gummiring, mit dem etwas abgedichtet wird.

Werkzeug und dessen Benutzung

Die Benutzung von Werkzeug will gelernt sein wie das Essen mit Messer und Gabel. Sei geduldig mit dir, und laß dir Zeit. Im Gegensatz zum Essen, bei dem du dir die Finger verbrennen würdest, kannst du es beim Schrauben ruhig mit den Händen probieren. Solltest du dich nach ein paar Versuchen doch dazu entschließen, ein Werkzeug zu benutzen, suche dir unbedingt das passende. Wenn du die Wahl hast, verwende lieber einen Ring- als einen Gabelschlüssel, denn beim Ringschlüssel verteilt sich die Kraft auf den ganzen Schraubenkopf, und er rutscht nicht so leicht ab, d.h., die Gefahr, daß die Schraube und du beschädigt werden, ist geringer.

Bei *Sechskantschrauben* und Muttern ist es der kleinste Schlüssel, der gerade noch paßt. Nimmst du eine Schlüsselweite größer, verkantet der Schlüssel und rundet die schönen Ecken des Sechskants ab. Ich habe beobachtet, daß die Qualität von Schrauben meistens überschätzt wird. Gerade bei Motorrädern werden sehr weiche Schrauben verbaut. Wahrscheinlich weil sie billiger sind.

Bei *Inbusschrauben* ist besonders wichtig, daß der Schlüssel tief im Sechskant oder Vielzahn sitzt. Oft ist die Schraube verschmutzt, deshalb schlage das Werkzeug mit dem Hammer fest in den Schraubenkopf. Bei *Schlitzschrauben* ist der größtmögliche Schraubenzieher der beste. Damit der Schraubenzieher nicht abrutscht, verwende die meiste Kraft auf den Druck. Bei Kreuzschlitzschrauben kannst du auch einen Schlitzschraubendreher verwenden, wenn er besser paßt.

Der *Ratschenkasten* bietet tolle Kombinationsmöglichkeiten. Die Ratsche ist der Griff, an dem die Drehrichtung eingestellt wird. In die jeweils andere Richtung dreht die Ratsche leer durch und macht dabei Ratschgeräusche. Du mußt das Werkzeug also nur einmal ansetzen und kannst losschrauben. Auf die Ratsche kannst du sog. Nüsse aufstecken, die es in Sechskant-, Vielzahn- und Inbusausführung gibt. In kleinen Ratschenkästen befinden sich oft auch Schlitz- und Kreuzschlitzaufsätze, die taugen aber meistens nichts. Ein Vorteil der Ratsche ist, daß du zwischen sie und die Nuß Verlängerungsstücke stecken kannst. Das erleichtert das Schrauben enorm, wenn die Schraube schwer zugänglich ist. Auch das im Ratschenkasten befindliche Gelenk kann helfen. Es soll aber nicht dazu dienen, im 90-Grad-Winkel oder mehr zu schrauben. Ratschenkästen gibt's in verschiedenen Größen und in sehr unterschiedlicher Qualität zwischen 20 und 400 DM.

Beim Motorrad brauchst du vor allem Sechskant-Nüsse: 8, 10, 11, 12, 13, 14, 15, 16, 17, 19, 22, 24, 27, 30 mm; Inbus-Nüsse: 4, 5, 6, 8, 10 mm. Es gibt drei Anschlußgrößen sowie Adapter. Empfehlen würde ich die kleine Größe, weil sie am ehesten ins Bordwerkzeug integrierbar ist. Du kannst jede Nuß auch einzeln kaufen – wie alle Schraubenschlüssel, Schraubendreher und Zangen. Inbusschlüssel und Durchschläge gibt's üblicherweise im Set. Kaufhäuser und Baumärkte bieten günstige Werkzeuge an. Markenwerkzeuge gibt's in Werkzeuggeschäften oder Autozubehörläden. In jedem Motorrad wird vom Hersteller ein Bordwerkzeug mitgeliefert. Es lohnt sich, dieses auszuprobieren und ggf. zu ergänzen: Gute Zangen fehlen meist.

Taschenlampe: Das wichtigste Werkzeug überhaupt! Sie ermöglicht dir, deine Baustelle erst einmal genau zu betrachten.

Schlüssel

a: Gabelschlüssel für Vier- und Sechskantschrauben

b: Gerader Ringschlüssel für Sechskantschrauben. Benutze den kleinstmöglichen.

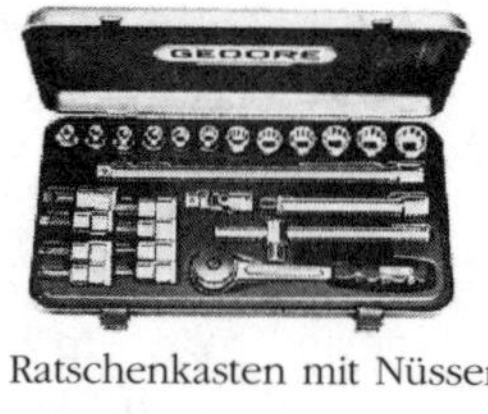

c: Ratschenkasten mit Nüssen

d: Inbusschlüssel für Innensechskant. Benutze den größtmöglichen.

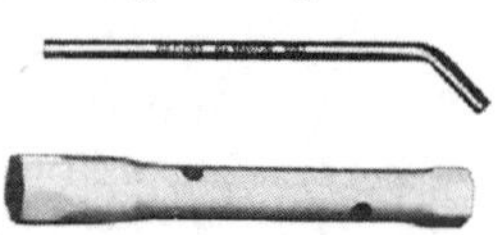

e: Zündkerzenschlüssel. Im Bordwerkzeug als Ratschen-Nuß in verschiedenen Größen.

Abb. 6

Schraubendreher

a: Schlitzschraubendreher b: Kreuzschlitzschraubendreher

Abb. 7

Es gibt zwei Kreuzschlitzsysteme: Philips Recess, das verbreiteteste System, und Pozidriv oder Superdriv: Zusätzlich zum Kreuzschlitz ist noch ein diagonales Kreuz eingeritzt. Kommt im Fahrzeugbau bisher kaum vor, eher im Holzbereich. Befinden sich in deiner Kiste Werkzeuge verschiedenster Quellen – geerbt, geklaut, gefunden, gekauft –, kann sich auch ein Pozidriv hineinverirrt haben. Achte darauf, daß du zur Schraube passende Schraubendreher verwendest.

Lüsterklemmenschraubendreher: Schlitzschraubendreher nach der versehentlichen 90-Grad-Wäsche.

Schlagschraubendreher: Dieses Spezialwerkzeug kann mit verschiedenen Aufsätzen versehen werden und eignet sich hervorragend zum Öffnen zu fest angezogener oder festgerosteter Schlitz- und Kreuzschlitzschrauben: Du setzt das Gerät auf die Schraube und schlägst mit einem Hammer kräftig drauf. Durch einen Mechanismus im Schlagschraubendreher wird bei jedem Schlag gleichzeitig eine Drehbewegung ausgeführt. Funktioniert prima. Kostet allerdings ein paar Mark.

Zangen

a: Kneifzange

b: Kombizange

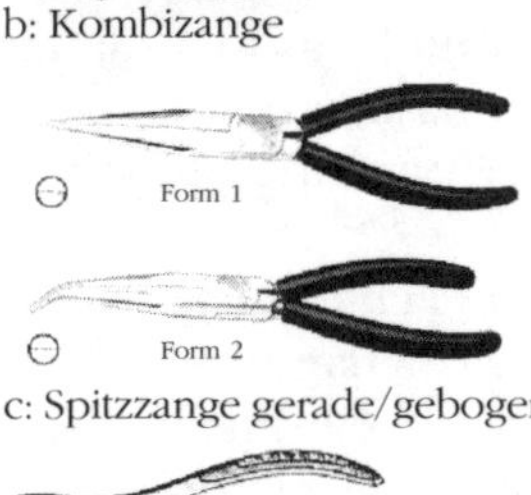

c: Spitzzange gerade/gebogen

d: Seitenschneider

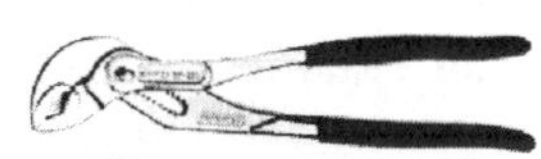

e: Wasserpumpenzange

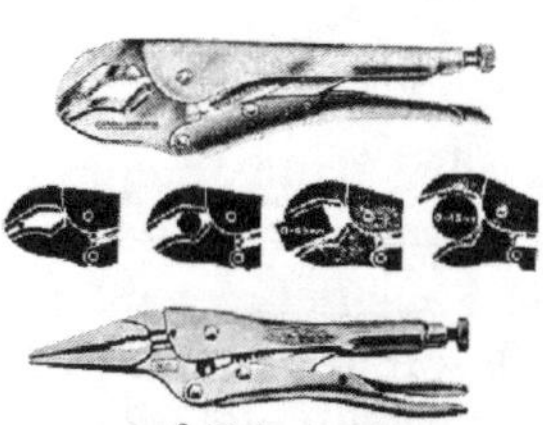

f: Gripzange

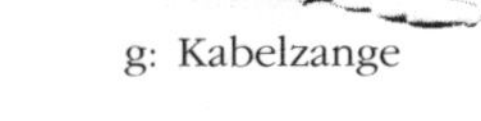

g: Kabelzange

Abb. 8

Hammer: Bei der Benutzung gilt die Regel, der Werkstoff, auf den du schlägst, sollte härter sein als der Hammer. Gründliche Hau(t)-Tests haben bewiesen, daß es in vielen Fällen weniger schlimm ist, wenn der Hammer beschädigt wird.

Eisenhammer: für massive Stahlteile, zum Blechbiegen oder zum Fallenlassen, z.B. auf eine beliebige Sandale in der aus Männern bestehenden Menschentraube, die sich mittlerweile zwischen dir und deinem Motorrad gebildet hat.

Kupfer/Aluhammer: für Schrauben, Achsbolzen.

Gummihammer: für Gußteile:

Durchschläge (Körner) (Abb. 9): Gibt's als Set. Mit ihnen kannst du Stifte herausschlagen, die einen kleineren Durchmesser haben als deine Schraubendreher.

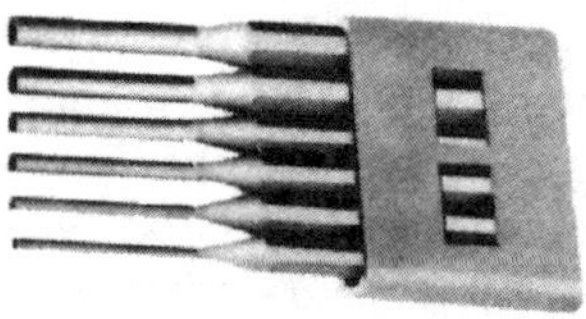

Abb. 9

Der Körner ist ein spitzer Durchschlag, mit dem du Markierungen in Bauteile schlagen kannst, die du später in einer bestimmten Stellung zueinander wieder einbauen willst. Und er eignet sich hervorragend dazu, vor dem Bohren mit der Bohrmaschine einen Körnerschlag zu setzen, damit der Bohrer nicht abrutscht.

Fühlerlehren: Das sind dünne Stahlstreifen, so wie Mundspachtel, aber in verschiedenen Dicken. Mit ihnen kannst du zwar fühlen, aber nicht lehren, sondern messen, wie groß ein Spalt zwischen zwei Teilen ist, und zwar in 500stel-mm-Abständen. Fühlerlehren sind nicht gern allein, deshalb gibt es sie als Set. Du brauchst sie, um den Elektrodenabstand der Zündkerzen zu kontrollieren oder zum Messen von Ventil- und Unterbrecherabstand.

Bevor du ein Fühlerlehren-Set kaufst, erkundige dich, ob dein Motorrad schon Hydrostössel hat bzw. mit Einstellplättchen ausgestattet ist und ob es eine kontaktlose Zündung hat. Sollte das nämlich der Fall sein, gibt's da nix mehr einzustellen, oder du kannst es zumindest nicht selber machen. Nur um die Zündkerzen zu kontrollieren, würde ich keine Fühlerlehre kaufen, sondern lieber öfter mal Zündkerzen. (Ist das Motorrad gesund, freut sich die Frau.)

Prüflampe: Für alle, die Lust auf elektrische Fehlersuche haben, ist der Besitz einer Prüflampe Voraussetzung. Da heute alle Motorräder mit elektronischen Bauteilen ausgestattet sind, empfiehlt sich die Anschaffung einer Diodenprüflampe. Die ist teurer als die gute alte Fadenlampe, verhindert aber, daß bei Fehlmessungen elektronische Bauteile zerstört werden.

Drehmomentschlüssel: Für alle, die noch keine Erfahrungswerte haben und nicht über das Abreißen von Schrauben lernen wollen, was zu fest ist, ist ein Drehmomentschlüssel eine gute Hilfe. Es gibt Drehmomentschlüssel in verschiedenen Längen für verschiedene Drehmomentbereiche. Fürs Motorrad reicht ein Drehmomentschlüssel im Bereich von 20 Nm bis 50 Nm; das ist eine kleine, handliche Ausführung. Die zwei Schrauben, die in diesem Buch mit stärkerem Drehmoment angegeben sind, kannst du einfach mit „voller Kraft" anziehen. Ansonsten gebe ich bei der Beschreibung der Wartungsarbeiten als Orientierungshilfe die ungefähren Drehmomentmittelwerte an.

Rostlöser: gibt's in Pfui-Sprühflaschen und in Kanistern zum Nachfüllen für Handpumpen – allerdings in ziemlich großen Abfüllmengen. Im Notfall geht auch Cola, hat nur eine längere Einwirkzeit. (Am besten die light-Ausführung, da nicht so klebrig.)

Kontaktspray: eine Art Mundwasser für elektrisierende Situationen. Das kannst du auf elektrische Anschlüsse, Stecker und in die Verteilerkappen (gibt's beim Motorrad nicht) sprühen, um Oxidationen zu beseitigen, die den Stromfluß behindern. Wirkt gleichzeitig imprägnierend gegen Feuchtigkeit, was erneuter Oxidation vorbeugt. Viele Rostlöser sind auch als Kontaktspray zu verwenden.

Unsichtbarer Handschuh: keine Magie, sondern Schutzcreme für die Hände, die verhindert, daß sich der Dreck in die Haut frißt. Gibt's in Baumärkten in der Hobbyabteilung und in Drogerien.

Handwaschpaste: sieht aus wie Weizenkleie, schmeckt aber fader. Sehr grobkörniger Sand, der außerordentlich gut reinigt. Überall da erhältlich, wo es auch den unsichtbaren Handschuh gibt.

Was tun, wenn die blöde Schraube nicht aufgeht?

Wenn Schrauben sich nicht lösen lassen, gibt es zwei grundsätzlich verschiedene Situationen.

1. Die Schraube ist bisher unbeschädigt, bewegt sich aber nicht.

2. Die Schraube ist am Kopf abgerundet, kein Werkzeug paßt mehr so richtig drauf.

Zu 1: Das ist die günstigere Ausgangslage. Daß die Schraube nicht aufgeht, heißt nicht, daß sie grundsätzlich nicht aufgeht, sondern daß sie *so* nicht aufgeht, weil etwa das Werkzeug nicht paßt, der Hebelarm zu kurz ist, du nur schlecht ansetzen kannst oder gar nicht willst, daß sie aufgeht. Oder alles zusammen. Als erstes empfehle ich dir, Rostlöser draufzusprühen. Du kannst auch die Schraube prellen, d.h., du schlägst mit dem Hammer auf den Schraubenkopf. Dadurch lösen sich Rostkrümel, die in den Gewindegängen klemmen. Wenn der Hebelarm des Schraubenschlüssels zu kurz ist, kannst du ihn verlängern (Abb. 10). Entweder ein Stück Rohr auf das Schlüsselende stecken oder einen Ringschlüssel draufklemmen. Wenn du eine Schraube mit dem Schraubendreher aufmachen mußt, kannst du eine Wasserpumpenzange auf den Schraubendrehergriff klemmen und dadurch deine Drehkraft erhöhen (Abb. 11). Es gibt übrigens ganz tolle Schraubendreher, die am Schaft einen Sechskant haben, auf den du phantastisch einen Gabel- oder Ringschlüssel setzen kannst (s. Abb. 7b).

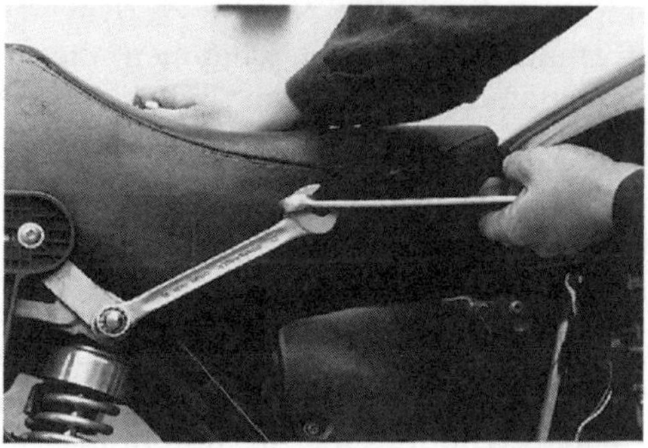

Abb. 10

Wenn du Schraubendreher mit Schlüssel oder Wasserpumpenzange kombinierst, achte darauf, den Schraubendreher mit soviel Druck wie möglich in die Schraube zu drücken.

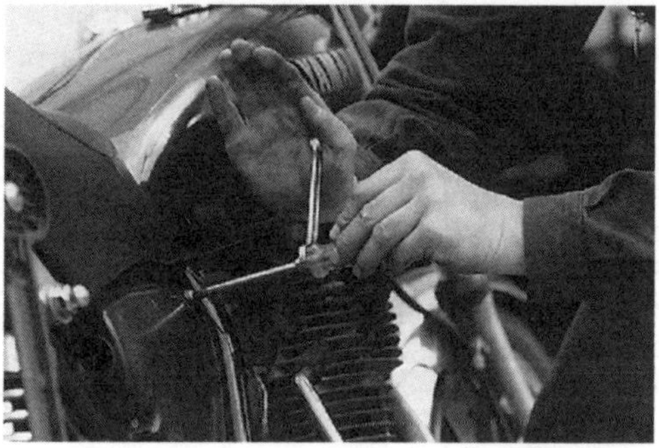

Abb. 11

Zu 2: Tja, gerade bist du mit dem Schlüssel abgerutscht, oder du stellst fest, es hat sich wohl vorher schon mal jemand an dieser Schraube versucht. Offensichtlich ein Dilettant. Denn wenn eine Schraube beschädigt ist, werden üblicherweise die Spuren des kleinen Ausrutschers umgehend beseitigt. Du ärgerst dich sonst immer wieder. Oder die Nachbesitzerin. Jedenfalls geht die Schraube so nicht mehr auf. Du kannst probieren, eine Feststellzange (Gripzange) auf den Kopf (Schraubenkopf!)

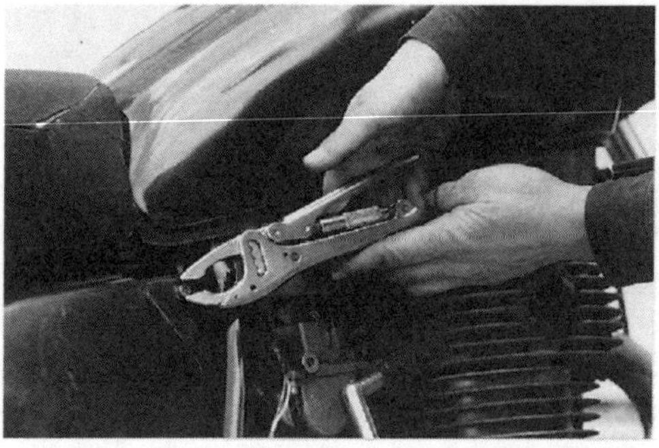

Abb. 12

zu klemmen (Abb. 12) und die Schraube damit zu drehen. Oft sind Gripzangen aber zu groß und zu sperrig. Dann probiere, bei Außensechskantschrauben mit dem Hammer die nächstkleinere Nuß draufzuschlagen oder bei Inbusschrauben die nächstgrößere. Wenn das alles nicht wirkt oder du das Werkzeug nicht hast, darfst du jetzt meißeln: Nimm einen scharfkantigen Schlitzschraubendreher und schlag ihn am äußeren Rand mit dem Hammer in den Schraubenkopf, bis du eine Kerbe hineingemeißelt hast. Danach schlägst du schräg in die Kerbe, in Richtung „auf".

Jetzt geht die Schraube auf – versprochen! Du kannst sie im Notfall auch wiederverwenden, nur eben nicht zu fest anschrauben und bei nächster Gelegenheit ersetzen!

Hierbei gilt es, zwei Dinge zu beachten:

1. Schraubendreher mit Holzgriff haben oft einen durchgehenden Schaft. Da kannst du gut draufschlagen. Schraubendreher mit Plastikgriff federn entweder etwas nach, das schwächt die Schlagkraft, oder sie gehen kaputt.

2. Die Schraubendreherspitze kann gehärtet sein. Das erkennst du daran, daß sie dunkel bis schwarz aussieht und nicht silbern. Gehärtete Schraubenzieher verbiegen sich zwar nicht beim Drehen, brechen aber beim Schlagen leicht ab.

Motor

Ein Motor ist eine Metallkiste, der schon am Schütteln, Stinken und Scheppern anzumerken ist, daß sich darin etwas bewegt. Motor heißt denn auch Beweger und verwandelt die chemische Energie des Kraftstoffs über dessen Verbrennung zunächst in Wärmeenergie, um sie dann in mechanische Bewegungsenergie umzusetzen. Problematisch ist dabei die Umwandlung von Wärme in Bewegung. Wenn du für eine Mark Kraftstoff tankst, kannst du für 24 Pfennig fahren. Der Rest verpufft als Wärmeabstrahlung und über die Auspuffgase.

Motoren, an denen du dich verbrennen kannst, heißen *Verbrennungsmotoren.* Unter medizinischen und ökologischen Aspekten betrachtet gelten sie als verwerflich, und von der Energiebilanz her sind sie unzeitgemäß. Ansonsten gibt's noch Dampfmaschinen und Elektromotoren. Sie finden zur Zeit im Motorradbau keine Anwendung. Dampfmotorräder gab's aber mal.

Bei den Verbrennungsmotoren werden in einem abgeschlossenen Raum (dem Zylinder) Luft und Kraftstoff zur Explosion gebracht. Je nachdem, wie diese Explosion ausgelöst wird, handelt es sich um einen Diesel- oder einen Otto-Motor. Beim *Dieselmotor* entzündet sich das Kraftstoff-Luft-Gemisch von selbst. Beim *Otto-Motor* muß die Verbrennung im Zylinder durch einen Zündfunken ausgelöst werden. Die Arbeitsweise beider Motoren ist in etwa gleich, beide sind sogenannte 4-Takt-Motoren; der Unterschied besteht in der Zusammensetzung des jeweiligen Kraftstoffs. Bei Otto- und Wankelmotoren wird Benzin verwendet. Den Otto-Motor gibt's auch noch als 2-Takt-Motor.

Anwendungen

Dampfmaschine:	Dampflok
Elektromotor:	Straßenbahn, Fön, Anlasser
Dieselmotor:	LKWs, PKWs, Schiffsmotoren
Wankelmotor:	exotische PKWs (RO 80, Mazda XR5)
Otto-4-Takt-Motor:	PKWs, Motorräder, Bootsmotoren
Otto-2-Takt-Motor:	Mofas, Roller, Trabbis, Rasenmäher, Boote

Verbrennungsmotoren werden durch die Verbrennung sehr heiß und müssen deshalb gekühlt werden. Beim Kühlsystem wird unterschieden zwischen *luftgekühlten Motoren*, das sind die mit den vielen Kühlrippen, und *wassergekühlten*, die haben vorn einen Kühler und werden in der schleswig-holsteinischen Motorradliteratur auch abfällig als Güllepumpen bezeichnet (näheres dazu unter *Kühlung*).

Je nach Anzahl der Zylinder gibt's bei Motorrädern 1-, 2-, 3-, 4- und 6-Zylinder-Motoren. Das erkennst du an der Anzahl der Auspuffrohre, die aus dem Motor kommen. Für jeden Zylinder gibt es ein Rohr, auch wenn eventuell mehrere Auspuffrohre in einen Schalldämpfer münden. Inzwischen gibt es allerdings Einzylinder-Maschinen, die zwei Auspuffrohre haben. Da kannst du dann nicht mehr erkennen, wie viele Zylinder sie tatsächlich haben. Sobald ein Motor mehr als einen Zylinder hat, wird nach der Anordnung unterschieden.

Reihenmotoren (Abb. 13): Die Zylinder befinden sich nebeneinander. Oft wassergekühlt. Liegend (BMW K-Reihe) oder stehend (Yamaha XJ 650).

V-Motoren: Die Zylinder stehen in V-Form oben auseinander wie ein hochgeklappter Boxermotor – längs eingebaut (oft Chopper) oder quer eingebaut (Moto Guzzi).

Boxermotoren (Abb. 14): Zylinder liegen sich gegenüber.

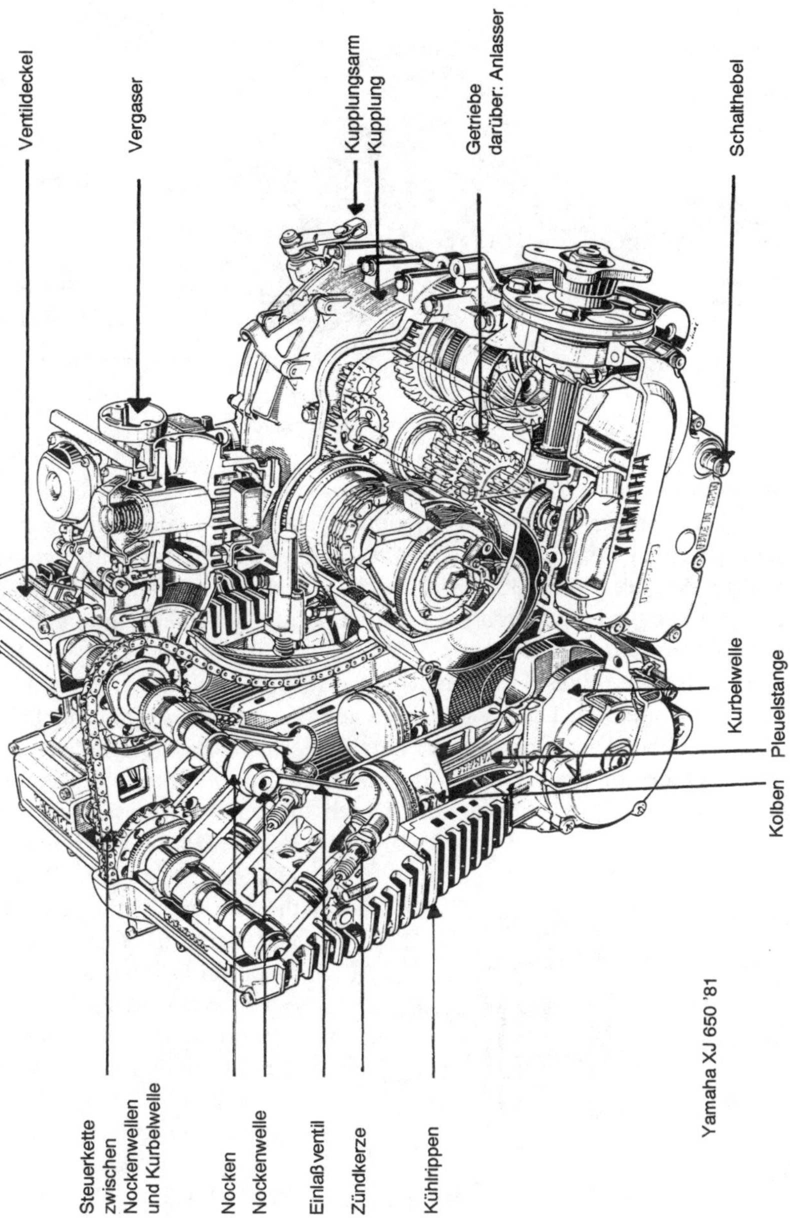

Abb. 13: 4-Zylinder-Reihenmotor

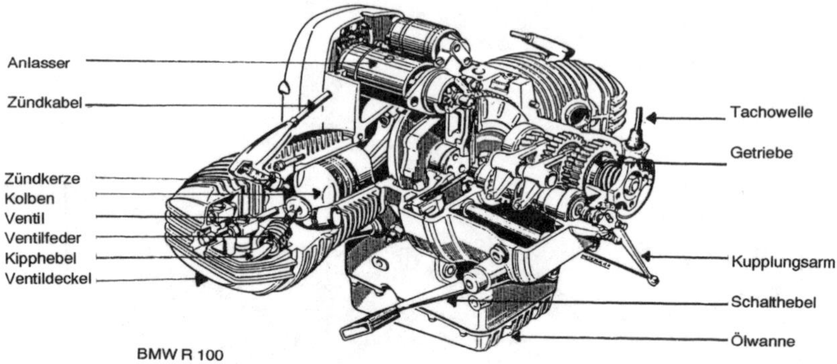

Abb. 14: 2-Zylinder-Boxermotor

Aufbau des Otto-4-Takt-Motors

Die Bezeichnung 4-Takt-Motor bedeutet, daß 4 Takte notwendig sind, damit einmal gearbeitet wird. Ein Takt ist ein Vorgang im Zylinder und gibt die Zeit an, die der Kolben braucht, um sich von oben nach unten zu bewegen. Arbeiten heißt, es wird Energie freigesetzt, gemeint ist der Takt, in dem das Kraftstoff-Luft-Gemisch explodiert.

Um zu sehen, was da im Motor passiert, mußt du ihn zerlegen oder eben aufschneiden. Dann sieht er so aus wie auf der Abbildung 15.

Ein Zylinder ist eine runde, längliche Dose, in diesem Fall aus Metall. Oben im Dosendeckel, dem Zylinderkopf, befinden sich eine Zündkerze und zwei Öffnungen. Durch die eine Öffnung kann das Benzin-Luft-Gemisch in den Zylinder gelangen. Durch die andere verlassen die verbrannten Abgase den Tatort und ziehen sich mehr oder weniger diskret durch den Auspuff zurück. In beiden Öffnungen, Einlaß- und Auslaßkanal, befinden sich Ventile, die je nach Anforderung den Kanal öffnen oder schließen. Sie heißen Einlaß- und Auslaßventil. In ihrer Ruhestellung sind sie geschlossen. Das bewirken

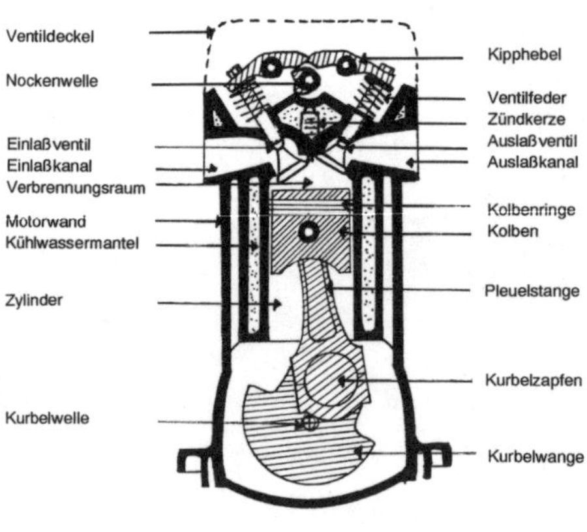

Abb. 15: 4-Takt-Otto-Motor im Schnitt (Naomi)

die Ventilfedern. Erst wenn der Kipphebel über den an der Nockenwelle befindlichen Nocken bewegt wird, drückt er auf das Ventil, und es wird in den Zylinder hinein geöffnet. Nocken sind übrigens Kreise mit einer Beule. Der Kipphebel schleift auf dem sich drehenden Nocken. Solange der Nocken rund ist, passiert überhaupt nichts. Erst wenn die Beule

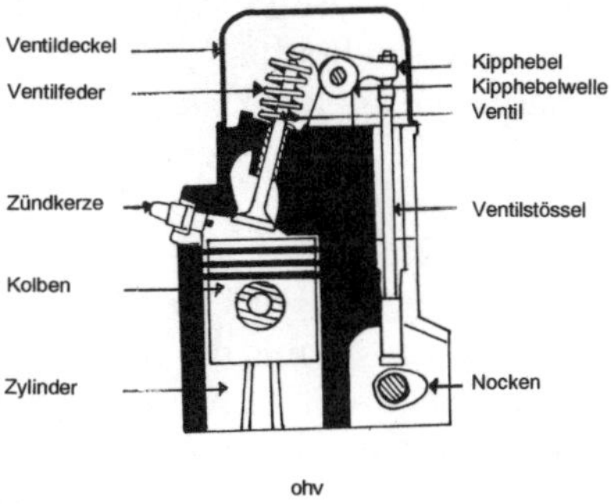

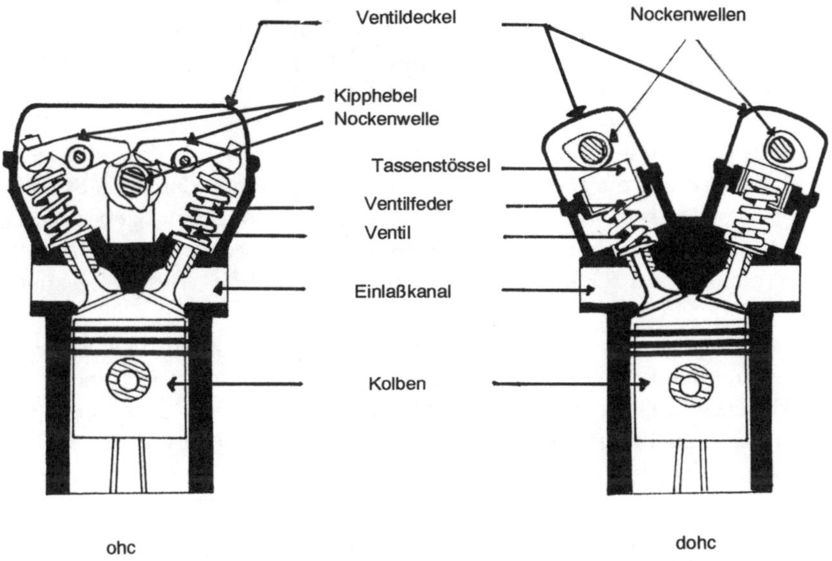

Abb. 16: Ventilsteuerung (Naomi)

kommt, wird der Kipphebel angehoben. Bei Motorradmotoren ist es oft so, daß es keine Kipphebel gibt und der Nocken direkt auf das Ventil drückt (Abb. 16, dohc).

Im Zylinder befindet sich ein Kolben. Das ist eine andere runde Dose, die so in den Zylinder paßt, daß möglichst kein Zwischenraum besteht, sie sich aber darin bewegen kann. Da sich Metallteile bei Erwärmung ausdehnen, und zwar alle unterschiedlich stark, muß ein kleiner Spalt zwischen Kolben und Zylinder verbleiben. Um den Kolben trotzdem gegen die Zylinderwand abzudichten, ist er mit sogenannten Kolbenringen geschmückt. Das sind federnde Ringe, die sich den Unebenheiten im Zylinder anpassen. Am Kolben ist eine drehbar gelagerte Stange befestigt (Pleuelstange), die am unteren Ende auf die Kurbelwelle geschraubt ist. Die Kurbelwelle wiederum ist ein unförmiges Gebilde, dessen Stangenform fast nicht zu erkennen ist. Das liegt daran, daß die Pleuelstange nicht einfach in der Mitte draufgeschraubt wird, sondern auf den äußeren Radius (s.u. Abb. 17, Arbeitsspiel). Damit die Welle nicht eiert, wird auf der gegenüberliegenden Seite ein Ausgleichsgewicht angebracht (Kurbelwange). Warum dieser Aufwand, fragst du zu Recht, und da sind wir schon bei der ersten großen Faszination des Motors. Der Kolben bewegt sich im Zylinder rauf und runter. Anders kann er ja nicht. Nun soll aber an den Rädern unseres Motorrades keinesfalls eine Rauf- und Runterbewegung stattfinden. Die Umwandlung der geradlinigen Kolbenbewegung in eine Drehbewegung ergibt sich daraus, daß die Pleuelstange außermittig auf die Kurbelwelle geschraubt ist.

Arbeitsweise (Abb. 17)
1. Takt – Ansaugen: Das Einlaßventil (EV) ist geöffnet, das Auslaßventil (AV) geschlossen. Der Kolben bewegt sich von oben nach unten. Durch die Vergrößerung des Raums oberhalb des Kolbens entsteht dort ein Unterdruck, und das Benzin-Luft-Gemisch wird angesaugt. Der Motor atmet ein.

2. Takt – Verdichten: Beide Ventile sind geschlossen. Der Kolben hat seine Richtung geändert und bewegt sich jetzt nach oben. Dadurch wird der Raum oberhalb des Kolbens kleiner, um nicht zu sagen sehr klein. In dem Raum befindet sich aber das Benzin-Luft-Gemisch. Das wird rücksichtslos auf ca. ein Zehntel des Raums zusammengepreßt,

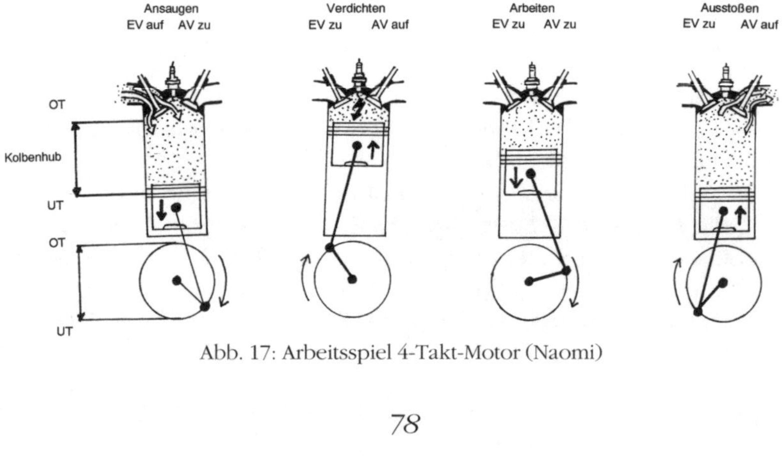

Abb. 17: Arbeitsspiel 4-Takt-Motor (Naomi)

und dabei wird ihm ziemlich eng und heiß. Sobald der Kolben oben ankommt, wird das inzwischen äußerst gereizte Gemisch mit Hilfe eines Zündfunkens zur Explosion gebracht.

Die Punkte, an denen der Kolben seine Bewegungsrichtung ändert, also kurz anhält, heißen Totpunkte. Es gibt den oberen (OT) und den unteren Totpunkt (UT). Der Weg dazwischen wird als Kolbenhub bezeichnet; der Raum zwischen OT und UT heißt Hubraum. Den Gesamthubraum deines Motorrades errechnest du, indem du die einzelnen Zylinderhubräume addierst. Da in deinem Fahrzeugschein unter Nr. 8 der Gesamthubraum vom Hersteller bereits ausgerechnet wurde, kannst du den durch die Anzahl der Zylinder teilen (zähl die Auspuffrohre am Motor), dann weißt du die Einzelhubräume pro Zylinder.

3. Takt – Arbeiten: Beide Ventile sind geschlossen. Durch die Verbrennung des Gemisches im Zylinder entsteht ein hoher Druck, der den Kolben dazu nötigt, nach unten auszuweichen. Dies ist der Moment, in dem Kraft auf den Kolben ausgeübt wird, die dieser über die Pleuelstange auf die Kurbelwelle überträgt. Die Kraft dieses Drucks, der auf den Kolben wirkt, ist für die Berechnung der Leistung des Motors, also KW oder PS, ausschlaggebend.

4. Takt – Ausstoßen: Das Auslaßventil ist geöffnet. Das Einlaßventil ist geschlossen. Der Kolben ist bei seinem Ausweichmanöver unten an seine Grenzen gestoßen und wird durch den Schwung, den er hat, wieder hochgejagt. Dabei schiebt er die verbrannten Gase, die sich's im inzwischen wieder größer gewordenen Zylinderraum gerade gemütlich machen wollten, durch den Auspuff hinaus. Der Motor atmet aus.

Sobald der Kolben wieder oben angekommen ist, schließt das Auslaßventil, das Einlaßventil wird geöffnet – damit sind wir wieder beim 1. Takt angelangt, und das Arbeitsspiel geht von vorne los.

Bei den einzelnen Takten ist es wichtig, daß Einlaß- und Auslaßventil im richtigen Moment geöffnet und geschlossen werden. Diese Aufgabe hat, wie oben schon erwähnt, die Nockenwelle. Nun weiß aber die Nockenwelle nicht, was da unter ihr gerade passiert. Deshalb ist sie mit der Kurbelwelle über eine Kette fest verbunden. Nockenwelle und Kurbelwelle drehen sich also immer im gleichen Verhältnis zueinander. Bei einem Arbeitsspiel mit 4 Kolbenbewegungen dreht sich die Kurbelwelle zweimal, die Nockenwelle einmal.

Bei älteren Boxermotoren befindet sich die Nockenwelle im gleichen Gehäuse wie die Kurbelwelle. Die Ventile liegen aber jeweils ganz außen am Zylinderkopf. Die Betätigung erfolgt über Kipphebel, die von sogenannten Stösselstangen betätigt werden (Abb. 16 ohv).

Das funktioniert ganz prima, bedarf aber vieler Bauteile, die alle bewegt werden müssen, und das ist das Problem, weil das dauert: Stell dir vor, ein Motor läuft im Leerlauf mit 1000 U/min. Damit sind die Kurbelwellenumdrehungen gemeint. Wenn du noch mal das Bild anschaust, siehst du, daß sich der Kolben bei einer Kurbelwellenumdrehung einmal rauf und einmal runter bewegt, also zwei Hübe ausführt. Bei 1 000 U/min – 2 000 Kolbenhübe in der Minute durch 60 geteilt – sind ca. 33 Hübe in der Sekunde. Das ist unvorstellbar schnell, bedenkst du, daß der Kolben sich je nach Motorgröße ungefähr 4 cm pro Hub bewegt. Jedes Ventil macht pro Arbeitsspiel, also bei 4 Kolbenbewegungen (= 2 Kurbelwellenumdrehungen) einmal auf, also 500 mal in der Minute, 8 mal in der Sekunde. Nun dreht ein Motor bei sportlichen Motorrädern bis zu 10 000 U/min. Das ist nicht mehr vorstellbar. Toll, daß es Materialien gibt, die soviel Bewegung aushalten. Aber auch ihnen sind Grenzen gesetzt, und deshalb können Motoren, die viele zu bewegende Teile haben, nicht so hohe Drehzahlen fahren wie kompakt gebaute Leichtmetallmotoren.

Inzwischen werden immer häufiger Motoren gebaut, bei denen es pro Zylinder zwei oder gar drei Einlaß- und Auslaßventile gibt. Damit soll ermöglicht werden, daß bei sehr hohen Drehzahlen immer noch genügend Luft vom Motor angesaugt werden kann (hoher Füllungsgrad). Die Luft ist nämlich träge und kümmert sich wenig um die tollen Materialien. Wenn sie nur 1/20 Sekunde Zeit hat, sich in den Zylinder saugen zu lassen, ist das nicht viel Zeit für sie. Weil sie sich also nicht einfach so antreiben läßt, wird mit Hilfe mehrerer Öffnungen, durch die die Luft einströmen kann, versucht, mehr Luft in gleicher Zeit anzusaugen. Ein Vier-Ventil-Motor ist also ein Motor, bei dem pro Zylinder zwei Einlaß- und zwei Auslaßventile eingebaut sind. Höherer Füllungsgrad heißt mehr Leistung.

An dieser Stelle möchte ich darauf hinweisen, daß der Begriff „Kolben“ zum sexistischen Vokabular gehört. Wer den Kolben als Potenzsymbol mißbraucht, kennt sich mit Motoren nicht aus. Ein Kolben hat nichts mit Potenz zu tun, sondern ist ein bemitleidenswertes, hilfloses, willenloses Teil, das ganz übel zwischen die Fronten geraten ist: Von oben einem gefährlichen Druck ausgesetzt, befindet er sich sein Leben lang auf der Flucht. Unten durch die Pleuelstange an die Kurbelwelle gebunden, erinnert er an eine Marionette an ihrem Faden. Ein doch eher bedauernswerter Anblick, meinen wir.

2-Takt-Motor

Ebenso wie beim 4-Takt-Motor wird beim 2-Takter ein Benzin-Luft-

Gemisch angesaugt, verdichtet und durch einen Funken entzündet. Die bei der Verbrennung der Gase freiwerdende Energie drückt den Kolben nach unten und kann als drehende Kraft von der Kurbelwelle weitergeleitet werden. Der 2-Takt-Motor braucht, im Gegensatz zum 4-Takter, keine Ventile. Das Öffnen und Schließen des Einlaß- und Auslaßkanals wird vom Kolben selbst übernommen. Das funktioniert deshalb, weil sich die Kanäle nicht oben im Zylinderkopf befinden, sondern auf unterschiedlicher Höhe an der Zylinderseitenwand.

Durch die Auf- und Abbewegung des Kolbens werden die Kanäle verschlossen oder freigegeben. Während sich beim 4-Takt-Motor die Vorgänge in den 4 Takten immer oberhalb des Kolbens abspielen, werden beim 2-Takter die gleichen Schritte (Ansaugen, Verdichten, Arbeiten, Ausstoßen) auf die Räume oberhalb und unterhalb des Kolbens verteilt. Es finden also während eines Kolbenhubes 2 Takte gleichzeitig statt, einer im Zylinderkopf und einer im Kurbelgehäuse. Deshalb gelingt es dem Motor auch, ein komplettes Arbeitsspiel mit 2 Kolbenhüben, also mit 2 Takten, auszuführen.

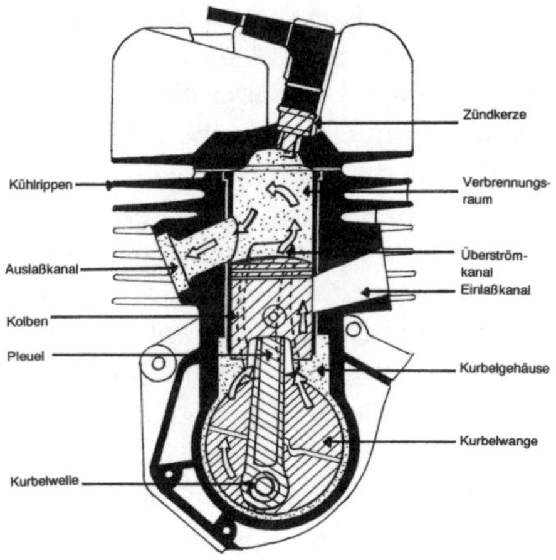

Abb. 18: 2-Takt-Motor (Naomi)

Dies funktioniert wie folgt (Abb. 19): a) *Voransaugen:* Der Kolben bewegt sich von unten nach oben. Oberhalb des Kolbens befindet sich bereits ein Kraftstoff-Luft-Gemisch, das jetzt verdichtet wird.

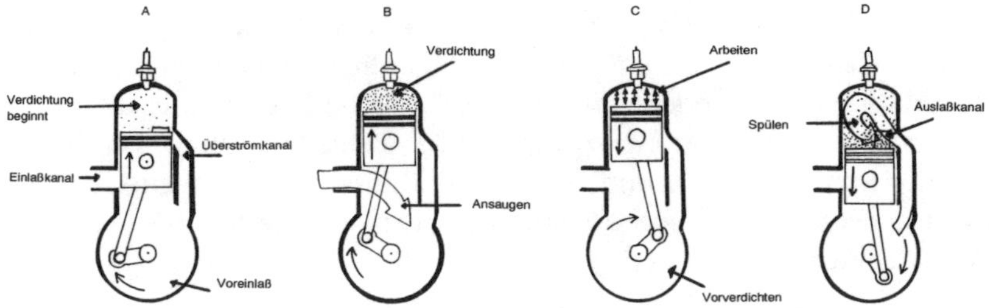

Abb. 19: Arbeitsspiel 2-Takt-Motor (Naomi)

b) Die Oberkante des Kolbens verschließt den Überstromkanal, dadurch entsteht im Kurbelgehäuse unterhalb des Kolbens ein Unterdruck, so daß über den gerade freigegebenen Einlaßkanal neues Gemisch angesaugt wird.

c) *Arbeiten und Vorverdichten:* Wenn der Kolben oben angekommen ist, wird das verdichtete Gemisch durch den Zündfunken zur Explosion gebracht. Dadurch wird der Kolben nach unten gedrückt. Gleichzeitig wird durch die Kolbenunterkante der Einlaßkanal verschlossen, so daß bei der weiteren Abwärtsbewegung der Raum unterhalb des Kolbens kleiner wird. Das dort befindliche Gemisch wird vorverdichet.

d) *Spülung:* Ungefähr gleichzeitig wird der Auslaßkanal von der Kolbenoberkante freigegeben. Der Auslaßkanal ist auf der Abbildung sehr schlecht zu erkennen, weil er sich auf unserer Seite befindet, die ja bei der Skizze weggeschnitten ist. Trotzdem können die noch unter Druck stehenden Abgase über den Auslaßkanal entweichen. Kurz darauf wird die Öffnung des Überströmkanals freigegeben, und das vorverdichtete Gemisch strömt hinauf – immerhin wird's unten ja auch schon wieder enger. Durch den Druck des überströmenden Gemisches werden die restlichen Abgase aus dem Zylinderkopf herausgespült. Theoretisch jedenfalls. Deine Zweifel sind völlig berechtigt, natürlich gehen dabei auch ein paar unverbrauchte Frischgase hops, ein bißchen Schwund gibt's überall. Trotzdem ist der 2-Takt-Motor von seiner Energiebilanz her der bessere, denn für die Durchführung eines Arbeitsspiels werden eben nur 2 Takte benötigt, es wird also viel weniger Energie auf die Bewegung des Kolbens selbst verschwendet als beim 4-Takter, der erst dreimal bewegt werden muß, damit überhaupt mal was passiert.

Das Problem mit dem 2-Takter besteht darin, daß sich im Kurbelgehäuse, wo sich die Pleuelstange und die Kurbelwelle befinden, Verbrennungsgase tummeln. Beide Teile sowie die Seitenwände des Kolbens und des Zylinders brauchen aber unbedingt eine Ölschmierung. Deshalb ist es unvermeidlich, dem Benzin Öl beizumischen. Das ist das sogenannte 2-Takt-Gemisch. Eigentlich ja kein Problem, nur hinterläßt das Öl bei der Verbrennung häßliche Rückstände, die bisher nicht zu vermeiden sind. Dazu kommt die Verschwendung von Benzin bei der Spülung (s.o.), und beides zusammen – Abgaswerte, daß dir die Haare ausfallen, und zu hoher Benzinverbrauch – disqualifiziert den 2-Takter, leider.

Damit der Motor läuft, also Benzin verbrannt wird, muß es ihm in der richtigen Menge zur richtigen Zeit zur Verfügung gestellt werden. Den jeweils richtigen Zeitpunkt gewährleistet das Einlaßventil des betreffenden Zylinders (s.o. 4-Takt-Motor) oder die Kolbenstellung im Zylinder beim 2-Takt-Motor. Die richtige Menge bestimmt der Vergaser nach den jeweiligen Fahrzuständen. Damit das Benzin verbrennt, braucht es eine große Menge Sauerstoff. Den gibt's zur Zeit noch umsonst in der Luft (Anteil ca. 21 %, der Rest ist Stickstoff). Das ideale Luftverhältnis heißt Lambda = 1 und bedeutet, daß für 1 kg Kraftstoff 14,7 kg Luft verbraucht werden, damit im Brennraum eine vollständige Verbrennung stattfindet und keine unnötigen Rückstände im Abgas bleiben. Um es anschaulicher zu machen, stell dir vor: Für jeden Liter Benzin, den dein Motorrad verbrennt, werden 8586 Liter Luft angesaugt, verbrannt und als übelriechender Abfall wieder ausgeschieden. Das nur so am Rande.

So, aber wie kommt das Benzin in die Bredouille, verbrannt zu werden?

Als erstes kommt es in den Tank. Tankdeckel auf, Benzin rein, Tankdeckel zu. Im Tankdeckel befindet sich üblicherweise die Tankentlüftung. Die dient dazu, den Gasen, die bei Erwärmung des Tanks z.B. durch Sonneneinstrahlung entstehen, eine Ausweichmöglichkeit zu geben. Des weiteren muß, sobald über den Benzinhahn Kraftstoff abfließt, Luft nachrücken, da sonst ein Unterdruck im Tank entsteht, der dazu führt, daß aus dem Kraftstoffhahn nix mehr rauskommt.

Der befindet sich an der Unterseite des Tanks und regelt den Zulauf zum Vergaser. Bei alten Boxermotoren gibt es zwei Benzinhähne. Der Benzinhahn ist entweder von Hand zu betätigen oder funktioniert automatisch. So haben die meisten Motorräder im Benzinhahn eine Membrane, die bei laufendem Motor mit Unterdruck versorgt wird und dadurch den Benzinkanal freigibt. Sobald der Motor ausgeschaltet wird, entfällt der Unterdruck, und die Membrane geht in ihre Grundstellung zurück und verschließt die Benzinzufuhr. Diese Hähne können immer geöffnet bleiben. Sie haben neben der Off- und Reserve-Stellung noch eine PRI-Stellung (= Priming). Sie ermöglicht einen Benzindurchfluß, falls die Membransteuerung defekt sein sollte. Im Benzinhahn befindet sich ein Benzinfilter, der den Kraftstoff von Rost- und Lackpartikeln sowie sonstiger Verunreinigung befreien soll. Dieser Filter besteht aus einem Drahtgeflecht, welches du, falls du den

Benzinhahn mal ausbauen solltest, reinigen kannst (siehe *Wartungsarbeiten*). Bei Fahrten in Gegenden, in denen minderwertiges Benzin verkauft wird, kannst du zusätzlich noch einen Papierfilter zwischen Benzinhahn und Vergaser in die Kraftstoffleitung einbauen. Diese Filter sind Universalfilter, passen in fast alle Motorräder und Autos und kosten ca. 5 DM. Beim Einbau beachte den Fließrichtungspfeil auf dem Filter.

Vergaser

Die meisten Motorräder sind mit Vergasern ausgestattet. Dabei ist es üblich, für jeden Zylinder einen eigenen Vergaser einzubauen. Dadurch sind die Ansaugwege zwischen Vergaser und Zylinder überall gleich, und jeder Zylinder wird seinen individuellen Bedürfnissen entsprechend mit Kraftstoff versorgt. Vorausgesetzt, die Vergaser sind richtig eingestellt und arbeiten synchron. Diese Einstellung würde ich einmal im Jahr von einer Werkstatt durchführen lassen, da sie sich im Lauf der Zeit verstellt. Man nennt das „Vergaser synchronisieren", es bedarf dazu keinerlei Ersatzteil, und es kostet ca. ½ Arbeitsstunde.

Bei Mehrzylinderreihenmotoren befinden sich hinter den Zylindern sogenannte Vergaserbatterien, die gemeinsam auf eine Leiste geschraubt und deren Gasbetätigungen miteinander verbunden sind.

In der Motorradtechnik werden Schieber- und Gleichdruckvergaser verwendet. Im folgenden erkläre ich anhand eines *Schiebervergasers* die grundsätzliche Funktionsweise (Abb. 20).

Vergaser haben die Aufgabe, der vom Motor angesaugten Luft Kraftstoff beizumischen. Dabei wird der Sog im Ansaugrohr ausgenutzt. Durch den Vergaser verläuft ein Rohr (Lufttrichter), durch das die Luft vom Luftfilter zum Zylinder hinströmt. Dieses Rohr wird vom Gasschieber verengt. Das ist ein beweglicher Kolben, der senkrecht in den Lufttrichter ragt. An dieser Stelle des geringsten Querschnitts erhöht die Luft, die davor und dahinter wieder mehr Platz hat, ihre Strömungsgeschwindigkeit. Der Sog ist an dieser Stelle am größten. Die unten am Schieber befestigte konische Düsennadel ragt in eine sogenannte Nadeldüse (das ist kein Witz) und öffnet

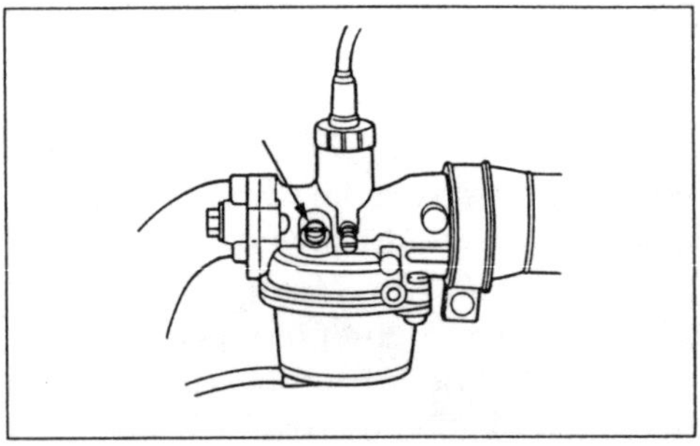

Abb. 20: Schiebervergaser (Honda)

sie mehr oder weniger, je nachdem, in welcher Stellung sich der Schieber befindet (Abb. 21).

Die Düse ist eine hohle Schraube mit kleinen Löchern an der Seite, die unten in einen Benzinbehälter ragt. Über den an der Schieberunterseite herrschenden Unterdruck (Sog) wird aus der Nadeldüse Kraftstoff angesaugt, der bereits über die kleinen Löcher in der Düse mit Luft vorzerstäubt wird (Abb. 21a). So gelangt – je nachdem, wie weit der Schieber geöffnet ist – mehr oder weniger Kraftstoff in den Motor. Der Schieber wird direkt vom Gasgriff über ein Gasseil betätigt. Wird der Gasgriff losgelassen, drückt eine Feder den Schieber in seine Grundstellung zurück. Um zu gewährleisten, daß in einer bestimmten Schieberstellung auch immer die gleiche Kraftstoffmenge angesaugt wird, gibt es eine Einrichtung im Benzinbehälter, die dafür sorgt, daß der Flüssigkeitsspiegel konstant bleibt. Das geschieht über einen Schwimmer, der im Kraftstoff schwimmt und bei sich absenkendem Spiegel ein Ventil öffnet, über das Kraftstoff nachläuft, bis sich der Schwimmer so weit gehoben hat, daß das Ventil wieder schließt. Der Schwimmer heißt Schwimmer, der Benzinbehälter Schwimmerkammer und das Ventil Schwimmernadelventil. Wenn dich das Prinzip interessiert, schau mal in einen Klokasten. Die zur Spülung bereitgestellte Wassermenge wird nach dem gleichen Verfahren geregelt.

Befindet sich das Motorrad im Leerlauf (Abb. 21b), ist der Gasschieber fast ganz geschlossen, so daß aus der Nadeldüse kein Kraftstoff mehr angesaugt werden kann. Jetzt wirkt der Unterdruck (Sog) im Lufttrichter vor allem an der rechts neben der Nadeldüse befindlichen Öffnung. Hier befindet sich die Leerlaufdüse, die über einen Kanal mit der Außenluft verbunden ist (links auf dem Bild).

Ist der Motor kalt, sind auch die Wände im Vergaser und Zylinderkopf kalt. Das angesaugte gasförmige Benzin kondensiert dort zum Teil und erreicht nicht den Brennraum. Deshalb muß in kaltem Zustand die Kraftstoffmenge soweit erhöht werden, daß trotz Verlusten immer noch genügend im Motor ankommt. Dies geschieht über die Kaltstarteinrichtung (Choke) (Abb. 21c).

Während im normalen Leerlauf die Luft noch durch einen kleinen Spalt unter dem Schieber durchschlüpfen kann, wird im Kaltstart der Lufttrichter über die Starterklappe ganz geschlossen. Die vom Motor angesaugte Luft muß jetzt den Weg über den Anreicherungskanal nehmen. Dadurch wird die angesaugte Kraftstoffmenge aus der Leerlaufdüse erhöht. Das Gemisch wird fetter. Über den Chokezug kann die Starterklappe dann stufenweise weiter geöffnet werden, was zu einer Verringerung der Benzinmenge führt. Das Gemisch wird mage-

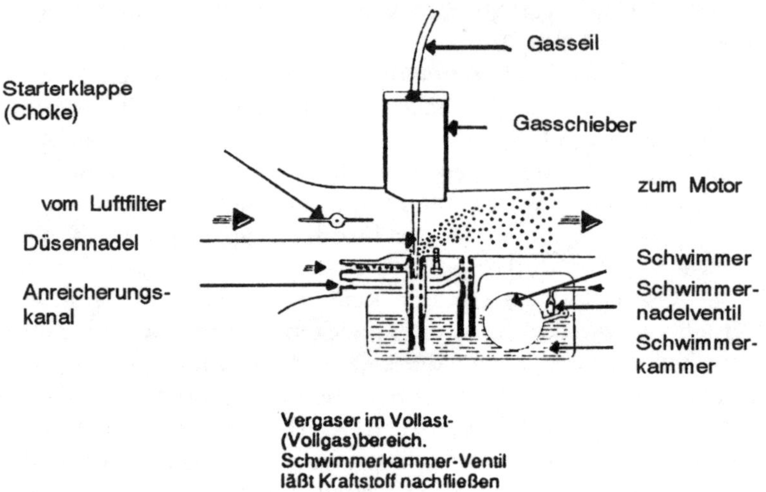

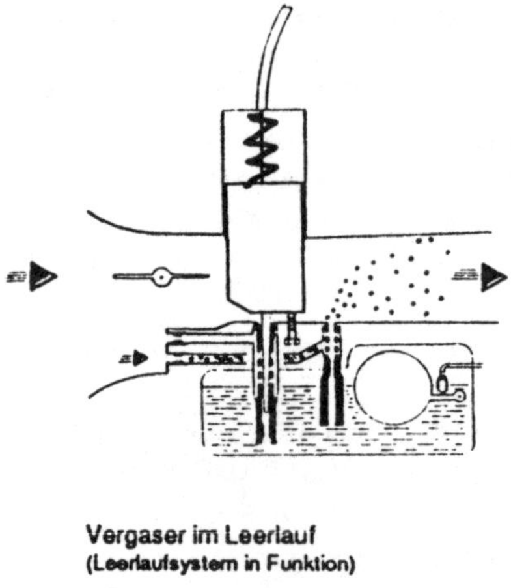

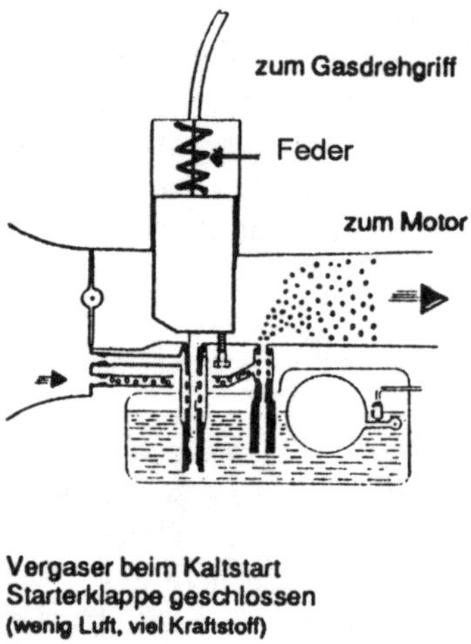

Abb. 21 a – c: Funktionsprinzip eines Schiebervergasers (Schrauberhandbuch)

rer. Bleibt der Choke zu lange gezogen, bekommt der Motor, wenn er sich zusehends erwärmt, so daß bald kein Benzin mehr an den Wänden kondensiert, viel zuviel Benzin und „säuft ab".

Lastzustände

Zusätzlich zu den hier beschriebenen Betriebszuständen gibt's noch andere, für die bestimmte Zusatzeinrichtungen im Vergaser vorhanden sein können, um den jeweils unterschiedlichen Kraftstoffbedarf zu decken. Grundsätzlich gibt es 6 Betriebszustände:

Kaltstart: Choke wird gezogen

Leerlauf: Gasschieber ist fast ganz zu

Teillast: Gasschieber ist zum Teil geöffnet

Vollast: Gasschieber ist voll geöffnet („Vollgas")

Schiebebetrieb: wenn während der Fahrt der Gasgriff losgelassen wird, also z.B. beim Bergabfahren. Der Motor dreht mit einer hohen Drehzahl, will also viel Luft ansaugen, bekommt aber nur soviel wie im Leerlauf. Das bremst ihn dann ab (Motorbremse).

Beschleunigung: Dafür gibt's oft noch eine kleine Beschleunigerpumpe, die beim plötzlichen Aufdrehen des Gasgriffs über die mechanische Bewegung des Gaszugs zusätzlich Benzin dazupumpt. Sonst würde es ein Beschleunigungsloch geben, weil beim abrupten Öffnen des Schiebers erst mal der gesamte Unterdruck zusammenbricht und eher weniger Benzin angesaugt wird.

Der *Gleichdruckvergaser* (Abb. 22) funktioniert ebenfalls nach dem Prinzip, über Unterdruck Kraftstoff anzusaugen. Auch er hat einen Schieber mit einer Düsennadel und auf der Gegenseite eine Nadeldüse, die in die Schwimmerkammer hineinragt, von wo der Kraftstoff angesaugt wird.

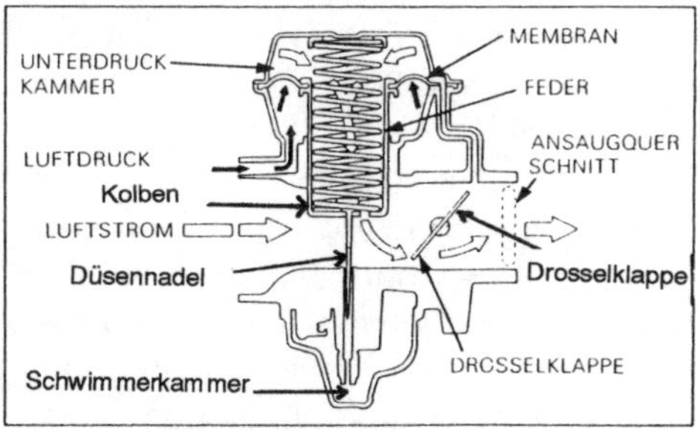

Abb. 22: Gleichdruckvergaser (Honda)

Dieser Schieber heißt hier Kolben und wird nicht über den Gaszug bewegt, sondern bewegt sich aufgrund seiner Konstruktion (abhängig vom Unterdruck im Lufttrichter) selbständig. Die benötigte Luftmenge wird über eine drehbare Klappe (Drosselklappe) gesteuert, die mit dem Gasgriff verbunden ist. Dadurch, daß der Kolben sich selbst bewegt, wird die Öffnung der Nadeldüse noch exakter den Betriebszuständen angepaßt als beim Schiebervergaser, bei dem du nahezu gewalttätig eingreifst. Je nachdem, wieviel Luft der Motor ansaugt, also wie groß der Unterdruck ist, wird der Kolben mehr oder weniger weit nach oben bewegt. Dadurch herrscht an der Nadeldüse, aus der der Kraftstoff angesaugt wird, immer ungefähr der gleiche Druck. Deshalb heißt er Gleichdruckvergaser.

Woher weiß nun der Kolben, wie weit er sich bewegen soll? Über die sogenannte Ausgleichsbohrung gelangt die Luft aus dem Lufttrichter in den Raum über dem Kolben (Unterdruckkammer), und da es sich bei dieser Luft ja um dünnere Luft handelt als bei der Außenluft (deshalb Unterdruck), wird der Kolben, der durch die Membran von der Außenwelt getrennt ist, nach oben gesaugt. Läßt der Unterdruck nach, drückt die Kolbenfeder ihn wieder herunter. Das Führungsrohr, der Dämpferkolben und das Dämpferöl sollen die Auf- und Abbewegung des Kolbens ein wenig beruhigen, eben dämpfen, damit er nicht so nervös zuckt.

Ob dein Motorrad mit Gleichdruckvergasern (auch Strombergvergaser genannt oder bei BMW „Bing") ausgestattet ist, erkennst du schon an der typischen Vergaserform. Oft haben die Gleichdruckvergaser dort, wo bei Schiebervergasern der Gaszug befestigt wird, einen Einfülldeckel für das Dämpferöl.

Elektrische Benzineinspritzung

Seit der Entwicklung elektronischer Bauteile und Computeranlagen, die nicht mehr wohnzimmerfüllend sind, sondern bequem ins Motorrad passen, gibt's die elektronisch gesteuerte Kraftstoffeinspritzung und damit keinen Grund, weiterhin Vergaser zu verbauen – bis auf den, daß Vergaser billiger sind. Der Vergaser erfüllt zwar alle seine Aufgaben in den oben besprochenen Betriebszuständen, aber unter den Gesichtspunkten bessere Leistung, geringerer Verbrauch und weniger Schadstoffe ist der Vergaser ein Versager. Seine Kaltstarteinrichtung hat z.B. bezüglich des Zustands des Motors ungefähr das Einfühlungsvermögen eines pfirsichbeteinten Hautarztes gegenüber einer Aknepatientin. Bei dem, was dem Motor und damit auch der Umwelt da geboten wird, bleibt er eigentlich mit dem Vergaser nur zusammen, weil sie aneinandergeschraubt sind.

Bei der Kraftstoffzumessung wird nur von der Menge jener Luft ausgegangen, die durch den Vergaser strömt. Nicht aber von der Masse, also der Dichte. Die differiert aber bekanntlich, und es macht einen großen Unterschied, ob du mit deinem Vergaser ans Meer fährst oder in die Berge. (Jeweils dort, wo er nicht zu Hause ist, versagt er.)

Benzineinspritzanlagen sind wenig anfällig für Fehler, leicht zu warten und – obwohl äußerst kompliziert in den technischen Feinheiten – leicht zu erklären (Abb. 23).

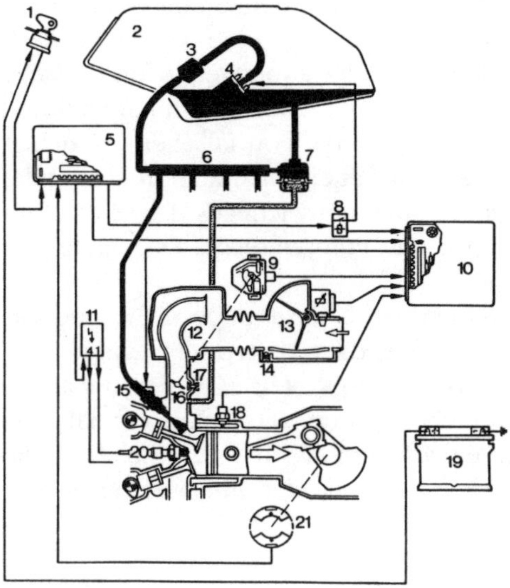

1 Zündschalter	8 Pumpensteuerrelais	15 Einspritzventil
2 Kraftstofftank	9 Drosselklappen-schalter	16 Drosselklappe
3 Kraftstoffilter		17 Leerlaufeinstellschraube
4 Kraftstoffpumpe	10 Einspritzcomputer	18 Kühlmitteltemperatur-fühler
5 Zündungs-steuergerät	11 Doppelzündspulen	
	12 Luftsammler	19 Batterie
6 Kraftstoffleiste	13 Luftmengenvergaser	20 Zündkerze
7 Druckregler	14 By-Pass-Luftschraube	21 Hall-Geber

Abb. 23: Elektrische Benzineinspritzung (Schrauberhandbuch)

Die Einspritzanlage besteht grundsätzlich aus drei Bereichen: der Kraftstoffversorgung, dem Luftweg und der elektronischen Messung und Steuerung.

Im Tank befindet sich eine elektrische Benzinpumpe, die dafür sorgt, daß der Kraftstoff mit einem gleichbleibenden Druck an den Einspritzventilen zur Verfügung steht. Am Ende des benzinführenden Verteilerrohrs befindet sich ein Druckregler, der neben den Kraftstoffanschlüssen (Verteilerrohr und Rücklauf) noch eine Verbindung zum Saugrohr des Motors hat. Darüber wird im Druckregler eine Membran mit Unterdruck versorgt, die den Rücklauf je nach Stellung öffnet oder schließt. Somit bleibt die Differenz zwischen Saugrohrunterdruck und Kraftstoffdruck immer gleich, egal, in welchem Lastzustand der Motor sich befindet. Die Einspritzventile lauern in den Ansaugkanälen dicht vor den Einlaßventilen. Sie werden elektromagnetisch geöffnet. Wieviel eingespritzt wird, bestimmt das elektronische Steuergerät darüber, wie lange die Ventile jeweils geöffnet bleiben. Um das zu entscheiden, braucht das Steuergerät ein paar Informationen, die von Sensoren geliefert werden.

1. Luftmengenmessung: Durch die Ansaugkraft der vom Motor angesaugten Luft wird im Luftmengenmesser eine Klappe bewegt, deren Ausschlagwinkel dem Steuergerät mitgeteilt wird (Nr. 19).

2. Kühlwassertemperatur (Nr. 18): Die sagt aus, in welchem Zustand (Kaltstart, Warmlaufphase, warm) sich der Motor befindet.

3. Drehzahlimpulsgeber für die Motordrehzahl (Nr. 21): Darüber kann das Steuergerät ausrechnen, wann der Ansaugtakt beginnt, und wie lange er bei der Drehzahl dauert.

4. Drosselklappenschalter (Nr. 9): Der teilt dem Steuergerät mit, in welcher Stellung sich der Gasgriff befindet.

Wichtig für dich sind die Sensoren, die kaputtgehen und falsche Werte anzeigen können. Das Steuergerät wird sozusagen belogen und geht bei der Errechnung der Einspritzmenge von falschen Tatsachen aus. Das kann an oxidierten Steckern liegen, an Kabelbrüchen oder am Sensor selbst. Außerdem gibt es noch ein wichtiges Bauteil, das auf der Abb. als Nr. 8 angegeben ist: das Pumpenrelais. Es schaltet die elektrische Kraftstoffpumpe ein.

Sollte das Relais „hängenbleiben", läuft die Pumpe nicht, und das Motorrad springt nicht an. Fällt dir auf, daß das typische „Sirren" der Pumpe im Tank nicht zu hören ist, lohnt es sich, nach dem Relais zu schauen. Oft genügt es zur Fehlerbehebung, das Relais einmal kurz herauszunehmen und wieder einzubauen. Es hat dann einfach ein bißchen Aufmerksamkeit gewollt und wird jetzt günstigstenfalls wieder brav arbeiten.

Abgastechnik

Verbrennungsmotoren machen dicke Luft. Nicht vielleicht oder wenn ungünstige Umstände aufeinandertreffen, sondern immer. Früher interessierte das niemanden. Seit ca. fünfzehn Jahren ist Umweltschutz ein öffentliches Thema, das der arg gebeutelten Sprache den Rest zu geben beabsichtigt. Alles ist mehr oder weniger umweltfreundlich. Das Wort umweltmuffig haben wir noch nie gehört. Worte wie Umwelttasche allerdings oft. In die kann alles Unbequeme gepackt werden. Zur Entsorgung. Umweltfreundlich, versteht sich. Wir wissen nicht, wie die Umwelt in die Tasche kommt. Aber wir wissen, was unsere Motorräder der Umwelt spenden, bevor die Spende dann in die Tasche für die Umwelt gepackt wird. Das Umweltgetue der Kraftfahrzeugindustrie fängt keine Gifte auf, sondern Stimmungen der potentiellen Käuferkreise. Die werden gehätschelt – nicht die Umwelt. Damit das nicht so offensichtlich ist, gibt es halbgare Maßnahmen, die das Abgasproblem zwar nicht lösen, aber das Verkaufsproblem: Sie ermöglichen den Verkauf des Fahrzeugs auch in Ländern mit strengeren Richtlinien. Bei der *Nachverbrennung* wird der unvollständig verbrannte Kraftstoff noch mal im Auspuff nachverbrannt. Ebenso bei der *Abgasrückführung*. Nur daß die Abgase einfachheitshalber der frisch angesaugten Luft beigemischt werden. Der *Katalysator* verwandelt das tödliche Kohlenmonoxid in das den Treibhauseffekt unterstützende Kohlendioxid, stickige Stickoxide in ebensolchen Stickstoff und Wasser. Und Kohlenwasserstoff in Wasser und CO_2. Die einfachste abgasreduzierende Maßnahme, nämlich der Verzicht auf Abgasproduzenten, scheint nur Spielverderber zu begeistern. Spielverderber sind sowieso eine Extraklasse für sich. Schießen mit Statistiken und Hochrechnungen aus dem verseuchten Unterholz, wo doch alle wissen, daß Deutschland beim Umweltschutz führend ist. Wie überall sonst auch.

Die derzeit populären Maßnahmen versuchen, schon entstandene Giftstoffe in weniger giftige Stoffe zu verwandeln oder wenigstens die Menge zu verringern. Selbstverständlich nicht die absolute Menge, das würde ja bedeuten, die Verkaufszahlen zu reduzieren. Also die Menge pro Fahrzeug. Was wieviel, wann und warum giftig ist, darüber entscheidet häufig die Laune der Tagespresse. Die Interessen, die dahinter stecken, kannst du dir selbst ausdenken. Heute ist Ruß aus Dieselmotoren krebserregend, gestern waren unverbrannte Kohlenwasserstoffe und Stickoxide pfui. Der letzte Höhepunkt auf der Jagd nach dem Umwelt-J.R. war und ist der Dauerbrenner Ozonloch. Das wird größer und größer und besitzt die Frechheit, anständige zivilisierte Menschen wie uns zu belästigen. Da es sich nicht mal vom Bundeskanzler verbieten läßt, haben wir Angst davor. Wir werden es anbeten und Opfer darbringen, damit es sich bitte, bitte von uns abwende. Sicher versteht das Ozonloch, daß wir gute Menschen mit Muskelschwund sind und nicht anders können. Das Fleisch ist schwach. Deshalb müssen wir unsere Mobilität behalten. Was bliebe denn sonst von uns übrig! Letztendlich wird bestimmt alles gut.

Es gibt nicht nur die bekannten limitierten Stoffe, sondern auch nicht limitierte Stoffe. Beide zusammen werden von jedem Verbrennungsmotor ausgestoßen. Die nicht verbotenen heißen beispielweise Zyan, Formaldehyd, Azetaldehyd, Acrolein, Propionaldehyd, PAK, Chrysen, Benzoanthrazen, Benzosowieso und Dibenzosowieso und Dioxin. Das sind natürlich nur einige, die in ihrer Unaussprechlichkeit schon dazu prädestiniert sind, vergessen zu werden. Wer da mit wem wann wie reagiert, verstehen wir nicht und zählen sie einfach alle zu den Familien Fiesoxin und Meuchelmonoxid. Wir werden sicher noch von ihnen hören. Spätestens dann, wenn von einem anderen Problem abgelenkt werden soll.

Für verschiedene neuere Motorräder gibt es Katalysatoren zum Nachrüsten. Hier liegt BMW ganz vorn. Die Katalysatoren kosten allerdings mehr als guten Willen, sogar ziemlich viel mehr. Prinzipiell scheint sich die Haltung „Mein Motorrad fährt auch ohne Wald“ gegen den lästigen Einfluß des schlechten Gewissens behauptet zu haben. Wir führen das darauf zurück, daß eine ambivalente Haltung gegenüber ökologischen Aspekten bei Motorradfahrerinnen und -fahrern unvermeidlich ist. Die Freude am Motorradfahren wird von den meisten neben dem sportlichen Aspekt des (Renn-)Fahrens ganz klar über das Naturerlebnis definiert. Die Natur muß schlicht und einfach einiges in Kauf nehmen, wenn sie Wert auf Besuch legt. Und auch wenn nicht, versteht sich. Es ist aber anzunehmen, daß in absehbarer Zeit vom Gesetzgeber Motorräder in die Abgasuntersuchungen miteinbezogen werden. Keine Angst: Fiesoxin und Meuchelmonoxid werden weiterhin Ausgang haben. Das heißt, du darfst sie Gassi führen, wann immer du möchtest. Unsere Empfehlung: Genieße es wenigstens, und vergälle dir die Freude nicht mit einem diffusen schlechten Gewissen.

Kühlsystem

Wie du sicher schon schmerzlich feststellen mußtest, werden Motoren empfindlich heiß. Während der Verbrennung entstehen im Zylinderkopf Temperaturen bis zu 2 500 °C. Die „Wärme" (so wird diese Hitze in der Fachsprache genannt) muß schnell und gleichmäßig abgeleitet werden, denn sonst dehnen sich die Motorteile zu sehr aus und fressen sich fest – z.B. der Kolben im Zylinder. Der heißt dann Kolbenfresser. Wärmeableitung heißt: Ein Material kühlt dadurch ab, daß ein anderes sich erwärmt.

Ein Teil der Kühlung wird über Prävention gelöst, d.h. Wärmevermeidung dadurch, daß die gefährdeten Teile mit Öl geschmiert werden, so daß keine so hohe Reibung entsteht. Ebenso leitet das Öl natürlich auch Wärme ab. Das merkst du daran, daß das Öl selbst ja auch heiß wird. Motorräder haben oft Ölkühler, durch die das Öl gepumpt und vom Fahrtwind abgekühlt wird.

Auch das vom Motor angesaugte Benzingemisch kühlt den Verbrennungsraum. Deshalb ist es wichtig, daß der Motor richtig eingestellt ist, denn bekommt er zu wenig Benzin, überhitzt er, und es brennt sich z.B. ein schönes Loch in den Kolbenboden, also in den Deckel von der kleinen Dose in der großen Dose.

Neben diesen Kühleffekten haben Motoren immer noch eine andere Kühleinrichtung. Es wird unterschieden zwischen luftgekühlten und wassergekühlten Motoren.

Luftkühlung

Bei luftgekühlten Motoren wird die Wärme direkt auf die Motorwand geleitet, wo sie vom Fahrtwind abgekühlt wird. Um mehr Oberfläche zu haben, an der der Fahrtwind mit der Motorwand in Berührung kommen kann, werden viele dünne Kühlrippen angebracht. Luftgekühlte Motoren können nicht ewig im Stand betrieben werden, da sie überhitzen würden. Sie brauchen tatsächlich Fahrtwind. In den Betriebsanleitungen steht deshalb auch „nicht länger als 10 Minuten im Stand laufen lassen".

Wasserkühlung

Anders ist es bei wassergekühlten Motoren (Abb. 24). Um die Zylinder herum befinden sich Wasserkanäle, über die die Motorwärme direkt ans Kühlwasser abgegeben wird. Eine Wasserpumpe, die vom Motor mit angetrieben wird, pumpt das Kühlwasser dann in den Kühler, der viele kleine Lamellen hat, durch die der Fahrtwind wiederum das Wasser abkühlen kann. Von dort gelangt es wieder in den Motor. Sobald der Fahrtwind nicht mehr ausreicht, das Wasser abzukühlen, schaltet sich über einen Temperaturschalter ein elektrischer Ventilator ein, der den Fahrtwind simuliert. Solange der Motor noch „kalt" ist, verschließt ein Thermostat den Zulauf zum Kühler. Das Wasser fließt im „kleinen Kühlkreislauf" direkt wieder in den Motor hinein. Erst bei einer Wassertemperatur von ca. 90 °C öffnet der Thermostat, und das Wasser gelangt in den Kühler. Durch diese Regulierung wird erreicht, daß der Motor schneller warmläuft.

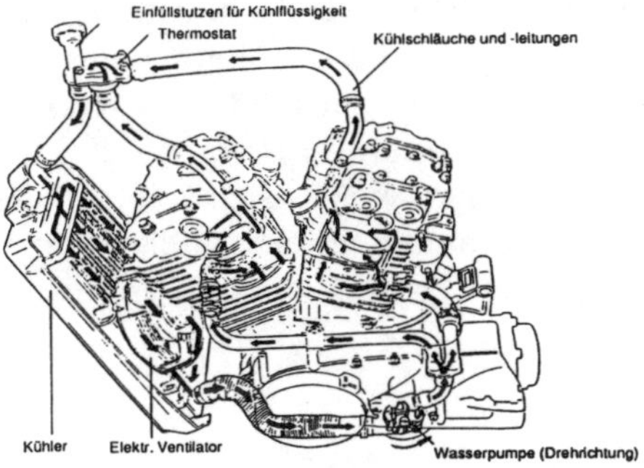

Abb. 24: Flüssigkeitsgekühlter Motor
(Schrauberhandbuch)

Da das Kühlwasser eine Arbeitstemperatur von ungefähr 90 °C hat, ist es sehr wichtig, daß das Kühlsystem dicht ist. Durch die Erwärmung dehnt sich das Wasser aus, dadurch entsteht ein Überdruck, der verhindert, daß das Wasser zu kochen beginnt. Jede hat in der Schule gelernt: Hoch oben auf dem Popocatépetl ist der Luftdruck niedriger, und das Teewasser kocht vielleicht schon bei 80 °C. Entsprechend kocht es bei höherem Druck erst bei 100 °C. Ist das Kühlsystem nicht dicht, hätten wir lauter kleine vorwitzige Blubberbläschen im System, die eine ernste Kühltätigkeit des Wassers empfindlich stören würden.

Außerdem würde das Wasser verdampfen, und futsch wäre es!

Damit die Wasserkühlung funktioniert, muß also

- genügend Wasser im System sein. Da gibt's einen Ausgleichsbehälter mit MIN-MAX-Markierung.
- Der Deckel muß fest zu sein, und das Kühlsystem darf auch sonst keine Undichtigkeiten wie z.B. poröse Kühlschläuche, lockere Befestigungsschellen oder eine tropfende Wasserpumpe aufweisen.
- Der Thermostat muß in Ordnung sein und bei ca. 90 °C den großen Kühlkreis öffnen.
  Das kannst du an der Temperatur der Schläuche fühlen. Ein Schlauch zum Kühler bleibt die ersten zehn Minuten kalt und erwärmt sich erst, wenn der Thermostat geöffnet hat.
- Bei ca. 90 °C Kühlwassertemperatur *im Kühler* muß sich der Ventilator einschalten.

Wassergekühlte Motoren sind bauartbedingt schwerer (dickere Motorwände, Wasserpumpe, Kühler, Wassergewicht) und teurer als luftgekühlte Motoren. Ihre Vorteile sind die gleichmäßige Kühlwirkung auch der „hinteren" Zylinder beim quer eingebauten V-Motor sowie die Dämmung der Motorgeräusche durch den Kühlmantel. Des weiteren sind sie stautauglicher als luftgekühlte Motoren.

Als Güllepumpen werden sie bezeichnet, weil es sich anbietet, den Schlauch vor der Wasserpumpe abzuklemmen, in eine Güllegrube zu legen und den Schlauch hinter der Wasserpumpe auf den zu bespritzenden Mann zu halten.

Kraftübertragung

Sobald der Motor läuft, dreht sich die Kurbelwelle im Leerlauf mit ca. 800 Umdrehungen pro Minute (U/min).

Nun muß diese Drehbewegung auf das Hinterrad des Motorrads übertragen werden, und das geschieht folgendermaßen:

Sofern der Motor so eingebaut ist, daß die Kurbelwelle quer zur Fahrtrichtung gelagert ist, wird die Kurbelwellendrehung über eine Kette, die sogenannte Primärkette, auf die *Kupplung* übertragen. Da sich die Primärkette ja auch mit Kurbelwellendrehzahl bewegt, das Hinterrad deines Motorrades aber stillsteht, also die Drehzahl 0 U/min hat, müssen beim Anfahren die Drehzahlen von beiden angeglichen werden. Diese Angleichung erfolgt manuell über die Kupplung. Du läßt sie „schleifen“ – genau das ist der Vorgang des Angleichens. Was da schleift, sind eine oder mehrere Kupplungsscheiben. Ziehst du am Kupplungsseil, trennst du Motor von Getriebe. Ist ein Gang eingelegt und du läßt die Kupplung los, sind Motor und Getriebe miteinander verbunden.

Gegenüber der Kupplung liegt das Getriebe. Darin befindet sich für jeden Gang jeweils ein Zahnradpaar auf zwei Wellen. Die eine Welle ist mit der Kupplung verbunden, die andere leitet die Kraft (Drehung) weiter Richtung Hinterrad. Je nachdem, welchen Gang du einlegst, also welches Zahnradpaar geschaltet wird, wird die Motordrehzahl im Getriebe höher oder niedriger. Greift also ein kleines Zahnrad mit wenig Zähnen in ein größeres mit vielen Zähnen, bewegt sich das große langsamer. Das ist z.B. im 1. Gang der Fall. Im 5. Gang ist es dann andersrum: Das Hinterrad soll sich sehr schnell drehen, der Motor aber im mittleren Drehzahlbereich. Also befindet sich das große Zahnrad auf der Motorseite und das kleine auf der Abtriebseite.

Da beide Teile nicht besonders gewartet werden müssen, belasse ich es hierbei, denn sowohl die Kupplungs- als auch die Getriebefunktion sind sehr schwer auf dem Papier zu erklären. Da helfen auch die netten Bildchen nicht weiter. Wo die Kupplung sitzt, findest du am besten heraus, wenn du dem Kupplungsseil folgst. Das Getriebe befindet sich dort, wo der Schalthebel angebracht ist. Vom Getriebe aus wird die Motorkraft jetzt endlich zum Hinterrad gebracht. Hierfür gibt's drei Möglichkeiten:

Kettenantrieb: Über die sogenannte Sekundärkette wird das Kettenritzel an der Getriebeabtriebswelle mit dem Zahnrad am Hinterrad verbunden. Das Kettenritzel vorn ist kleiner und versteckt sich hinter einem Schutzdeckel.

Riemenantrieb: Auch Beltdrive genannt. Der funktioniert genauso wie der Kettenantrieb, nur daß anstatt der schweren, teuren, pflegebedürftigen Kette eine Art Keilriemen ohne Keile – statt dessen mit Zähnen – verwendet wird.

Kardanantrieb (Abb.25): Im Gegensatz zu Kette oder Riemen, die die Verwandtschaft zum Fahrrad nur zu deutlich erkennen lassen,

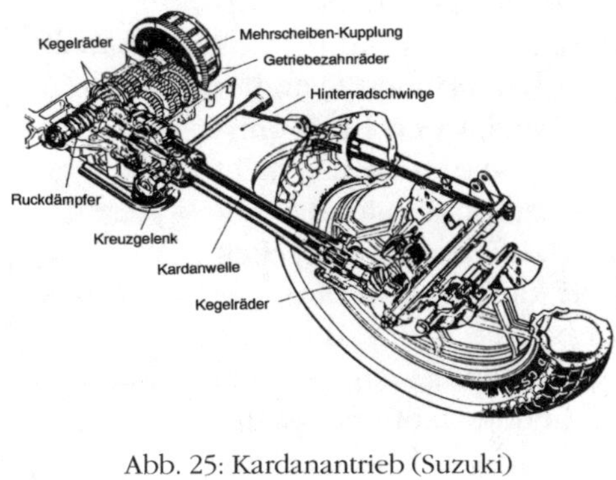

Abb. 25: Kardanantrieb (Suzuki)

stellt der Kardan die teuerste und technisch schönste Lösung dar. Nicht nur wegen seines schlichten Äußeren, sondern vor allem, weil er außer der Ölkontrolle keinerlei Wartung bedarf. Über eine Welle, die an ihren Enden mit Kegelzahnrädern bestückt ist, wird die Drehrichtung der Getriebewelle um 90 Grad geändert, zum Hinterachsgetriebe geleitet und dort wieder um 90 Grad geändert.

Bremsen

Beim Bremsen sollen die Räder dazu gebracht werden, sich langsamer bzw. gar nicht mehr zu drehen. Das geschieht weder durch Drohung, Erpressung, Erschrecken noch sonstige Gemeinheiten. Sehr wohl werden aber massive Druckmittel eingesetzt. Auf eine am Rad befestigte Stahlplatte wird beim Bremsen ein sogenannter Bremsbelag gepreßt. Dadurch schleift die Stahlplatte und wird immer langsamer. Es gibt grundsätzlich zwei verschiedene Bauarten: Scheibenbremsen und Trommelbremsen (Abb. 26).

Trommelbremse

Bei der Trommelbremse (Abb. 27) ist ein runder Behälter (Trommel) am Rad festgeschraubt und dreht sich mit dem Rad mit. In dieser Trommel befinden sich zwei halbmondförmige Bremsbacken, die mit zwei Federn zusammengehalten werden. Diese Backen sind an einer Platte befestigt, die an der Vordergabel des Motorrads oder beim Hinterrad an der Schwinge fixiert ist (Bremsankerplatte), sich also nicht mit dem Rad mitdreht. Außen auf die Bremsbacken sind die Bremsbeläge geklebt, die beim Bremsen von innen gegen die sich drehende Trommel drükken, um sie dadurch abzu-

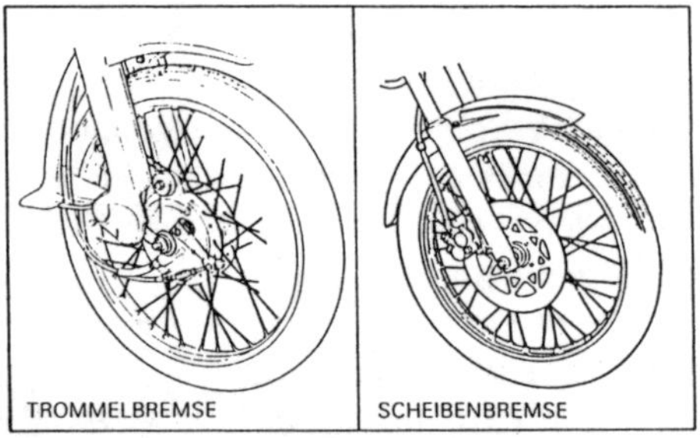

Abb. 26 Bremsensysteme (Honda)

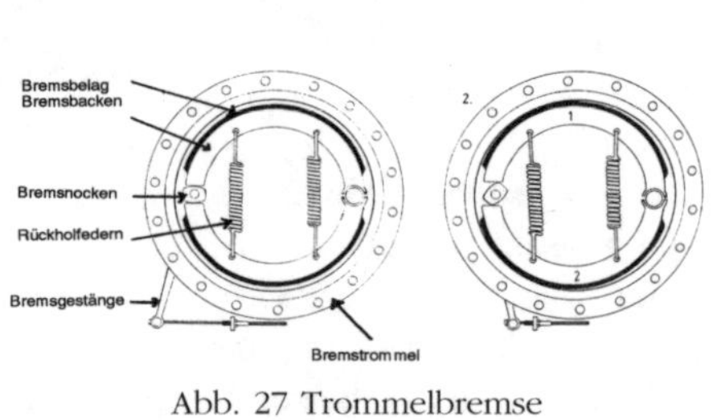

Abb. 27 Trommelbremse

bremsen. Beim Betätigen der Bremse wird das viereckige Teil links (Bremsnocken) zwischen den Bremsbacken verdreht und spreizt dadurch die Bremsbacken auseinander. Durch die beiden Federn werden die beiden Bremsbacken beim Loslassen der Bremse wieder zueinander gezogen. Trommelbremsen werden bei Motorrädern grundsätzlich mechanisch betätigt. Das heißt, der Bremsnocken, der die Bremsbeläge spreizt, wird über einen Hebel und ein Gestänge oder über einen Seilzug betätigt. Die meisten Trommelbremsen werden heute nur noch am Hinterrad verbaut und vom Fußbremshebel über eine Stange betätigt.

Scheibenbremse

Bei der Scheibenbremse (Abb. 28) ist eine runde Bremsscheibe am Rad festgeschraubt und dreht sich mit. An einer Stelle in der Nähe der Vordergabel oder Hinterradschwinge, an der er nämlich angeschraubt ist, sitzt ein sogenannter Bremssattel, durch den sich die Bremsscheibe hindurchdreht. Im Bremssattel sind zwei Bremsklötze angebracht, die sich links und rechts von der Bremsscheibe befinden. In Ruhestellung liegen sie nur leicht an, so daß sich die Scheibe frei drehen kann. Beim Bremsen drückt ein Kolben im Bremssattel gegen die Bremsklötze, wodurch diese gegen die Scheibe gepreßt werden (Abb. 29). Auf der Abbildung schaust du vor deinem Motorrad stehend von oben auf das Rad. Die runde Bremsscheibe sieht in der Draufsicht einfach aus wie ein Stab. Wird die Bremse losgelassen, bewegt sich der Kolben eigenständig wieder ein wenig von der Scheibe weg. Das ist in Wirklichkeit nicht zu erkennen, weil die Bremsklötze dann immer noch leicht an der Scheibe anliegen.

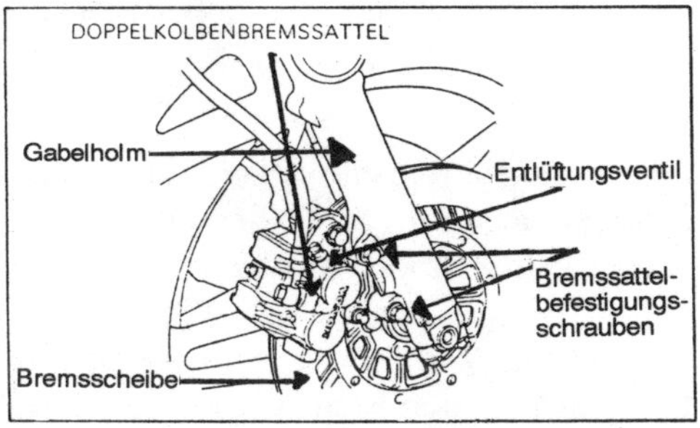

Abb. 28 Scheibenbremse (Honda)

Scheibenbremsen gibt's in verschiedenen Ausführungen: Scheiben mit oder ohne Löcher, entweder als Einscheibenbremse oder als Doppelscheibenbremse, die hat dann auf jeder Seite des Rades eine Scheibe und einen Bremssattel. Außerdem unterscheiden sich die Bremssättel in ihrer Bauform.

Scheibenbremsen werden hydraulisch betätigt, und das geschieht folgendermaßen (vgl Abb. 29): In dem Ausgleichsbehälter am Lenker

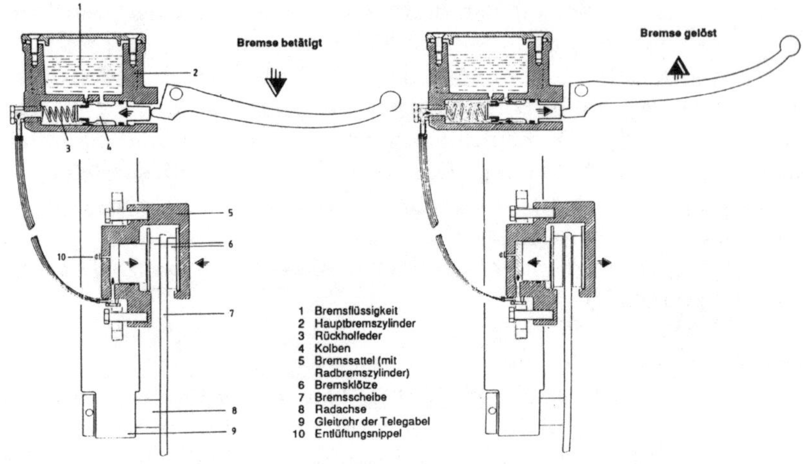

Abb. 29 Funktionsprinzip einer Vorderrad-Schwimmsattel-Scheibenbremse (Schrauberhandbuch)

befindet sich Bremsflüssigkeit. Unter dem Behälter sitzt der Hauptbremszylinder, in dem ein Kolben über den Bremshebel bewegt wird. Im Hauptbremszylinder ist auch Bremsflüssigkeit. Am Hauptbremszylinder ist ein Bremsschlauch befestigt, der – ebenfalls mit Bremsflüssigkeit gefüllt – die Verbindung zur Scheibenbremse am Rad herstellt. Dort ist er nämlich an den Bremssattel angeschraubt, so daß die Bremsflüssigkeit in den Radbremszylinder im Bremssattel gelangt. Sobald der Bremshebel betätigt wird, drückt er den Kolben im Hauptbremszylinder nach links, und die gesamte im hydraulischen System befindliche Flüssigkeit wird nach unten verschoben. Flüssigkeiten lassen sich im Gegensatz zu Luft nämlich nicht zusammendrücken. Sie sind wie eine Stange: Drückst du am oberen Ende drauf, bewegen sie sich am unteren Ende um genau so viel weiter, wie sie oben verschoben wurden. Im Radbremszylinder bewegt die Bremsflüssigkeit den Bremskolben nach rechts, und der drückt den Bremsklotz gegen die Bremsscheibe.

Beim Loslassen des Bremshebels wird dieser u.a. von der Feder im Hauptbremszylinder wieder in seine Ruhelage zurückgedrückt. Ebenso bewegt sich der Bremskolben um ein paar hundertstel Millimeter zurück, so daß sich die Bremsscheibe wieder frei drehen kann.

Im Lauf der Zeit schleift sich der Belag der Bremsklötze zunehmend ab. Sie werden dünner. Entsprechend rückt der Bremskolben weiter nach. Dadurch wird der Raum im Radbremszylinder größer, es muß mehr Bremsflüssigkeit hinein. Die kommt aus dem Ausgleichsbehälter, dessen Flüssigkeitsspiegel sich entsprechend absenkt.

Durch die beim Bremsen entstehende und zum Bremsen führende Reibung zwischen Bremsklotz und Bremsscheibe entsteht Wärme. Diese Wärme kann sogar so warm sein, daß die Scheibe rotglühend wird. Falls deine Bremsscheibe völlig durchlöchert ist, mußt du sie nicht gleich auswechseln. Die Löcher sollen bei Regenwetter einem Aquaplaning auf der Bremsscheibe vorbeugen.

ABS

Beim Bremsen neigt sich das Motorrad nach vorn, so daß fast das gesamte Gewicht auf dem Vorderrad lastet, während das Hinterrad nahezu den Bodenkontakt verliert. Folglich werden vorn fast 80 % der Bremskraft benötigt, während das Hinterrad sehr sanft abgebremst werden muß, damit es nicht blockiert. Das übliche Verfahren, die Hinterradbremse individuell über die Fußkraft zu dosieren, ist ein skurriles Relikt aus der frühen Steinzeit des Motorradfahrens, dessen Absurdität erst so richtig deutlich wird, wenn du dir ein vergleichbares Bremsverfahren bei einem Auto vorstellst: In einer Schrecksituation mit Hand und Fuß in richtiger Dosierung unterschiedliche Bremsen zu betätigen, wo doch die natürliche Reaktion ist, „auf die Bremse zu steigen", also voll reinzutreten. Auch beim Auto kann das zu einer plötzlichen Instabilität des Fahrzeugs führen. Nun fallen Autos dabei nicht gleich um. Trotzdem sind sie mit einer Bremsanlage ausgestattet, die selbständig die Bremskraft auf Vorder- und Hinterräder verteilt. Daß Motorräder bisher kaum mit vergleichbarem Sicherheitskomfort ausgestattet sind, hat nur bedingt finanzielle Gründe (vgl. dazu *Fahrsicherheit*).

Seit den siebziger Jahren gibt es vereinzelt (bei Moto Guzzi und bei der Honda Gold Wing) ein sogenanntes Integral-Bremssystem. Voraussetzung dafür sowie für das erst später entwickelte ABS ist, daß das Motorrad vorn und hinten mit hydraulisch betätigten Bremsen ausgestattet ist. Beim Integral-Bremssystem sind zwei Bremsscheiben und Sättel am Vorderrad angebracht und hinten einer. Mittels des Fußbremshebels wird eine Scheibenbremse vorn und die Hinterradbremse betätigt. Über die Handbremse kann die zweite Bremse vorn dazu betätigt werden. Das Verfahren ist ganz nett, bedarf aber einer Doppelscheibenbremse vorn (teuer, schwer und aufwendig) und kann dennoch ein Blockieren der Räder nicht ausschließen.

Beim ABS (Antiblockiersystem), welches seit Ende der achtziger Jahre an Popularität gewonnen hat, wird die Bremskraft auch automatisch auf die Räder verteilt, gleichzeitig befinden sich aber an den Bremsscheiben Sensoren, die mit irrsinniger Präzision kontrollieren, ob das Rad während des Bremsvorgangs stehenbleibt – also blockiert. Sobald dies passiert, wird die Bremsung automatisch aufgehoben und danach sofort wieder eingesetzt. Diese elektronischen Regelvorgänge geschehen mehrere hundertmal in der Sekunde, so daß sie kaum spürbar sind.

ELEKTRIK

Was bitte ist ein Strom?

Die Sache mit dem Strom ist eine spannende Angelegenheit und stößt bei vielen auf großen Widerstand. Strom, Spannung und Widerstand sind die wichtigsten Größen bei der Elektrik, nur kannst du die leider nicht direkt sehen, obwohl sie da sind – und das macht angst. Fühlen kannst du den Strom schon, entweder in Form von Wärme, die er produziert, als Kribbeln oder als Schmerz, wenn er zu stark ist. Damit die ganze Angelegenheit anschaulich wird, stell dir vor: Der Strom sitzt in der Batterie. Es gibt beim Strom übrigens zwei verschiedene Charaktertypen. Den eher launischen, der sich nicht so gern festlegen mag, und den entscheidungsfreudigen. Ersterer heißt Wechselstrom, wohnt bei den Stadtwerken und kommt aus der Steckdose in deine Wohnung. Der andere heißt Gleichstrom und wird überall da verwendet, wo Batterien im Einsatz sind – also auch im Motorrad. Aufgrund seiner großen Verläßlichkeit läßt er sich gut in Batterien aufbewahren. Das heißt dann speichern. Also ist eine Batterie einfach ein Stromspeicher. In jede Batterie geht eine bestimmte Menge Strom hinein, die bei Bedarf wieder herausgeholt werden kann. Diese Angabe, wieviel Strom in die Batterie reinpaßt und wieder rauskommt, heißt Kapazität. Wieviel Strom reingeht, steht auf der Batterie und zwar mit der Größenbezeichnung Ah. Ampere ist die Einheit des Stroms, und h bedeutet Stunde (hour). Auf der Batterie befinden sich ein Pluspol und ein Minuspol. Stell dir vor: Vom Pluspol geht ein Kabel zu einer Glühlampe, und von dort geht es weiter zum Minuspol. Was passiert nun (Abb. 30a)?

In der Batterie sind Atome (Abb. 30b). Das sind diese immer wieder gern gezeigten kleinen Kuller, um die herum andere, noch kleinere Kuller kreisen. Die kreisenden Satelliten heißen Elektronen und gehören fest zum Zentralkuller, dem Atomkern. Nun gibt es aber Atome, die haben mehr Elektronen, als sie brauchen. Die überflüssi-

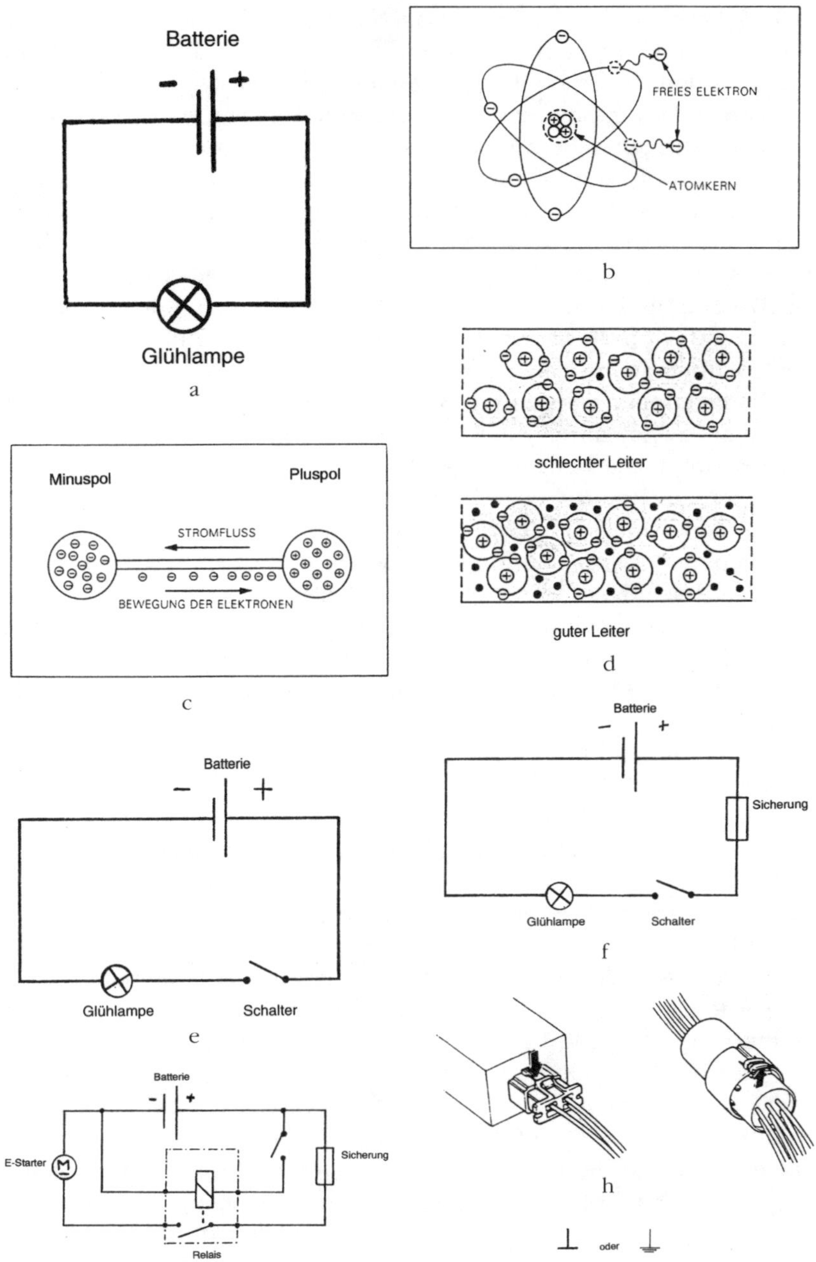

Abb. 30: Elektrik I

gen Elektronen sind frei und ungebunden und lassen sich durchs Leben treiben, von Atom zu Atom, kreisen hier und da mal um ein Atomlein und ziehen dann lustig weiter zum nächsten.

Während die Atome selbst eher seßhafte Familien sind, bringen die freien Elektronen Leben in die Bude und sorgen für Bewegung. Sie reisen mit Vorliebe in öffentlichen Verkehrsmitteln: elektrische Leitungen oder Kabel. Sie reisen prinzipiell gern und viel, aber sie reisen nur, wenn sie sicher sind, daß sie wieder heimkommen. Denn da sie schon keine Atomfamilie haben, zu der sie gehören, betrachten sie einfach die Batterie als ihr Zuhause. Wenn freie Elektronen wandern, fließt Strom, und Strom fließt nur, wenn der Stromkreis geschlossen ist, also die Elektronen zurück in die Batterie können.

Die Elektronen pflegen die Batterie am Minuspol zu verlassen und über den Pluspol zurückzukehren. Laß dich bitte nicht von Schlauköpfen verwirren, die behaupten, das wäre unwahr. Wahrheit hat viele Gesichter, und genau diese Schlauköpfe haben damals gesagt, der Strom fließt von Plus nach Minus. Dann mußten sie irgendwann einsehen, daß es genau andersrum ist. Da war's aber schon zu spät – alle hatten sich daran gewöhnt, und deshalb gibt es jetzt eine physikalische und eine technische Stromrichtung. Weil es in der Anwendung einfacher ist, fließt der Strom umgangssprachlich von Plus nach Minus, die negativ geladenen Elektronen fließen natürlich von Minus nach Plus (Abb. 30c). Die Schaltpläne sind aber immer so gezeichnet, daß du dem Strom von Plus nach Minus folgst.

Auf dem Bild (siehe Abb. 30a) ist gewährleistet, daß die Elektronen zurück zur Batterie kommen. Jetzt begeben sich die freien Elektronen in das Minuskabel. Das Kabel besteht aus einem Kupferdraht, und außen herum ist eine Plastikisolierung, damit die Elektronen nicht herausfallen. Kupfer ist ein guter Leiter (Abb. 30d). Das heißt, die Kupferatome haben viele freie Elektronen, die sich bewegen können. Je mehr freie Elektronen, desto mehr Bewegung, desto mehr Stromfluß. Plastik hat gar keine freien Elektronen, und deshalb fließt kein Strom durch. Plastik ist ein Isolator. Ein Kupferdraht ist beispielsweise 2 mm dick. Da passen viele Elektronen rein. An der Glühlampe angekommen, taucht eine Schwierigkeit auf: Der Draht im Glaskolben der Glühlampe (Glühwendel) ist viel, viel dünner. Da passen viel weniger Elektronen hinein. Nun sind die unternehmungslustigen Elektronen aber nur solange unternehmungslustig, wie sich ihnen keine größeren Schwierigkeiten in den Weg stellen. Der Strom geht den Weg des geringsten Widerstands. Die Glühwendelverengung stellt aber eine größere Schwierigkeit dar, und Ausweichmöglichkeiten gibt es nicht. Von allein gehen die Elektronen da nicht durch. Sie müssen also geschoben werden. Die Kraft, mit der geschoben wird, heißt Spannung und beträgt bei elektrischen Anlagen in Motorrädern 12 Volt (12 V).

Werden die Elektronen also mit einer Kraft von 12 V durch den dünnen Draht der Glühbirne geschoben, erwärmt sich dieser, vielleicht durch die Reibung der Elektronen, die sich im engen Draht drängeln und quetschen müssen. Dabei erwärmt sich die Glühwendel so stark, daß sie glüht, und das ist das Licht der Glühlampe. Daß der glühende Draht so hellweiß leuchtet und nicht rotglühend wie ein Sonnenuntergang, liegt einerseits am Material der Glühwendel und andererseits an einem Gas (z.B. Halogen) in der Glühlampe, das verhindert, daß die dünne Glühwendel schmilzt. Die als Wärme und Licht abgegebene Energie kehrt nicht in die Batterie zurück. Das ist der Stromverbrauch. Die Glühlampe ist ein sogenannter Verbraucher. Die Drahtverengung an der Glühwendel stellt für die Elektronen einen Widerstand dar, der in Ohm gemessen werden kann. Um die Elektronen durchzudrücken, wird Kraft verbraucht, das ist der sogenannte Spannungsabfall. Das hat nichts mit Müll zu tun, sondern heißt: An der Glühbirne fallen so und so viele Volt Spannung ab. Warum das so eigenartig formuliert wird, weiß ich nicht, es heißt auch nicht „in der Batterie besteht eine Spannung von 12 V", oder gar „die Batterie ist mit 12 V angespannt", sondern: „An der Batterie liegen 12 Volt (Spannung) an."

Nachdem die Elektronen das Abenteuer Glühlampe überstanden haben, kehren sie wohlgemut über den Pluspol in die Batterie zurück.

Also:

- *Strom* ist der Elektronenfluß in einem Leiter. Seine Stärke wird in Ampere (A) gemessen. Das technische Formelzeichen heißt I. Wo Strom fließt, wird es warm. Viel Strom, viel warm, wenig Strom, wenig warm. Der Strom fließt in Schaltplänen immer von Plus nach Minus.
- *Spannung* ist die Kraft, mit der die Elektronen bewegt werden. Sie wird in Volt (V) gemessen und heißt U.
- *Widerstand* ist ein Hindernis im Stromkreis, welches die Stromstärke und Spannung beeinflußt. Der Widerstand wird in Ohm gemessen und heißt in Formeln R. Es gibt Widerstände, deren Aufgabe es ist, nur die Stromstärke bzw. Spannung zu verändern. Viele Widerstände sind aber hauptberuflich Verbraucher, also Glühlampen, Elektromotoren, Heizgriffe, Hupen.
- Damit Strom fließt, muß der Stromkreis geschlossen sein.
- Im Stromkreis muß unbedingt ein Verbraucher eingebaut sein, weil

die Elektronen sonst zu schnell von Plus nach Minus fließen, was zu einer plötzlichen Überhitzung der Leitung führt. Das heißt dann *Kurzschluß* und sollte tunlichst vermieden werden. Die Dreier-Beziehung von Strom, Spannung und Widerstand sieht folgendermaßen aus – falls du dich für Dreierbeziehungen interessierst:

I = U : R; R = U : I; U = I x R.

Leistung wird in Watt (W) gemessen: P = U x I; U = P : I; I = P : U. Die Leistung ist insofern wichtig, als auf jeder Glühlampe bzw. jedem Verbraucher eine Wattangabe steht. Bei Blinkerlampen z.B. 21 W. Eine Lampe mit zu hoher Leistung erhöht den Stromfluß, so daß das Stromkabel zu heiß wird, schmelzen kann und dann eventuell zu brennen anfängt (Kabelbrand), falls nicht vorher die Sicherung durchbrennt.

Schalter: Wenn du eine Lampe zum Leuchten bringen möchtest, kannst du es so machen wie auf dem Bild (Abb. 30a). Möchtest du die Lampe wieder ausmachen, mußt du das Kabel durchschneiden oder die Lampe herausnehmen. Weil die inzwischen zu heiß zum Anfassen ist, mußt du sie kaputtschlagen. So wird Licht an- und ausmachen auf die Dauer teuer. Eine preiswerte Lösung stellt der Einbau eines Schalters dar (Abb. 30e). Mit ihm kannst du den Stromkreis kostenlos öffnen und schließen, so oft du magst.

Sicherungen: Damit im Fall eines Kurzschlusses (ein aufgescheuertes Kabel kann beispielsweise einen Kurzschluß hervorrufen) nicht gleich alles so heiß wird, daß das Motorrad abbrennt, werden in allen wichtigen Stromkreisen Sicherungen eingebaut. Das sind kleine bunte Teile aus Plastik, zwischen deren beiden Enden sich ein dünner Metallstreifen befindet, der dünner ist als das im Stromkreis verwendete Kabel. Sollte also zuviel Strom fließen, schmilzt zuerst die Sicherung, weil sie die schwächste Stelle im Stromkreis darstellt. Ist sie geschmolzen, ist der Metallstreifen kaputt und der Stromkreis unterbrochen. Es kann nichts mehr passieren, weil kein Strom mehr fließt (Abb. 30f).

Manchmal gehen Sicherungen einfach so, aus Altersgründen oder nach größeren Erschütterungen, kaputt. Du kannst eine durchgebrannte Sicherung durch eine gleichfarbige ersetzen. Passend zur Farbe steht noch drauf, für welche Stromstärke sie geeignet ist. Wenn also eine rote 10A-Sicherung kaputt ist, und du keine neue rote hast, kannst du eine weiße 8A einsetzen, die kann allerdings wieder durchbrennen, weil sie zu schwach ausgelegt ist. Verwende in diesem Fall keine gelbe 20A-Sicherung. Denn dann schmilzt eher das Kabel als die Sicherung.

Relais (Abb. 30g) sind Schalter, die indirekt betätigt werden. Es sind meistens schwarze kleine Plastikkisten, deren Metallfüße du erst sehen kannst, wenn du so eine kleine schwarze Kiste mal herausgezogen hast. Relais sind quadratisch oder länglich, selten rund und so groß wie eine dicke Praline oder ein Bounty. Schmecken aber nicht annähernd so süß. Ein Relais hat normalerweise vier Füße. Wenn es darum geht, einen Stromkreis einzuschalten, in dem sehr viel Strom fließt (z.B. E-Starter beim Motorrad), müssen die Kabel sehr dick sein, damit die vielen Elektronen schnell durchkommen. Es wäre blöd, wenn der ganze Strom über den Schalter laufen würde, der würde nämlich heiß werden und durchschmelzen. Oder der Schalter wäre so massiv, daß er wie ein Geschwür am Lenker hinge. Es ist einfacher und billiger, zwei Stromkreise zu verbauen: einen *Steuerstromkreis*, das ist auf der Abb. der innere, der von dir über den Schalter geschlossen wird. Der Strom fließt durch das Relais. Im Relais sitzt eine Drahtwicklung (Spule), die, sobald Strom durchfließt, magnetisch wird und den zweiten Schalter anzieht. Der wiederum schließt den *Arbeitsstromkreis*, der mit stärkeren Kabeln ausgestattet ist, so daß viel Strom durch den E-Starter fließen kann. Wird der Schalter im Steuerstromkreis wieder geöffnet, läßt der Magnetismus in der Spule nach, und der Schalter des Arbeitsstromkreises öffnet auch wieder.

Stecker: sind Verbindungsstücke, an die ein Kabel geklemmt werden kann, ohne etwas kaputtzumachen. Oft werden Kombistecker verwendet, da sind zwei bis sechs Kabelanschlüsse in einem Plastikstecker zusammengefaßt. Die Anordnung ist so gewählt, daß ein verkehrtes Zusammenstecken nicht möglich ist (Abb. 30h). Oft rasten die Stecker ineinander ein. Zum Ausrasten mußt du nicht selbst ausrasten, sondern die Einrastung mit Daumendruck oder Lüsterklemmenschraubendreher lösen.

Die elektrische Anlage beim Motorrad

Zur Verkabelung bei Kraftfahrzeugen sind zwei prinzipielle Regeln zu beachten.

Masseschaltung: In der Kraftfahrzeugelektrik heißen alle Kabel vom Pluspol weggehend Plusleitung und sind vorzugsweise rot oder schwarz. Wenn es überhaupt erkennbare Regeln bei den Kabelfarben gibt. Die Minusleitung heißt Massekabel oder einfach Masse und ist braun oder schwarz. Das Besondere an der Masse ist, daß sie nicht bis zum Verbraucher, also dem Scheinwerfer, der Zündkerze oder dem E-Starter gelegt wird, sondern zu der nächstliegenden Möglichkeit an das Motorgehäuse oder den Motorradrahmen angeschraubt ist. Beide sind aus Metall, welches den Strom gut leitet, und werden deshalb als Leitungsersatz verwendet. Das spart Kabel, macht alles einfacher, billiger und leichter. Wenn du dem Massekabel von der Batterie aus folgst, wirst du nach ca. 20 cm eine Verschraubung am Motorblock finden. Oder am Rahmen. So genügt es, den E-Starter mit einer Plusleitung zu versorgen und ihn selbst an das Motorgehäuse zu schrauben, so daß die Minusleitung über den Motorblock und das Massekabel zur Batterie gewährleistet ist. Sobald Blinker etc. gummigelagert eingebaut sind, ist der Stromfluß durch das nichtleitende Gummi unterbrochen, und es muß ein Massekabel gelegt werden. In den Schaltplänen wird der Masseanschluß allgemein dargestellt wie in Abb. 30i.

Parallelschaltung: Damit jeder Verbraucher mit 12 Volt versorgt wird und unabhängig von anderen funktioniert, wird in elektrischen Anlagen – egal ob Auto, Motorrad oder Haushalt – alles parallel geschaltet. Das heißt, es wird nebeneinander, nicht hintereinander verkabelt (Abb. 31a). Wenn also ein Verbraucher ausfällt, funktionieren trotzdem alle anderen, weil sie eine separate Stromversorgung haben. Ein bekanntes Beispiel für keine Parallel-, sondern eine blöde Reihenschaltung ist die Lichterkette. Geht eine Lampe kaputt, bzw. nimmst du sie heraus, ist es zappenduster. Sehr unpraktisch.

Zur elektrischen Anlage eines straßentauglichen Motorrads gehört zuerst einmal eine Batterie als Stromvorratsbehälter. Von ihr aus werden alle Verbraucher im Bedarfsfall mit Strom versorgt. Der Scheinwerfer vorn, das Rücklicht, die Kennzeichenleuchte, die Blinker, die Hupe, das Bremslicht, ggf. ein E-Starter, die Kontrolleuchten für Öldruck, Batterieladung und Neutralanzeige sowie häufig eine Seitenständerschutzschaltung. Außerdem braucht die Zündkerze im Motor einen Zündfunken. Damit die Batterie nicht irgendwann leer ist, muß sie immer wieder nachgeladen werden. Das passiert während des Fahrens durch die Lichtmaschine.

Ladesystem

Das Ladesystem besteht aus Batterie, Lichtmaschine und Regler.

Batterie: Die Batterie besteht aus 6 Zellen. Jede Zelle hat eine Spannung von 2 Volt. Mehrere dünne Bleiplatten stehen nebeneinander in einer elektrisch leitenden Flüssigkeit (Elektrolyt). Beim Laden der Batterie wird die elektrische Energie, die von der Lichtmaschine in die Batterie geliefert wird, in chemische Energie umgewandelt und gespeichert. Als Batterieflüssigkeit wird verdünnte Schwefelsäure verwendet. In geladenem Zustand ist die Säurekonzentration in der Batterie stärker als bei „leerer“ Batterie. Leer heißt landläufig, in der Batterie ist wenig Säure, also fast nur Wasser, und die Spannung pro

Zelle liegt unter 2 Volt. Die Bezeichnung ist unzutreffend und führt zu Verwechslungen: Die Batterie ist voll mit Wasser, aber entladen. Sie kann auch richtig leer sein, wenn nämlich die Flüssigkeit vergast und der Stand in der Batterie zu niedrig ist. Dann ist sie meist auch gleichzeitig entladen, denn wo kein Elektrolyt ist, kann auch keine chemische Energie gespeichert werden.

Die Lichtmaschine: produziert kein Licht, sondern Strom. Deshalb heißt sie inzwischen auch meistens Generator. Nur beim Fahrrad gibt es eine reine Lichtmaschine, und die heißt Dynamo (die spinnen, die Techniker). Beim Motorrad besteht sie aus Kupferwicklungen, Magneten und einem Polrad mit Eisenklauen und produziert elektrischen Strom, sobald sich die Eisenklauen zu drehen beginnen.

Sie sitzt unter einem runden untertassengroßen Deckel, meist vor deiner linken großen Zehe, und ist fest auf die Kurbelwelle des Motors montiert. Sobald sich der Motor mit einer bestimmten Mindestdrehzahl dreht, produziert sie eifrig Strom. Ob sie arbeitet, siehst du daran, daß die Ladekontrolleuchte an den Armaturen erlischt. Oft leuchtet die ja im Leerlauf, das heißt, die Motordrehzahl ist zu niedrig, und es wird nicht geladen. Sofern sie beim Gasgeben wieder ausgeht, ist das kein Problem.

Regler: Nun kann es sein, daß du fährst, vergessen hast, das Licht einzuschalten, und die Lichtmaschine durch die hohe Motordrehzahl viel Strom produziert, der gar nicht gebraucht wird, weil die Batterie bereits voll geladen ist und fast nichts verbraucht wird. Die Batterie ist blöd und gierig, die nimmt den Strom, der geliefert wird, auf, bis sie platzt. Die Lichtmaschine ist auch blöd, außerdem ist sie ja hinter dem Deckel versteckt und sieht nicht, ob die Batterie voll ist oder nicht. Damit also nur Strom produziert wird, wenn auch welcher gebraucht wird, gibt es zwischen Lichtmaschine und Batterie ein Steuergerät, welches die Stromlieferung regelt: den Regler. Er befindet sich bei Motorrädern meist nicht in der Lichtmaschine, sondern unter einem Seitendeckel – eine silberfarbene Kiste, ungefähr zigarettenschachtelgroß, mit Kühlrippen. Es handelt sich dabei um ein elektronisches Bauteil, und die vertragen keine so hohen Temperaturen. Deshalb Kühlrippen zur Kühlung der Selbsterwärmung und deshalb weg vom Motor plaziert, um Erwärmung von außen zu vermeiden.

Zündschloß, Sicherungskasten: Von der Batterie geht ein Hauptstromkabel zum Zündschloß, dem Hauptschalter für Strom an und aus. Ohne eingeschaltete Zündung geht prinzipiell gar nichts, außer dem Parklicht. Zwischen Batterie Plus und Zündschloß ist meistens eine Hauptsicherung eingebaut (MAIN). Alle Sicherungen sitzen im Sicherungskasten (FUSE), der sich entweder unter einem Seitendeckel oder am Armaturenbrett befindet. Vom Zündschloß aus wird alles, außer der Hauptsicherung im Sicherungskasten, mit Strom versorgt. Abgesichert ist die Beleuchtung vorn (FRONT) und hinten (TAIL), ggf. die Benzinpumpe (FUEL PUMP), evtl. die Kontrolleuchten. Insgesamt ist der Sicherungskasten eher bescheiden ausgelegt. Die Kabelverteilung für Lenker und Licht vorn befindet sich oft im Scheinwerfergehäuse.

Beleuchtung: Rücklicht, Kennzeichenleuchte und Bremslicht können aus nur einer Lampe bestehen. Dabei befindet sich im Plastik des Rücklichts ein weißes Fenster oberhalb des Nummernschildes, wodurch das Nummernschild beleuchtet wird. Die Lampe ist als Zweifadenlampe ausgelegt. Das heißt, sie hat eine Glühwendel für das Rücklicht und eine zweite fürs Bremslicht. Das ist bei allen Fahrzeugen so, bei denen beim Bremsen das Rücklicht heller wird. Das Bremslicht wird über zwei sogenannte Bremslichtschalter betätigt. Die sitzen einmal an der Befestigung des Fußbremshebels (oft mit einer Feder eingehängt) und am Handbremshebel innen. Da siehst du eventuell den kleinen Stift, der beim Bremsen betätigt wird.

Im Scheinwerfer befindet sich eine kleine Lampe, seitlich hineingesteckt für das Standlicht, Parklicht. In der Mitte ist mit einer Klammer befestigt die Scheinwerferlampe für Abblendlicht und Fernlicht eingebaut. Es gibt zwei Systeme: Bilux und H4. Bilux-Lampen haben einen runden Glaskolben, H4-Lampen einen länglichen mit grauer Zipfelmütze. Je nach System ist der Reflektor im Scheinwerfer anders konstruiert. Auf dem Scheinwerferglas steht jeweils H4 drauf oder nicht. Ein Vertauschen der Lampen ist unzulässig und nur unter Anwendung von Gewalt möglich, weil die Fassungen völlig unterschiedlich aussehen. Schweinwerferlampen sind auch Zwei-Faden-Lampen, ein Faden für das Abblendlicht, einer für das Fernlicht. Folglich sind sie mit einem dreipoligen Stecker ausgerüstet. Eine Plusleitung fürs Abblendlicht, eine fürs Fernlicht und ein gemeinsamer Masseanschluß.

Blinker (Abb. 31b): Bekanntlich blinken immer zwei Blinker zusammen und zwar im Idealfall jeweils die rechts oder die links. Da du den Blinkerschalter zum Blinken nicht dauernd ein- und ausschaltest, sondern nur einmal betätigst, kannst du schon ahnen, daß da ein Zauberteil sein muß, das dafür sorgt, daß immer an-aus-an-aus passiert. Dieses Ding heißt Blinkerrelais und wird von dir über den Blinkerschalter mit Strom versorgt. Im Relais zieht die unter Relais bereits erwähnte Spule dann den Schalter an, und der Blinkerstromkreis (Arbeitsstromkreis) wird geschlossen. Durch eine spezielle Tran-

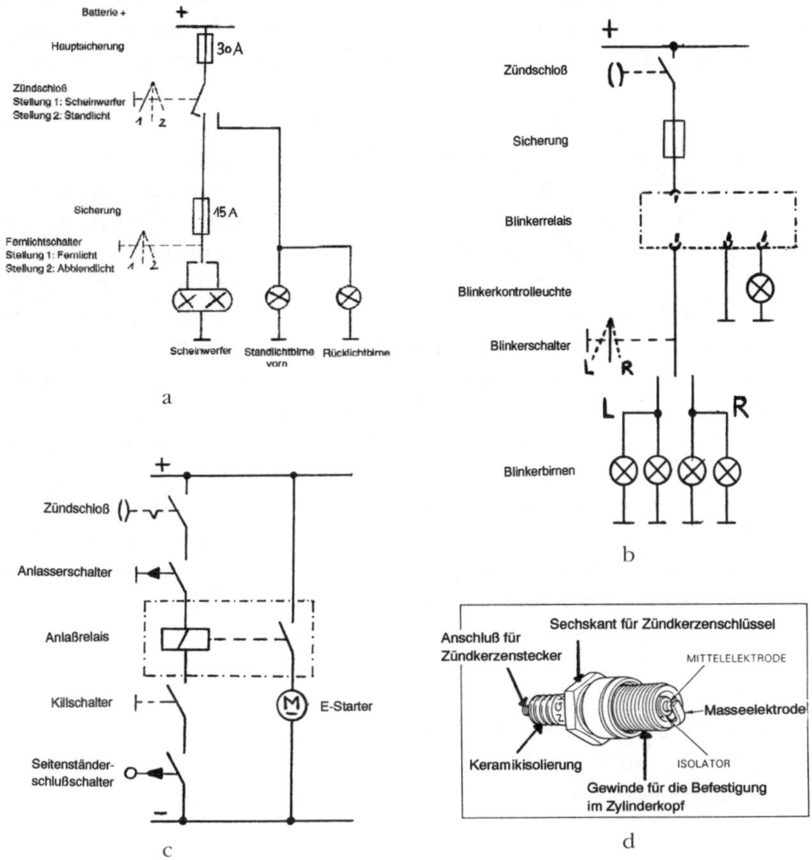

Abb. 31: Elektrik II

sistorschaltung geht der Schalter von allein immer auf und zu, bis du den Steuerstromkreis wieder unterbrichst. Das Relais sitzt beim Sicherungskasten oder auf dem hinteren Radlauf.

RUN-OFF-Schalter („Killschalter"): Alle Motorräder haben einen Schutzschalter, mit dem der Motor schnell abgestellt werden kann. Der RUN-OFF-Schalter ist vor dem Zündschloß eingebaut (Abb. 31c). Steht er auf OFF, kannst du am Zündschlüssel drehen, bis er abbricht, da geht nix an. Übrigens der Lieblingsschalter von Fußgängern, die sich über auf Gehwegen geparkte Motorräder ärgern.

Seitenständerschutzschaltung: Viele Motorräder haben eine Schutzschaltung, die verhindern soll, daß mit ausgeklapptem Seitenständer gefahren werden kann. Dazu befindet sich an der Seitenständerhalterung ein Druckschalter, der bei ausgeklapptem Ständer schaltet. Er unterbricht den Stromkreis der Zündanlage, so daß der Motor nicht anspringt bzw. ausgeht, sobald der Ständer ausgeklappt wird. Des weiteren wird auch der Anlasserstromkreis unterbrochen. Es gibt dann noch diese und jene Raffinesse, daß du bei gezogenem Kupplungshebel doch starten kannst. Wie das jeweils elektrisch geschaltet ist, mußt du dir wohl oder übel im Originalschaltplan ansehen. Viel Spaß!

E-Starter: Ist dein Motorrad mit einem elektrischen Starter ausgestattet, wird dieser über einen START-Knopf am Lenker betätigt. Da der Anlasser viel Kraft braucht, um den Motor anzukurbeln, nimmt er sehr viel Strom auf, d.h., das Anlasserkabel ist recht dick. Damit du keinen heißen Finger beim Starten bekommst, ist wieder ein Relais verbaut. Du schaltest mit dem Startknopf den Steuerstromkreis im Relais, die Spule zieht den Schalter an, und der Arbeitsstromkreis zwischen Batterie und Anlasser wird geschlossen. Wie schon erwähnt, kann es sein, daß im Steuerstromkreis irgendwo der Seitenständerschutzschalter sitzt und bei ausgeklapptem Ständer verhindert, daß der Steuerstromkreis überhaupt geschlossen werden kann (vgl. Abb. 31c).

Hupe: Nach all diesen komplizierten Schaltungen ist die Hupe sehr simpel. Vom Zündschloß geht ein Pluskabel zum Hupenknopf und von dort weiter zur Hupe. Die hat zwei Anschlüsse, weil sie mit nicht leitenden Gummischellen ans Motorrad geschraubt ist und deshalb ein Massekabel zum Rahmen oder Motor gelegt werden muß. Mit dem Hupenknopf schließt du den Stromkreis, und es blökt.

Die Zündanlage

Die Verbrennung des Benzin-Luft-Gemisches im Motor wird durch einen Zündfunken ausgelöst. Der kommt von der Zündkerze, die in den Zylinderkopf hineingeschraubt ist und mit ihrer Spitze in den Verdichtungsraum ragt (Abb. 31d). Die Zündkerze hat eine Mittelelektrode, die durch die weiße Isolierung innen zur Kerzenspitze führt. Dort ragt ein Bügel drüber, der mit dem Gewinde verschweißt ist (Masseelektrode). Die weiße Kriechstrombarriere soll verhindern, daß der Strom von oben kommend die Abkürzung zum Gewinde nimmt, statt dessen brav innen durchgeht und am Ende zur Masseelektrode überspringt. Dazu muß er ca. 0,8 mm Luftraum überwinden, was er nicht gern tut, versteht sich. Eigentlich sind das ganz normale Elektronen wie ich und du, die in elektrischen Leitungen reisen. Sichtbar werden sie, sobald sie durch die Luft fliegen. Als sogenannter Funkenflug oder in groß als Blitz zwischen Himmel und Erde.

Nun hat die elektrische Anlage deines Motorrades vermutlich eine Kraft (Spannung) von 12 Volt. Daß die nicht ausreicht, die Elektronen zu gewagten Luftsprüngen zu bewegen, kannst du dir sicher denken. Deshalb muß die Kraft, also die Spannung, erhöht werden, und zwar auf ca. 20000 oder 30000 Volt – da wollen wir nicht kleinlich sein. Spannungsumwandlungen werden in sogenannten Transformatoren (Trafos) vorgenommen, und in der Fahrzeugtechnik heißt dieser Trafo Zündspule. Bei Motorrädern ist es üblich, für jeden Zylinder eine eigene Zündspule zu verwenden, bzw. zwei Zylinder teilen sich eine Spule. In die Zündspule gehen also von der Batterie 12 Volt rein und kommen 20000 Volt raus zur Zündkerze. Das siehst du schon an den Kabeln, die sehr unterschiedlich dick isoliert sind. In der Zündspule befinden sich zwei Kupferdrahtspulen, die eine mit ein paar hundert Wicklungen, die andere mit vielen tausend. Über ein physikalisches Phänomen, die sogenannte Induktion, gelingt es, die Spannung aus der einen kleinen Spule in die andere zu beamen (vgl. Raumschiff Enterprise), wo sie sich entsprechend dem Verhältnis der Wicklungszahlen zueinander erhöht.

Damit das alles so zauberhaft einfach funktioniert, verlangt allerdings die Zündspule, daß der 12-Volt-Stromkreis immer wieder ein- und ausgeschaltet wird. Dazu gibt's den Unterbrecher, auch U-Kontakt genannt. Bei älteren Motorrädern triffst du ihn noch persönlich an. Seit Ende der siebziger Jahre werden nur noch kontaktlose Zündungen (Transistorzündungen) verwendet, weil sie wartungsfrei sind und viel genauer arbeiten. Das Unterbrechen des Zündstromkreises wird nämlich genau dann vorgenommen, wenn im betreffenden Zylinder das zündfähige Gemisch soweit verdichtet ist, daß der Funke die Verbrennung auslösen soll (Zündzeitpunkt). Bei der Rechnerei in den Ausführungen zum Motor ist deutlich geworden, daß so ein Funke bis zu 80-mal in der Sekunde ausgelöst werden muß. Und zwar nicht irgendwann 80mal in dieser Sekunde, sondern auf die 1000stel Sekunde genau. Dazu muß ein Unterbrecher oder Transistor präzise arbeiten. Vertut er sich, gibt es Fehlzündungen, gut hörbar als lauter Knall aus dem Auspuff. Hören sich cool an, sind für den Motor aber gar nicht cool, sondern ziemlich hot. Im weiteren erläutere ich kurz, welche Zündanlagen es gibt und welche Bauteile dazugehören.

Spulenzündung oder Batteriezündung (Abb. 32a): Zu einer Spulenzündung gehört pro ein oder zwei Zylinder eine Zündspule, für jeden Zylinder eine Zündkerze mit Zündkabel und zur Erzeugung des

Funkens ein Unterbrecher, bzw. bei mehreren Zylindern mehrere Unterbrecher. Der parallel zum Unterbrecher geschaltete Kondensator ist dazu da, den Funken zu verstärken und die Lebensdauer des U-Kontakts zu verlängern. Trotzdem muß der U-Kontakt alle Jahre ausgetauscht werden.

Transistorzündung (Abb. 32b): Bei der kontaktlosen Transistorzündung gibt es statt des Unterbrechers einen Zündimpulsgeber. Das ist ein elektromagnetischer Spannungsgeber, der einem Steuergerät (Zündeinheit) einen Wink gibt, welches wiederum den Strom der Zündspule aus- und einschaltet. Ein Geber pro Zündspule, und die versorgt wiederum ein oder zwei Zylinder.

HKZ oder CDI (Abb. 32c): HKZ heißt Hochspannungskondensatorzündung, und CDI ist japanisch und heißt Capacitive Discharge Ignition. So etwas haben inzwischen die meisten neuen Motorräder, weil diese Anlage ganz besonders hohe Zündspannungen liefert, selbst bei sehr hohen Drehzahlen. Hier wird die Hochspannung in zwei Stufen erzeugt. Vor die Zündspule, die ja normalerweise mit 12-V-Batteriespannung versorgt wird, wird ein sogenanntes Ladeteil geschaltet, welches selbst eine kleine Zündspule ist und schon mal die Spannung auf 450 V erhöht. Die fließt dann in die Zündspule (hier endlich Zündtrafo) und erzeugt dort die Hochspannung, die zur Zündkerze geleitet wird. Der Funke wird wieder genau wie bei allen anderen über einen U-Kontakt oder einen Impulsgeber ausgelöst. Bei diesen Anlagen rate ich dir unter Freundinnen: Finger weg von den Zündkabeln bei laufendem Motor. Das fetzt mehr als ein Weidezaun und toupiert die Haare.

Magnetzündanlage (Abb. 32d): Die Spannung für die Zündkerze wird nicht aus der Batterie genommen, sondern beim Kicken bzw. sobald der Motor läuft durch die Kurbelwellenumdrehung erzeugt. Ansonsten ist alles ziemlich ähnlich wie bei den anderen Zündanlagen. Magnetzündanlagen haben den Vorteil, daß das Motorrad auch ohne Batterie fahren kann.

Schaltpläne

Leider sind die Schaltpläne alle unterschiedlich. Nicht nur das, was drinsteht, sondern auch wie's drinsteht. In sich sind sie aber einheitlich, das heißt, wenn du ihre geheimen Zeichen einmal kennst, wirst du dich im Lauf der Zeit darin zurechtfinden. Beim Schaltplanlesen geht es mir wie beim Übersetzen lateinischer Texte: Erst verstehe ich gar nichts, dann zerlege ich alles in Grüppchen, die zusammengehören, und schon ist es viel einfacher. Das Problem mit den Vokabeln löst sich durch die folgende Liste typischer Schaltzeichen fast von

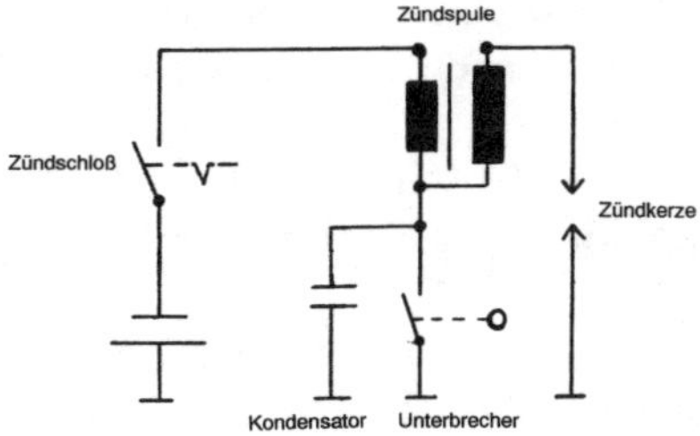

a

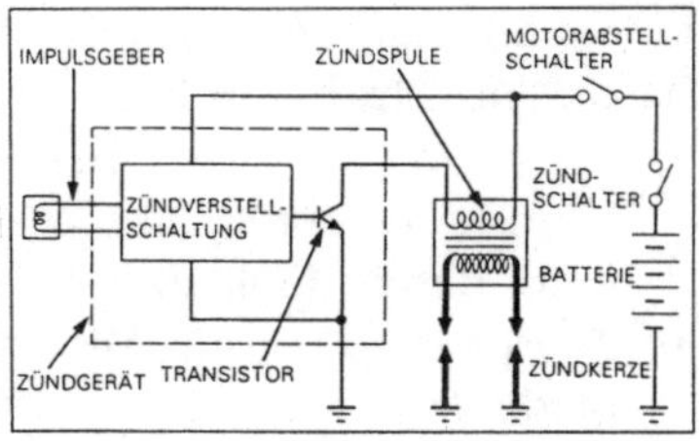

b

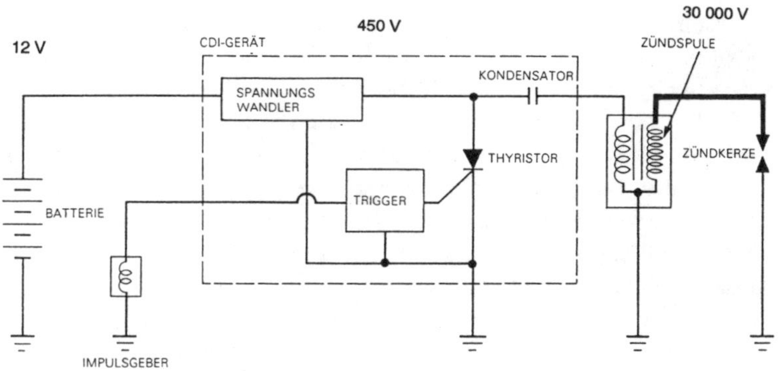

c

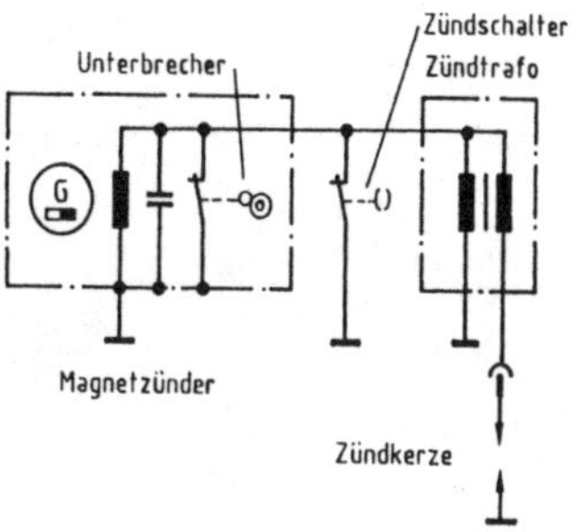

d

Abb. 32: Elektrik III

allein. Mit der Grammatik ist es auch ganz einfach. Schaltpläne reden nur in der Gegenwart. Kein Gestern, kein Morgen, kein Vielleicht und keine indirekte Rede. Du liest sie von oben nach unten und von Plus nach Minus. In Latein hatte ich eine Fünf.

- Oft haben sie statt einer Batterie eine Plusleiste oben und eine Minusleiste unten, die Zusammenführung beider an der Batterie mußt du dir denken.
- Zwischen Plus- und Minusleiste befinden sich sogenannte Strompfade (das ist doch mal ein schönes Wort). Die sind einfach nebeneinandergemalt, wie's gerade schön aufs Papier paßt. Das hat aber nichts mit der tatsächlichen Anordnung im Motorrad zu tun. Nur die Reihenfolge im einzelnen Strompfad entspricht der Wirklichkeit.
- Die einzelnen Anschlüsse von elektrischen Bauteilen haben eine sogenannte Klemmenbezeichnung. Das sind Zahlen, die Auskunft darüber geben, woher ein Kabel kommt und wohin es führt.
- Wie bei den Schaltzeichen gibt es auch bei den Klemmenbezeichnungen Normen, an die sich keiner hält.
- Von daher bleibt dir nichts weiter übrig, als dich in deinen individuellen Schaltplan einzulesen. Dabei hilft es dir sicher, wenn du prinzipiell weißt, was Strom, Spannung, Widerstand usw. ist. Wie? Das weißt du nicht!?! Nachsitzen!
- In meiner Erklärung zu den elektrischen Bauteilen sind einzelne Strompfade abgebildet, die so in einem Schaltplan enthalten sein können.

Schaltzeichen

Umrahmungslinie bei Bauteilen
(Relais-Zündboxen)

Elektrische Leitung allgemein

Leitungskreuzung, keine Verbindung

Leitungsabzweigung
mit elektrischer Verbindung

Stecker

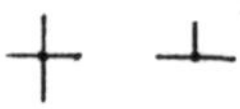

Masse

Batterie

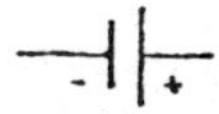

Widerstand

Potentiometer (veränderbarer Widerstand)

Wicklung/Spule

Kondensator (kleiner Stromspeicher)

Glühlampe

Schalter mit mehreren Stellungen

Elektromagnet mit Wicklung
(z.B. im Relais)

Diode, Gleichrichter
(läßt nur in Pfeilrichtung Strom durch)

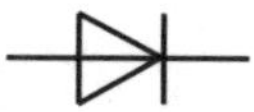

Meßinstrument mit Maßeinheit

Kabelfarben sind mit Buchstaben an der Leitung im Schaltplan angegeben. Meist englisch: b = schwarz, w = weiß, y = gelb etc.

ÜBERSICHTSPLAN
(Wassergekühlter Einzylindermotor)

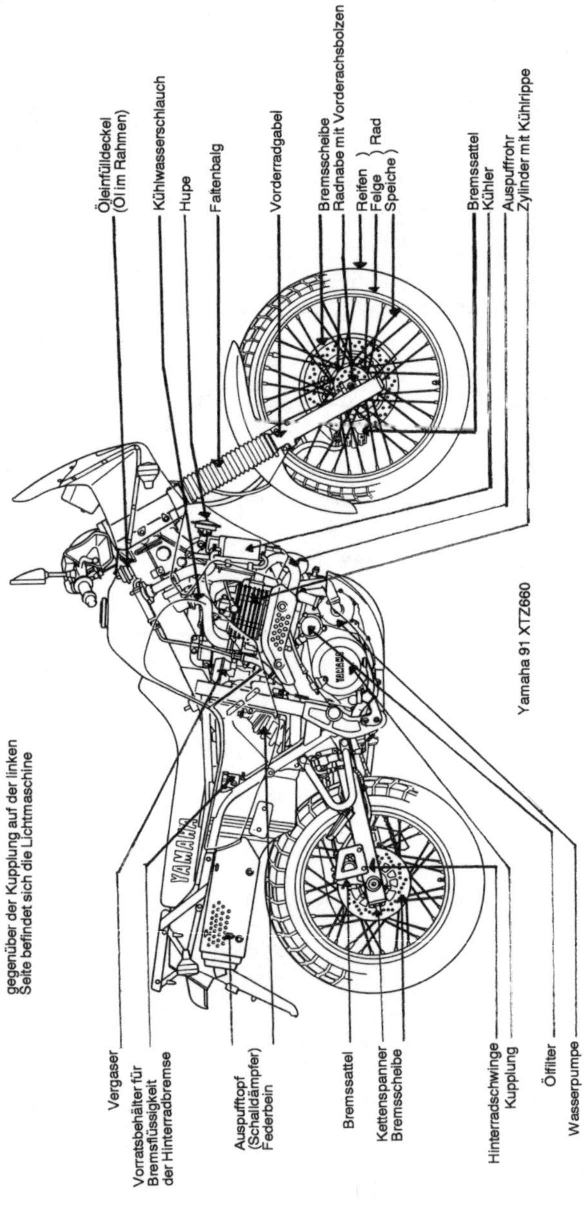

Der gemiedene Schlüssel

Bevor es nun richtig losgeht, noch ein paar Spielregeln.

Der allgemeine technische Teil hat – wie schon der Name sagt – Allgemeingültigkeit. Es ist völlig egal, wie dein Motorrad heißt und welche Farbe es hat. Herz, Lunge, Nieren haben alle.

Im Wartungsteil haben wir ein breites Spektrum von gängigen Motorrädern berücksichtigt. Es kann natürlich vorkommen, daß dein Motorrad eine Schraube an einem Ort versteckt hält, wo sie laut dieser Anleitung nicht zu sein hat. Beschwerden richte bitte an deinen Hersteller.

Da jedes Motorrad trotz aller Ähnlichkeiten stets auch ein bißchen anders ist, empfehle ich dir die Motorradreparaturanleitung zu deinem Motorradtyp von Paul Pietsch im Bucheli-Verlag.

Falls es keine Ausgabe für dein Motorrad gibt, hast du die Wahl zwischen deiner Bedienungsanleitung, in der meistens mehr Informationen viersprachig versteckt sind als allgemein vermutet, und dem Werkstatthandbuch. Das kostet allerdings mehrere hundert Mark. Dafür steht alles drin. Leider nicht unbedingt verständlich. Genau das ist der Grund, warum dieses Buch geschrieben wurde. Unsere Anleitung zu Wartungsarbeiten geht davon aus, daß du noch nie selbst Wartungsarbeiten durchgeführt hast. Andere Reparaturbücher gehen davon aus, daß du dich prinzipiell auskennst. Nur noch nicht mit diesem speziellen Modell. Sie bauen auf eine gewisse Schraub-Erfahrung auf. Die verschaffst du dir mit diesem Buch. Nach der Lektüre kannst du auch das anwenden, was in den Büchern steht, die speziell für dein Motorrad geschrieben sind. Sollte es kein Buch für dein Motorrad geben, kannst du mit dem Wissen, das dir dieses Buch vermittelt, den Rest selbst herausfinden. Trau dich!

Nach jeder Arbeit solltest du unbedingt eine Probefahrt machen. Dabei sei kritisch und selbstbewußt. Auch wir hören nach Reparaturen – wenn wir es zulassen – Geräusche, die vorher nicht da waren. Stimmt nicht – die wir vorher nicht gehört haben. Weil wir vorher nicht hingehört haben. Trau dir!

Motorradschrauben und Umweltschutz

Schrauben hinterläßt Dreck. An den Händen und am Boden. Und wohin bloß mit den Altteilen? Das war bisher ein Tabuthema.

Zu allen Reststoffen bieten wir verschiedene Entsorgungsmöglichkeiten an, von denen jeweils mindestens eine seriös ist. Du wirst feststellen, daß es für viele Stoffe noch keine umweltgerechte Entsorgung gibt. Vielleicht trägt das giftgrüne Punkte-System dazu bei, daß sich ein Bewußtsein dafür entwickelt. Ähnlichkeiten mit bestehenden Punktesystemen liegen lediglich in der Scherzhaftigkeit des Unterfangens.

Wofür du grüne Punkte bekommst?
- Wechsle das Öl nicht zu häufig.
- Putze dein Motorrad nicht so oft.
- Verzichte auf überflüssige Sprays.
- Alle nicht so leicht zu entsorgenden Stoffe packe in eine Umwelttasche, bevor du sie in die Mülltonne wirfst.

Übrigens: Bei 100 grünen Punkten mußt du vielleicht nicht mehr ins Ozonloch, obwohl du Motorrad fährst.

Wer alles mitspielt:
Du und dein Motorrad • Die beste aller Freundinnen • Eine gemeinsame Freundin • Ein Marmeladenglas • Ein Gurkenglas • Der giftgrüne Punkt • Das Ozonloch • Eine Mineralwasserkiste • Deine Apothekerin • Die nette Tankstelle von nebenan • Mehrere arme alte Socken.

Wer nicht mitspielt:
Dein Vater • Dein Bruder • Dessen Spezln • Dein Freund • Dein Exfreund • Dein Freund und Helfer.

MOTTEN

Läßt du dein Motorrad das ganze Jahr angemeldet und fährst auch dauernd, entfällt jegliches Motten ersatzlos. Gehörst du zu den Geizigen oder manchmal auch nur Vernünftigen, die ihr Motorrad bei Kälteeinbruch abmelden, kannst du motten.

Ein- und Ausmotten pflegt das Motorrad und trägt dazu bei, daß es länger funktioniert und seine Attraktivität bis weit in die Vierziger (tausend) erhält. Es fällt aber auch nicht gleich auseinander, wenn du nichts mit Motten zu tun haben möchtest. Lediglich die Batterie wird im Frühling so entladen sein, daß der E-Starter – wenn du überhaupt einen hast – nicht funktionieren wird. Aber das macht auch nichts. Fremdstarten löst das Problem (vgl. *Batterie*).

Zum Abmelden

Wir gehören zu den Geizigen, stellen uns aber gern als Vernünftige dar, und das geht so: An schönen Herbsttagen sowie im Vorfrühling ist es zwar warm, sobald du aber eine für Motorräder nicht unübliche Geschwindigkeit von 80 km/h erreichst, kühlt dich der Fahrtwind schnell aus. Da helfen auch die teuren Klamotten wenig, auch die von der Stiftung empfohlenen nicht. Die Folgen sind: Erkältungen, Nebenhöhlenvereiterungen, Blasen- und Nierenbeckenentzündungen, Rückenverspannungen, Gicht und Eierstockentzündungen. Zu weiteren nicht nur immunschwächebedingten Alternativen befrage deine Apothekerin. Nur mit einem abgemeldeten Motorrad kannst du dich sicher fühlen – gib der Apothekerin keine Chance, jedenfalls nicht so eine.

Zum Einmotten

Requisiten: Werkzeug • Putzzeug und Schwämmsche • 1 Liter Dieselkraftstoff • eine arme alte Socke • evtl. destilliertes Wasser • Ölwechselrequisiten.

Außer den deinem Motorrad zuträglichen Nebenwirkungen hat das Einmotten einen gewissen Ritualcharakter, den wir sehr zu schätzen wissen: Wir sind eine Saison gefahren, am besten auch noch unfallfrei, und schließen damit ab, feiern also eine Art Silvester. Das Motorrad bekommt einen Platz, wo es gut aufgehoben ist. Beim Einmotten schaue ich es noch mal gründlich an. Vielleicht stoße ich beim Putzen auf braune Brandflecken am Auspuff, die mich daran erinnern, wie ich bei dem Gewitter vor Lachen das Gleichgewicht verloren habe und der blöde Regenkombi mit dem Auspuff verschmolzen ist. Oder mir fällt auf, daß ein Bowdenzug erste Auflösungsanzeichen zeigt oder daß es hier und da ein wenig feuchtet; sollte das gar Öl sein? Kurz: Ich kann mich schon mal darauf vorbereiten, was ich im Frühling alles reparieren muß/darf/möchte, bzw. was für ein Motorrad ich mir als nächstes kaufe.

Einmotten im Herbst

- Wasche mich, sagt dein Motorrad und möchte am liebsten dampfgestrahlt werden. Eine Katzenwäsche tut's aber auch.
- Fülle mich, sagt der Tank, sonst roste ich, und zwar überall da, wo kein Benzin ist, denn da sind Luft und Feuchtigkeit. Um sicherzugehen, daß das teure Naß nicht verlorengehen kann, stelle den Benzinhahn auf Off.
- Laß es raus, sagen die Vergaser und meinen das Benzin aus den Schwimmerkammern. Die Vergaser haben unten eine kleine Ablaß-

schraube oder bei BING-Vergasern eine Klammer, mit der die Schwimmerkammer gehalten wird. Benzin und das sich im Lauf der Monate absetzende Kondenswasser bilden sonst eine unappetitliche Emulsion, die die Vergaserdüsen verstopfen kann. *Achtung, das abgelassene Benzin bedroht deine Zigarette, laß sie also besser in der Schachtel.* Das Benzin kann einfach abgelassen werden, es verdunstet sehr schnell wieder (grüne Punkte gibt's dafür nicht). Geizige wie ich fangen es auf und kippen es zurück in den Tank.
- Nimm mich mit, bettelt die Batterie, denn sie mag nicht allein bleiben, wenn's kalt und ungemütlich wird. Zumal sie ja nicht gebraucht wird. Baue sie aus, kontrolliere den Säurestand und stelle sie unters Bett oder in den Keller. Je nachdem, wo es seltener unter 0 Grad kalt ist (vgl. *Batterie*).
- Laß ab, ruft das Öl, dem reicht's nämlich. Damit aggressive Verbrennungsrückstände den Motor über den Winter nicht angreifen, empfiehlt sich der jährliche Ölwechsel jetzt.
- Creme mich ein, jauchzt dein Motorrad und übertreibt wohl ein bißchen. Wenigstens die Chromteile und den schönen Metallic-Lack kannst du verwöhnen – bevor es beleidigt ist und den ganzen Winter über grollt und rostet – reibe es mit Dieselkraftstoff ein. Nicht die Bremsscheiben und Klötze. Nicht die Gummis und Plastikteile. Die neigen zu allergischen Reaktionen.

Übern Winter
- Gelegentlich mal gucken, ob's noch da ist. Falls nämlich nicht, kannst du schon mal zu sparen anfangen.
- Lege den 4. Gang ein und drehe das Hinterrad 2 x durch, damit die Kolben bewegt werden und Öl im Motor herumgepumpt wird.
- Da Reifen im Lauf der Zeit Luft verlieren, wäre es gut, wenn beide Räder entlastet sind.

Ausmotten

Requisiten: Overall • Socke Gr. 46-48 • Starterkabel und Auto • ADAC-Telefonnummer • evtl. Zündkerzen.

Hurra, der Frühling ist da, die Sonne scheint! Zur Feier des Tages – denn heute eröffnest du deine Motorradsaison – verabredest du dich mit deinem Motorrad in der frauenfreundlichen Garage.
- Bevor du deinem Motorrad vor Wiedersehensfreude um den Tank fällst, ziehe dir einen alten Overall an (du hast es ja im Herbst eingedieselt).
- Ich würde das Motorrad mit einer Socke erst mal abwischen,

abstauben und nur die Bremsscheiben mit Fettlöser (Geschirrspülmittel oder Pfui-Nitroverdünnung) reinigen, denn wenn du das Kapitel Bremsen aufmerksam verfolgt hast, weißt du, daß Bremsbeläge reiben und nicht glitschen sollen.

- Hast du Zugang zu einem Batterieladegerät (typisches Männeraccessoire, steht in Badezimmern neben dem Rasierwasser), hänge die Batterie vor dem Einbau ein paar Stunden dran, damit sie stark genug ist, den E-Starter zu betätigen (vgl. *Batterie*).
- Wenn kein Ladegerät in der Nähe ist, du dich sozusagen in einer männerberuhigten Zone befindest, brauchst du keines zu kaufen. Entweder das Motorrad springt so an, oder du kannst von einem Auto fremdstarten (bei 12-V-Anlagen), oder du rufst den ADAC.
- Batterie einbauen und anschließen.
- Falls du neue Zündkerzen hast, baue sie jetzt ein, dann springt das Motorrad leichter an. Ansonsten schraube die alten heraus, bürste und trockne sie ab (vgl. *Zündkerzen*), denn durch das Herumstehen hat sich wahrscheinlich Kondenswasser an ihnen abgesetzt.
- Benzinhahn öffnen und schauen, ob alles dicht ist.
- Ölstand prüfen, ist noch alles drin, was du im Herbst eingefüllt hast?
- Drücke mal mit dem Daumen auf die Reifen, ob noch genügend Luft drin ist. Sie sollen sich nicht von Hand eindrücken lassen, d.h. deinem Daumen widerstehen. Wenn viel Luft fehlt, fahre besser nicht damit zur Tankstelle, sondern rufe wiederum den ADAC, der pumpt die Reifen vor Ort auf.
- Du kannst die Räder natürlich auch ausbauen, sie zur Tankstelle rollen und dort aufpumpen.
- Jetzt läßt du den Motor an und freust dich über das schöne Geräusch.
- Sollte sich beim Starten gar nichts rühren, steht der Killschalter auf OFF, oder der Seitenständer ist ausgeklappt, oder die Batterie ist zu schwach (bei E-Startern).
- Läuft der Motor, warte ein paar Minuten, bis er warm ist, und fahre die erste Stunde etwas sanfter, damit sich die Motorteile wieder ans Arbeiten gewöhnen (Aufwärmgymnastik) und du dich ans Fahren.
- Erst wenn alles wieder funktioniert, würde ich den Frühjahrsputz beginnen.

Ölwechsel

Requisiten: 2 bis 5 Liter Öl – je nach Modell • ggf. Ölablaßdichtung • ggf. Ölfilter • Schmirgelpapier • Trichter • Schüssel • Werkzeug • die andere erbeutete Socke Gr. 46-48 • Kassenbon.

Bei der Verbrennung des Benzin-Luft-Gemischs im Brennraum gelangen leider diese und jene Gase in das Motoröl. Theoretisch darf das nicht sein, praktisch ist es so. Andere Verbrennungsrückstände sowie metallischer Abrieb gesellen sich dazu, und alles zusammen ergibt ekligen Ölschlamm. Der muß gelegentlich raus, weil er die Schmierfähigkeit des Öls beeinträchtigt und somit die Gefahr eines Schadens erhöht. Die Motorenöle, sowohl mineralische als auch synthetische, sind inzwischen qualitativ so hochwertig, daß du keine speziellen Sommer- oder Winteröle fahren mußt. Sie halten auch sehr lange, und die vom Hersteller angegebenen Intervalle kannst du immer als untere Grenze betrachten.

Aber auch wenn das Öl nur alle 10 000 km gewechselt werden soll, empfehle ich dir, es auf jeden Fall im Frühjahr zu wechseln, denn dann ist das Öl einerseits (wenn du dein Motorrad den Winter über nicht benutzt hast) vom langen Stehen schlecht, und andererseits befinden sich noch viele giftige Rückstände vom Fahren darin. Wenn du es mit deinen ökologischen und finanziellen Prinzipien vereinbaren kannst, wechsle das Öl auch im Herbst, da reicht's, wenn du irgendein No-Name-Öl zum Überbrücken des Herumstehens einfüllst, und wechsle es wieder im Frühling gegen ein gutes Öl aus.

Welches Öl gut ist, steht in der Betriebsanleitung. Wenn du keine Bedienungsanleitung hast, weil dein Motorrad aus einer Zeit stammt, in der es noch keine Buchstaben gab, nimm ein Öl mit der Bezeichnung SAE10W50 oder SAE15W40. Damit liegst du immer richtig. Heb den Kassenbon gut auf, den brauchst du später wieder.

Beim Ölwechsel empfiehlt es sich, auch den Ölfilter zu reinigen bzw. zu tauschen, denn da ist ja auch altes Öl drin. So – und wie kommt das alte Öl aus dem Motor raus und das neue hinein (Abb. 33)?

- Den Motor vorher ein paar Minuten laufen lasssen, damit das Öl sich erwärmt, flüssiger wird und leichter abläuft.
- Das Öl wird an der tiefsten Stelle des Motors abgelassen.
  Da befindet sich eine Schraube, entweder direkt in der Mitte unter dem Motor, oder z.B. an der hinteren Unterkante. Es werden oft Sechskantschrauben der Größe SW19 verwendet oder Inbusschrauben. Wenn du die Schraube öffnest, achte auf die Dichtscheibe, die

brauchst du nämlich wieder – wenn sie aus Plastik sein sollte. Kupfer- oder Aludichtungen werden nur einmal verwendet.
Je nachdem, ob Motor und Getriebe bei deinem Motorrad getrennte Öle haben oder nicht, rechne mit 2 bis 5 Liter Öl. Wieviel genau, steht in der Bedienungsanleitung unter „Füllmenge“. Während das Öl noch abtropft, kannst du den Ölfilter schon ausbauen. Da kommt vielleicht auch noch ein bißchen Öl raus.

Ölfilter

Entweder du hast eine Ölfilterpatrone – die sieht so aus wie auf dem Bild (Abb. 34) und ist meistens dezent schwarz – oder eben nicht, dann hast du einen Papierfilter-Einsatz, der sich hinter einem Ölfilterdeckel versteckt hält.

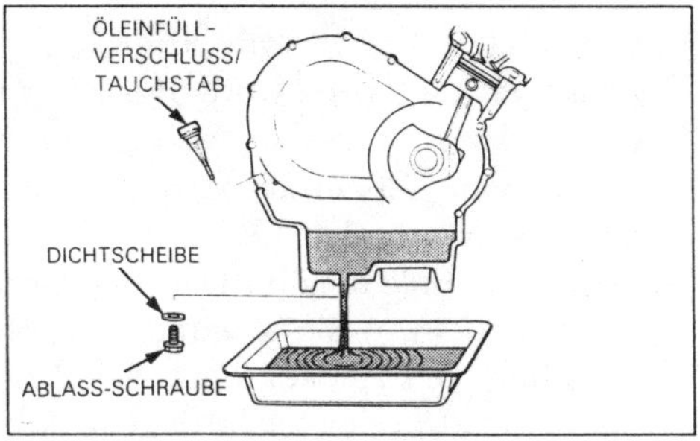

Abb. 33 (Honda)

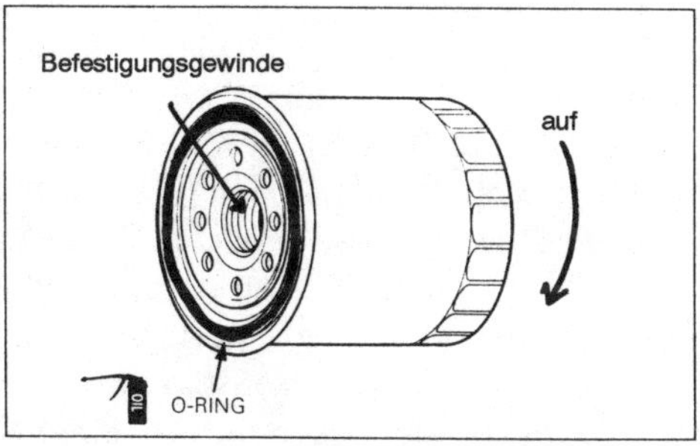

Abb. 34 (Honda)

- Ölfilterpatronen sind geschraubt und lassen sich von Hand lösen, d.h. nach links drehen – das geht übrigens besser, wenn du ein Schmirgelpapier um den Filter wickelst. Dadurch erhöht sich die Kraft zum Drehen, weil du nicht mehr so fest zupacken mußt. Wenn der Filter trotzdem nicht aufgeht, hat ihn ein Unhold zu fest angezogen. Dann probier's mit einer Rohrzange. Wenn du die in dieser Größe nicht hast und natürlich auch kein Ölfilter-Band (ein Spezialwerkzeug), kannst du auch einen Schraubenzieher in den Ölfilter hineinschlagen und daran drehen. Das geht sehr leicht: Ölfilter sind aus dünnem Blech. Vorher mußt du dich allerdings entscheiden – ist erst ein Loch im Filter, muß er auch raus.
- Bevor du die neue Patrone einschraubst, mußt du *unbedingt* den runden schwarzen *Gummiring* (O-Ring) in die Aussparung am

Filter drücken und mit Öl einschmieren (Abb. 35). Er soll das Ölfiltergehäuse gegen den Motorblock abdichten. Ungefettet brennt er sich im Lauf der Zeit so fest, daß du das nächste Mal beim Wechseln gleich mit dem Schraubenziehertrick anfangen kannst.

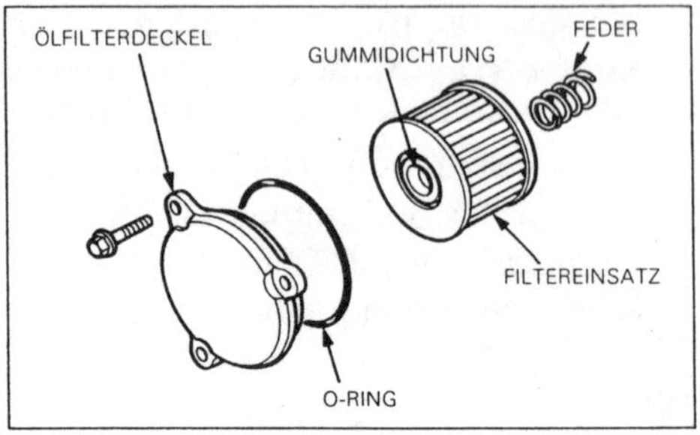

Abb. 35 (Honda)

- Der Ölfilter soll *nur von Hand festgeschraubt* werden. Fast so fest du kannst, denk an einen tropfenden, nervenden Wasserhahn.
- Wenn keine Ölfilterpatrone an deinem Motorrad zu finden ist, such nach einem runden Ölfilterdeckel mit 3 Schrauben, der dem auf dem Bild ähnlich sieht. Die 3 kleinen Schrauben sind mit Respekt zu behandeln, weil sie wirklich empfindlich sind. Sie sollten leicht aufgehen. Der Deckel klebt vielleicht am Gehäuse, den kannst du heraushebeln oder leicht dagegenschlagen.
- Sowohl im Deckel als auch im Filtereinsatz sitzen O-Ringe. Hinter dem Filtereinsatz befindet sich eine Feder, die dafür verantwortlich ist, wenn dich der Filtereinsatz beim Deckelöffnen anspringt.
- Beim Zusammenbauen gilt: O-Ringe einölen und Schrauben mit ungefähr 20 Nm anziehen, wie einen tropfenden Wasserhahn. Bedenke, daß du in diesem Fall ein Werkzeug benutzt und dieses einen Hebelarm hat, mit dem sich deine Kraft multipliziert. Im Zweifelsfall nicht so festschrauben. Wenn du feststellst, daß, sobald der Motor läuft, Öl austritt, kannst du immer noch nachziehen.
- Bevor der Motor jetzt gestartet wird, mußt du Öl einfüllen, und zwar dort, wo der Meßstab sitzt, wenn es überhaupt einen gibt. Und bevor du das neue Öl einfüllst, solltest du *unbedingt* die *Ölablaßschraube* unten *mit der Dichtung* wieder *zuschrauben.* Die Ölablaßschraube ist erst einmal ganz leicht zu drehen und wird dann plötzlich fest, dann noch ca. 45 Grad weiterdrehen (30 Nm).
- Wenn du die angegebene Ölmenge eingefüllt hast, starte den Motor und laß ihn laufen, bis die Ölkontrolleuchte erlischt (ca. 5 Sekunden). Danach mußt du nochmals Öl prüfen, weil erst jetzt Öl durch den neuen Filter gepumpt worden ist.
- *Der Ölmeßstab wird zum Messen nicht festgeschraubt, sondern nur auf das Gewinde gelegt.*

- Hat dein Motorrad keinen Meßstab, hat es mit Sicherheit ein Guckloch, ungefähr auf der Höhe deiner linken großen Zehe. Da kannst du den Ölstand erkennen. Siehst du nichts, ist das Fenster schmutzig oder zuwenig bzw. zuviel Öl drin. Zum Gucken soll das Motorrad gerade stehen. Siehst du nix und das Fenster ist bereits geputzt, laß das Motorrad von der besten aller Freundinnen nach links und rechts kippen und beobachte, was sich im Fenster tut.
- *Übrigens:* Es gibt immer einen Spielraum von ca. 0,5 l zwischen MIN und MAX, egal ob Fenster oder Meßstab. Zuwenig Öl gefährdet den Motor, weil er evtl. nicht überall genügend geschmiert wird. Zuviel Öl führt dazu, daß das Öl an der schwächsten Stelle herausgedrückt wird, meistens begrüßt es dich schmierig grinsend im Luftfilter.

So. Fertig. Ölstand zwischen MIN und MAX am Meßstab oder unten am Ölfenster. Bleibt nur noch die Frage, was mache ich jetzt mit der Plastikschüssel voll altem Öl?
a) In den Gulli?
b) Unter Nachbars Auto?
c) Ins Klo?
d) Umfüllen und verschlossen dort abgeben, wo das neue Öl gekauft wurde. (Kassenbon mitnehmen!)
Wenn du d) angekreuzt hast, bekommst du 10 grüne Punkte.

Benzinfilter reinigen

Requisiten: Werkzeug • alte Socke • ggf. O-Ring • ggf. Universalkraftstoffilter.

Wie schon erwähnt, befindet sich im Kraftstoffhahn unten am Tank ein Sieb (Abb. 36). Das kannst du ruhig einmal im Jahr reinigen.

- Kraftstoffhahn auf Stellung „off“.
- Den Filterbecher unter dem Hahn abschrauben, dabei läuft etwas Benzin aus. *Solltest du deine Zigarette noch nicht fertig geraucht haben, bring sie in Sicherheit, sonst passiert ihr noch was.*
- Im Filterbecher befindet sich der Benzinfilter und darüber ein O-Ring. Becher und Filter kannst du mit Benzin oder Was-

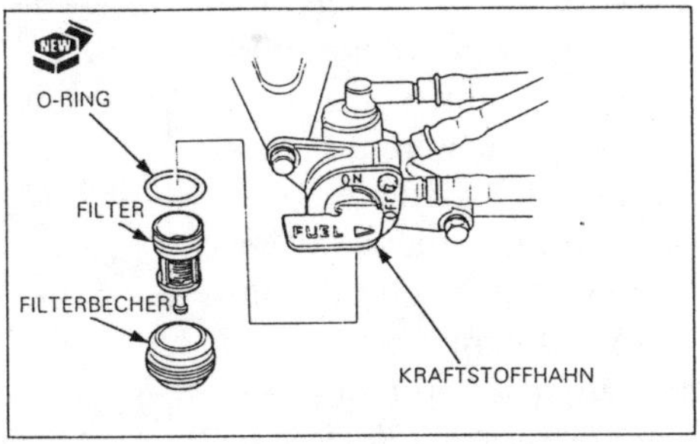

Abb. 36: Benzinfilter reinigen (Honda)

ser ausspülen, den O-Ring rate ich dir zu erneuern, weil sie sich im Lauf der Zeit auflösen.

- Der Zusammenbau erfolgt in umgekehrter Reihenfolge wie der Ausbau.
- Wenn der Benzinhahn wieder auf „on“ steht, schau bitte noch mal nach, ob auch wirklich nichts undicht ist. Manche Motorräder haben noch zusätzlich zwischen Benzinhahn und Vergaser einen Plastikfilter in die Leitung eingebaut. Diese Filter sind Universalfilter, die für Autos und Motorräder gleichermaßen verwendet werden können sowie für Scheibenwaschanlagen (wie, hat dein Motorrad nicht?!). Gibt's bei Tankstellen, in Kaufhäusern, Baumärkten und Autofetischgeschäften. Sie kosten ca. 5 Mark und werden einfach in die Benzinleitung gesteckt. Beachte die Einbaurichtung: Ein Pfeil auf dem Filter zeigt die Fließrichtung des Benzins an.

Luftfilter reinigen/erneuern

Requisiten: Filtereinsatz oder Schüssel • Geschirrspülmittel • 0,5 l Öl • Socke.

Der Luftfilter befindet sich in einem meistens schwarzen Plastikbehälter unter der Sitzbank. Zugänglich ist er entweder von oben oder über die Seitendeckel. Manchmal gibt's auch zwei Luftfilter. Wenn du dich auf die Suche machst, folge dem Ansaugstutzen von den Vergasern aus, vom Motor weg (Abb. 37).

- Es gibt Papierfilter, die können ausgeblasen oder weggeworfen werden.
- Alternativ dazu gibt es Motorräder mit Urethanschaumeinsätzen: weichen Schaumstoffiltern, die in Öl getränkt werden. Sie werden nicht weggeworfen, sondern ausgewaschen. Dazu eignet sich ein sanftes Lösungsmittel wie z.B. Geschirrspülmittel. Nach dem Waschen muß der Filter erst trocknen, bevor er wieder in Öl getaucht wird. Überschüssiges Öl wird ausgedrückt, und dann kannst du den eher feuchten als nassen Filter wieder einbauen. Auch diese Arbeit würde ich einmal im Jahr durchführen.

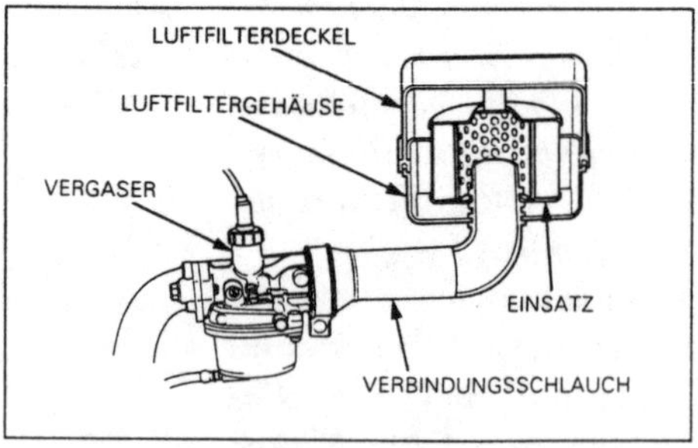

Abb. 37: Luftfilter reinigen (Honda)

So, und wohin mit dem öligen Lösemittel? Ob du's in der Wohnung oder im Gar-

ten ausschüttest oder einem aufdringlichen Herrn über die Hose kippst, einen grünen Punkt gibt's nicht. Ich empfehle die Entsorgung auf oder hinter einer Tankstelle, weil die einen Ölabscheider hat, der in deinem Garten wahrscheinlich nicht eingebaut ist (1 Punkt).

Tank abbauen

Requisiten: Werkzeug • Ringelsocke.

Das ist eigentlich keine eigenständige Wartungsarbeit. Bei vielen Motorrädern muß der Tank aber abgebaut werden, um z.B. an den Luftfilter heranzukommen. Oder bei wassergekühlten Motorrädern, um das Kühlsystem zugänglich zu machen.

- Tank abbauen ist überhaupt kein Drama. Vorn ist der Tank nur aufgesteckt, hinten mit zwei Schrauben befestigt. Um an die Schrauben zu gelangen, muß die Sitzbank aufgeklappt werden. Hat dein Motorrad keine Klappbank, schraub auch die Bank ab. Das geht von hinten nach vorn. Jeweils eine oder zwei kleine Schrauben am gegenüberliegenden Ende werden wieder nur aufgesteckt oder eingehakt.
- Wenn du dann die beiden Tankschrauben aufgemacht hast, schließ den Benzinhahn, und klemm die Benzinschläuche ab. Wenn du an sie nicht herankommst, heb den Tank an und zieh ihn mit Entschiedenheit nach hinten. Jetzt kannst du an der Tankunterseite ggf. die Schläuche lösen. Sollte am Tank mehr als ein Benzinschlauch befestigt sein, markiere die Anschlüsse. Bei Verwechslung kann es vorkommen, daß deine nächste Fahrt an der ersten Straßenkreuzung plötzlich zu Ende ist.

Sollte dein Motorrad nach einem Eingriff an den Benzinleitungen nach kurzer Zeit ausgehen – und zwar im Umkreis von ca. 1 km um den Tatort –, laß dich nicht verwirren von wegen „aber zuerst ging's ja noch". Wenn die Benzinzufuhr unterbrochen ist, weil

- Schlauch nicht angeklemmt,
- Schlauch verkehrt angeklemmt,
- Schlauch gequetscht,
- Benzinhahn nicht wieder geöffnet,
- Tank leer ist,

fährt dein Motorrad so lange, bis alles Benzin, das noch in der Schwimmerkammer des Vergasers war, aufgebraucht ist.

- Wenn also unten am Tank Benzinschläuche angebracht sind, muß es dort auch eine Verschlußmöglichkeit geben, z.B. jeweils eine Schraube, die du 90 Grad verdrehen mußt. Dann kannst du die Schläuche abziehen (drehen, ziehen, wackeln, mit Schraubendreher runterhebeln), ohne daß der Tank ausläuft. Besonders diese unauffälligen Schräubchen bieten sich geradezu an, beim Zusammenbau vergessen zu werden.

- Sollte kein Verschluß vorhanden sein, klemm die Leitung mit einer Gripzange ab oder steck eine Schraube hinein.

Kühlsystem prüfen und entlüften bei wassergekühlten Motoren

Requisiten: Kühlerfrostschutz und destilliertes Wasser oder Leitungswasser • Werkzeug • Schlüssel • Trichter • leerer Kanister oder Flasche. Damit das Kühlsystem funktioniert, muß genügend Wasser im System sein. Das ist am Ausgleichsbehälter erkennbar. Gedenkst du ihn zu öffnen, nimm eine Socke und sei vorsichtig, wenn der Motor warm ist. Denn dann ist das Wasser auch „warm" und steht unter Druck. Also langsam öffnen und mit Socke verhindern, daß du dir die Hand verbrühst. Bei kaltem Motor passiert nix (Abb. 38).

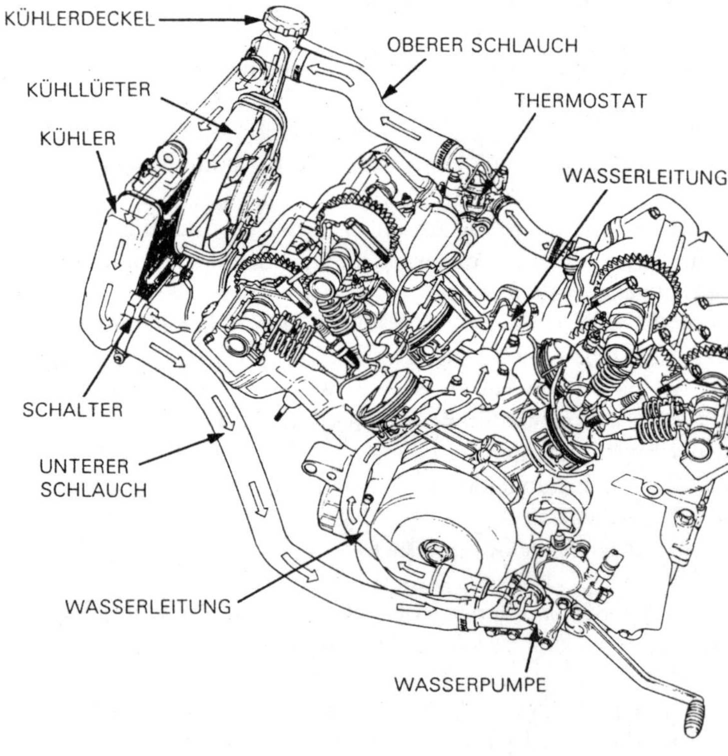

Abb. 38: Kühlsystem prüfen und entlüften (Honda)

- Der Stand soll zwischen MIN-MAX sein. Solltest du oft nachfüllen müssen, ist das System irgendwo undicht. Schau dir einfach alle Schläuche an; im Lauf der Zeit werden sie porös und rissig. Dann wechsle sie aus. Dazu mußt du nur die Schlauchschellen an beiden Enden lösen und den Schlauch, der sich vermutlich etwas angesaugt hat, mit dem Schraubenzieher leicht anheben, so daß der Druck entweichen kann (wie bei Gurken- und Marmeladengläsern auch). Den neuen Schlauch setzt du einfach wieder ein und schraubst die Schlauchschellen fest. Je nachdem, wie tief der Schlauch in der Anlage verbaut ist, läuft beim Ausbau mehr oder weniger Kühlwasser aus. Da sich im Kühlwasser ca. 50 % Kühlmittel, nämlich Rost- und Frostschutzmittel befindet, gehört auch diese Flüssigkeit nicht auf die Straße oder ins Klo (Grundwasser!). Kühlflüssigkeit wird von Tankstellen als Sondermüll entsorgt. Also dort abgeben, wenn sie es denn annehmen. Wieder ein grüner Punkt, wird schon!
  Mit dem Schlauch hast du jetzt Luft ins System eingebaut. Damit das Wasser später nicht kocht, mußt du die Anlage jetzt *entlüften.* Dazu füllst du erst mal Wasser und Frostschutz auf. Wie gesagt: ungefähr halbe/halbe. Bei Motorrädern soll kein Leitungswasser, sondern destilliertes Wasser verwendet werden, weil die Motorräder im Winter meistens rumstehen und sich dadurch die Verkalkungs- und Rostgefahr erhöht. Aber das ist Langzeitschutz. Du kannst selbstverständlich Leitungswasser einfüllen, wenn du nichts anderes hast. Das Kühlmittel soll hauptsächlich gewährleisten, daß das Kühlwasser bei Außentemperaturen von unter 0°C nicht einfriert. Denn gefrorenes Wasser dehnt sich aus, und Schläuche, Kühler und Motor könnten platzen.
- Wenn das Wasser aufgefüllt ist, laß den Motor laufen, bis sich der Ventilator am Kühler einschaltet (ca. 10 Min.). Beobachte aber vorher schon den Ausgleichsbehälter. Der Deckel bleibt geöffnet, damit die Luft raus kann. Sobald der Thermostat den großen Kühlkreislauf öffnet, wird mehr Wasser im Kühlsystem gebraucht, und der Pegel sinkt ab. Wundere dich nicht, wenn's da kurzzeitig blubbert und überläuft. Das Kühlsystem hat Luft geschluckt und rülpst jetzt, bis alles draußen ist. Du mußt einfach nur immer nachgießen, damit nicht neue Luft angesaugt wird. Läuft der Ventilator und ist im Ausgleichsbehälter Ruhe eingekehrt, kannst du den Deckel zumachen, und fertig ist die Reparatur.
  Also:
- *Kühlwasserstandskontrolle,* siehe oben.
- *Kontrolle des Anteils an Frostschutz.* Da gibt's an Tankstellen ein

Prüfgerät, mit dem saugst du etwas Wasser aus dem Ausgleichsbehälter, und das Gerät zeigt dir den Gefrierpunkt an. Bis minus 30 Grad reicht in unseren Breitengraden aus. Steht das Motorrad im Winter in der Garage, reicht auch weniger.

- *Dichtigkeitsprüfung.* Kontrolle von Schläuchen, Schellen, Thermostat, Wasserpumpe und Kühler auf Dichtigkeit.
- *Kontrolle der Ventilatorfunktion.* Schaltet er sich ein, wenn der Motor länger im Stand läuft?
- *Kontrolle des Thermostats.* Werden die beiden Schläuche zum Kühler nach einigen Minuten warm, ist der Thermostat in Ordnung. Bleiben sie kalt und überhitzt der Motor, öffnet der Thermostat nicht. Dann: ausbauen, einbauen (da gibt's wahrscheinlich wieder einen O-Ring), Anlage entlüften. Wird der Motor nur sehr langsam warm, kann es sein, daß der Thermostat nicht mehr schließt; macht eigentlich nix, trotzdem: bei Gelegenheit erneuern. Du kannst sicher sein, die haben ein so teures Teil nicht unnötigerweise da eingebaut.

Seilzüge

Kupplung

Es gibt zwei Arten, die Kupplung zu betätigen: Entweder über ein Kupplungsseil, welches vom Kupplungshebel am Lenker zur Kupplung geht, oder über eine hydraulische Kupplung. Bei ihr befindet sich am Kupplungshebel ein Flüssigkeitsbehälter, von dem ein Schlauch zur Kupplung führt (siehe Abb. 39). Der Kupplungshebel drückt auf einen Kolben in einem Zylinder (Kupplungsgeberzylinder). In dem Zylinder und in der Leitung zur Kupplung befindet sich die Kupplungsflüssigkeit, die von dem Kolben in den Kupplungsschlauch gedrückt wird. Flüssigkeiten lassen sich nicht zusammendrücken, deshalb schiebt der Kolben die Flüssigkeitssäule wie eine Stange weiter. Unten an der Kupplung befindet sich wiederum ein Zylinder (Kupplungsnehmerzylinder), in dem über die Flüssigkeit ein Kolben bewegt wird, der dann die Kupplung betätigt. Funktioniert wie die hydraulische Bremsbetätigung.

Die im Schlauch befindliche Flüssigkeitssäule wirkt nur wie eine Stange, wenn keine Luft drin ist, denn die läßt sich leicht zusammendrücken, wie jede weiß, die schon mal einen Luftballon aufgeblasen hat. Der Unterschied zu einer Stange ist der, daß die Leitungen und Schläuche flexibel verlegt werden können.

1. Hydraulische Kupplung (Abb. 39)

Bei hydraulischen Kupplungen brauchst du nichts einzustellen. Sollte der Flüssigkeitsstand im Behälter an die untere Anzeige kommen, kannst du etwas nachfüllen. Dazu löse beide Schrauben am Deckel. Die gehen oft schlecht auf, weil sie so weich sind. Deshalb setze den Kreuzschlitzschraubendreher (nicht zu klein) auf die Schraube, und schlag erst einmal entschieden oben auf den Schaft, ehe du aufschraubst. *Bevor du den Deckel jetzt öffnest, mußt du unbedingt den Behälter in eine waagerechte Lage bringen.* Dazu kippe die Lenkung nach rechts, und sollte der Behälter dann immer noch nicht waagerecht stehen, löse die beiden Halterungsschrauben am Lenker. Nun kannst du den Behälter so verdrehen, daß nichts herausschwappt.

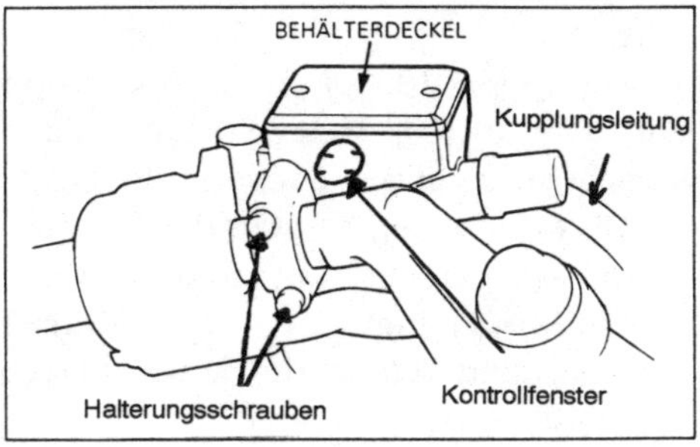

Abb. 39: Hydraulische Kupplung (Honda)

Als Kupplungsflüssigkeit wird oft Bremsflüssigkeit verwendet. Das Zeug ist todesgiftig und frißt die Chromteile und den Lack deines Motorrads an. Am besten, du legst deine älteste Socke unter den Behälter. Sollte trotzdem etwas kleckern, spüle mit viel Wasser nach.

Kupplungs- und Bremsflüssigkeit bitte nicht essen, trinken, auf Wäsche kleckern (Socken ausgenommen), in die Augen schmieren oder gar anderen zu trinken geben. Dafür gibt's Haftstrafe nicht unter fünf Jahren (und wenn du wieder freigelassen wirst, ist der TÜV abgelaufen).

2. Hydraulische Kupplung entlüften bzw. Flüssigkeit wechseln

Im Lauf der Zeit wird die Kupplungsflüssigkeit schlecht, d.h., sie hat Luftfeuchtigkeit aufgenommen, läßt sich dadurch zu sehr zusammendrücken und fängt beispielsweise im Stau leicht zu kochen an.

Das fühlt sich äußerst beunruhigend an, weil plötzlich der Hebel leer durchgeht und du den Gang nicht mehr rausbringst. Daß Luft in der Anlage ist, merkst du auch daran, daß die Kupplung zu leicht geht und die Gänge schlecht einzulegen sind.

Die Flüssigkeit sollte etwa alle zwei Jahre gewechselt werden. Bei Chopper-Motorrädern, die wegen der langen Vorderradgabel auch sehr lange Kupplungsleitungen haben, also eine große Fläche, über die Luftfeuchtigkeit aufgenommen werden kann, besser jedes Jahr.

Du kannst auch das gut selber machen. Da es aber sehr ärgerlich ist, wenn dir versehentlich noch mehr Luft in die Hydraulik gerät – die Luft geht nämlich ungern wieder raus –, mußt du äußerst diszipliniert vorgehen.

Requisiten: 100 ml Brems- oder Kupplungsflüssigkeit laut Herstellerangabe • ca. 0,5 Meter langer Schlauch (Durchmesser ca. 4 mm) • leeres Gurkenglas • Socke im Endstadium.

- Du öffnest den Deckel des Ausgleichsbehälters am Lenker, stellst ihn waagerecht (s.o.) und füllst ihn mit Kupplungsflüssigkeit auf. Lege unbedingt einen Lappen um den Behälter, denn gleich wird gekleckert. Wenn du dem Schlauch vom Behälter zur Kupplung folgst, verschwindet er vermutlich unter einem Schutzdeckel. Den schraubst du ab. Jetzt siehst du, wie der Schlauch an ein kleines Bauteil, den Kupplungsnehmerzylinder, angeschraubt ist. Neben oder über dem Schlauchanschluß befindet sich eine kleine Sechskantschraube (SW 6, 7 oder 8, 10), die oberhalb des Sechskants eine runde Öffnung hat. Diese Schraube ist das Entlüftungsventil (Abb. 40). Am besten legst du einen Ringschlüssel auf den Sechskant und öffnest das Ventil vorsichtig um eine viertel Umdrehung. Dann machst du es ebenso vorsichtig wieder zu. Laß den Schlüssel drauf und stecke den Entlüftungsschlauch mit dem einen Ende auf das Ventil, das andere Ende legst du in das Glas, zu den Gurken.

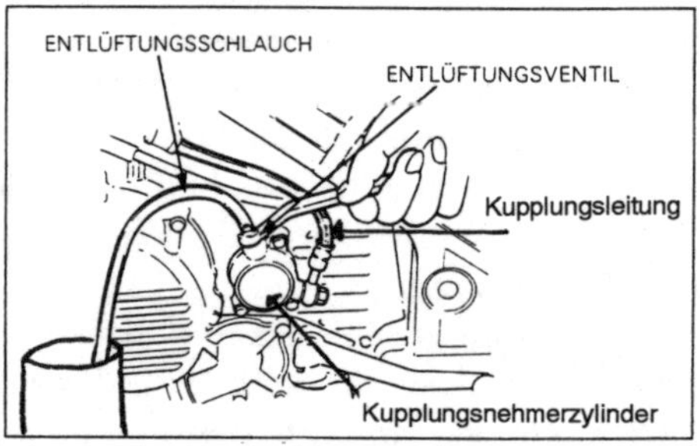

Abb. 40 (Honda)

- Nun betätigst du die Kupplung drei- bis fünfmal und hältst den Hebel dann fest angezogen. Beim Pumpen kann es sein, daß eine fröhliche Fontäne aus dem Behälter schießt. Lege einfach dein Söckchen darüber. Während du den Hebel festhältst, öffnest du das Ventil wieder – viertel bis halbe Umdrehung. Vielleicht merkst du, daß der Hebel noch ein Stück weiter angezogen werden kann. Halte ihn weiter fest und schließe das Ventil. Jetzt mußt du oben erneut 3 bis 5mal pumpen, festhalten und unten am Ventil öffnen. Wenn du das Ventil dann wieder geschlossen hast, schau mal nach, ob du den Behälter schon nachfüllen mußt. Er darf auf keinen Fall leer werden, weil du sonst Luft in die Anlage pumpst. Ebenso ist es ganz wichtig, daß das Ventil geschlossen wird, bevor du den Hebel losläßt, sonst saugst du von unten Luft an.

Diesen Ablauf: Pumpen/Festhalten/Ventil auf/Ventil zu/Pumpen/Flüssigkeitsstand nachfüllen usw. mußt du ungefähr 30mal wiederholen. Wenn dein Entlüftungsschlauch durchsichtig ist, kannst du ggf. kleine Bläschen erkennen, die sich in der herausgepumpten Flüssigkeit befinden. Du bist fertig mit Entlüften, wenn keine Bläschen mehr herauskommen. Wenn du nach 5 Minuten immer noch Blubberbläschen herauspumpst, ist irgendwas falsch. Vielleicht ist das Ventil jeweils zu weit geöffnet, so daß Luft mit in deinen Schlauch gesaugt wird. Das verfälscht die Anzeige, heißt aber nicht, daß du Luft im System hast.

Um die Flüssigkeit zu wechseln, mußt du länger dabeibleiben als zum Entlüften. Ungefähr 100 ml Flüssigkeit müssen durchgepumpt werden. Das erfordert Geduld. Wenn du die Gurken vorher umtopfst, könntest du sie nebenbei essen. Das versauert dir die Langeweile.

Wenn du endlich fertig bist, schraube alles wieder zu. Ventil, Behälterdeckel, Halterung am Lenker. Um sicherzugehen, daß keine Kupplungsflüssigkeit auf dem Motorrad antrocknet, gieße einfach über alle gefährdeten Teile Wasser.

So – jetzt fehlt zu deinem Erfolgsgefühl eigentlich nur noch die Lösung für das Problem Gurkenglas und die sterblichen Überreste deiner Fußtüte.

Gurkenglas:

- *Aufheben (wer weiß, wofür es noch gut sein kann). Würde ich nicht empfehlen, denn das Gurkenglas ist nicht unbedingt als Giftstoffbehälter erkenntlich. Könnte zu verhängnisvollen Verwechslungen führen.*
- *Zur Apothekerin bringen (wäre einen Versuch und 1 Punkt wert).*
- *Also: Entweder du gibst das Gurkenglas an der Tankstelle ab, oder – wenn die dankend ablehnen: Es gibt inzwischen sogenannte Giftmobile, die solches Teufelszeug annehmen müssen (5 Punkte).*

Socken:

- *Bei der Altkleidersammlung abgeben.*
- *Vielleicht ist an der Tankstelle einer, dem sie passen könnten.*
- *Wenn du's bei der Apothekerin probierst, bekommst du 5 Mutpunkte in Grün.*

3. Kupplungsseil

Wenn die Kupplung über einen Seilzug betätigt wird, erkennst du das am Fehlen des Ausgleichsbehälters. Statt dessen ist da ein Drahtseil. Es heißt Bowdenzug und bewegt sich in einer festen Führungshülle aus einer plastikummantelten Metallspirale. Oben ist der Zug am Kupplungshebel eingehängt, am anderen Ende am Kupplungsarm. An beiden Enden befinden sich Einstellschrauben. Du kannst

a) das Kupplungsspiel einstellen, das ist der leere Weg, den der Hebel am Lenker hat, bevor er schwer geht,

b) den Bowdenzug schmieren,

c) das Kupplungsseil auswechseln.

a) Kupplungsspiel einstellen (Abb. 41)

Requisite: Werkzeug.

Das Kupplungsspiel am Hebel soll ungefähr 2 cm betragen, am Hebelende gemessen. Ist es zu klein oder nicht vorhanden, schleift die Kupplung dauernd und verschleißt sehr schnell. Ist es zu groß, trennt die Kupplung bei Betätigung des Hebels die Kurbelwelle vom Getriebe nicht weit genug. Die Gänge lassen sich schwer bis gar nicht schalten.

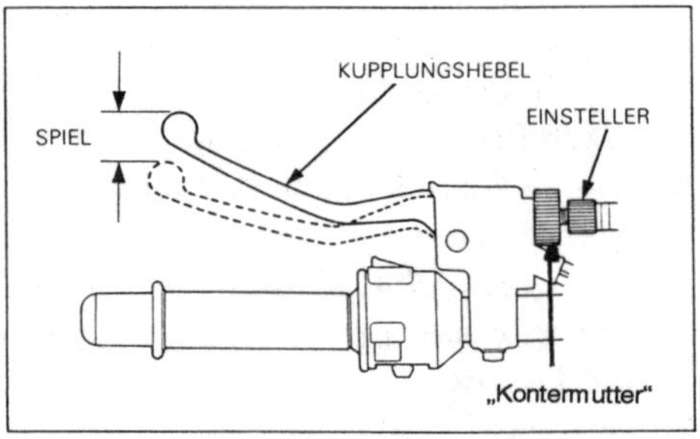

Abb. 41 (Honda)

Um das Spiel zu korrigieren, verdrehst du die Schraube am Einsteller.

Vorher mußt du die Rändelmutter lösen, die als Kontermutter (Gegenmutter) die gewünschte Einstellung festhält.

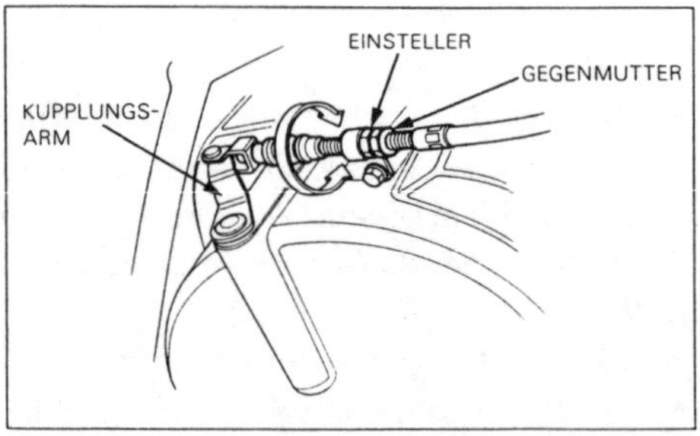

Abb. 42 (Honda)

Einstellschraube herausschrauben – das Spiel wird kleiner.

Einstellschraube hineinschrauben – das Spiel wird größer.

Sollte der Einsteller am Hebel schon am Gewindeende eingestellt sein, kannst du noch mal am Einsteller unten am Kupplungsarm nachstellen (Abb. 42).

Auch da gibt's wieder eine Einstellschraube und eine Kontermutter.

Hinterher nicht vergessen, die Kontermutter wieder festzuschrauben! Es reicht, wenn du sie mit der Hand festschraubst.

b) Bowdenzug schmieren

Requisiten: Werkzeug • Kriechöl • ggf. Bowdenzugöler.

Um den Bowdenzug zu schmieren, mußt du ihn am oberen Ende aushängen. Dazu erst mal den Einsteller ganz hineinschrauben und unter den Hebel schauen, ob das Seil dort eingehängt ist oder an der Seite. Wenn du es ausgehängt hast, versuche am oberen Ende der Hülle Kriechöl hineinzuträufeln. Sobald es unten herausläuft, ist das Seil geschmiert. Dann kannst du es wieder einhängen und einstellen. Es gibt auch extra Bowdenzugöler im Zubehörhandel, die das Öl in die Hülle drücken, ohne daß gekleckert wird.

c) Kupplungsseil auswechseln

Requisiten: Werkzeug • Kupplungsseil.

Sollte der Bowdenzug sehr alt sein – z.B. 5 Jahre – schwergängig werden oder bedenkliche Geräusche von sich geben, wechsle ihn lieber aus, bevor er reißt. Oft kommt es auch vor, daß die Führungshülle reißt, vor allem, wenn sie aus Plastik ist. Dann kannst du nicht mehr richtig nachstellen. Das Spiel wird immer größer. Du hängst das Seil oben und unten aus und ein neues ein. Das muß dann natürlich auch eingestellt werden. Während das Einhängen oben unproblematisch ist, wenn genügend Spiel da ist, kann es sein, daß am Kupplungsarm eine runde Buchse eingehängt ist, die von einem Sicherungsblech in einer Nut gehalten wird. Das Blech mußt du mit einem Schraubendreher oder einer Zange herunter*schieben.* Die Dinger neigen dazu, plötzlich wie ein Frosch davonzuhüpfen und sich dann raffiniert zu verstecken. Alle Kleinteile lieben das Ausbüx- und Versteckspiel. Damit mußt du leben. Jedenfalls springen diese Sicherungsbleche herunter, wenn sie geschoben werden, Hebeln funktioniert nicht. Da haben Sicherungen ihren Stolz, schließlich sollen sie ja sichern.

Altes Kupplungsseil: heimlich in Nachbars Mülltonne (kein Punkt, spart aber Mietnebenkosten).

Gasseil auswechseln und einstellen

Requisiten: Werkzeug • ggf. Kriechöl • ggf. Bowdenzugöler.

Bei Schiebervergasern wird durch das Drehen am Gasgriff über einen Bowdenzug der Schieber im Vergaser geöffnet. Bei Gleichdruckvergasern und Einspritzanlagen wird eine drehbare Klappe (Drossel-

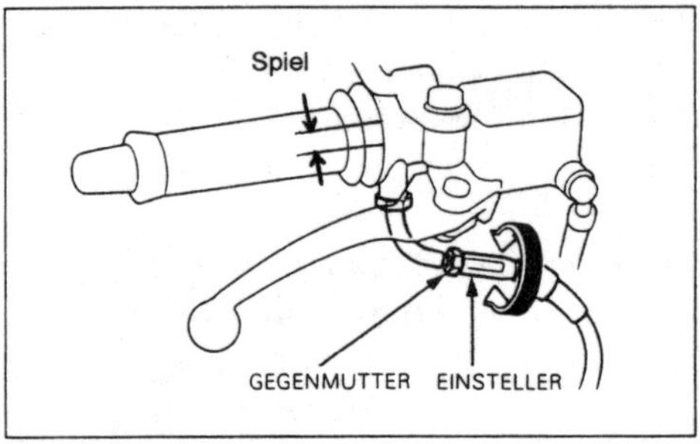

Abb. 43 (Honda)

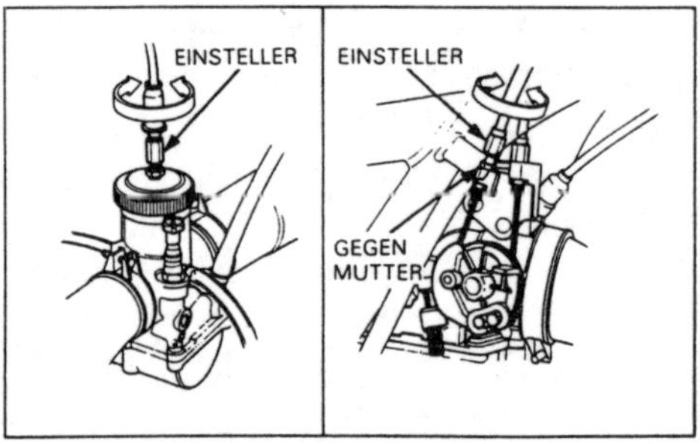

Abb. 44 (Honda)

klappe) geöffnet. Im Vergaser oder an der Einspritzanlage befindet sich eine Feder, die Drehgriff, Gasseil und Schieber/Klappe immer wieder in die Leerlaufstellung zurückzieht. Der Gasgriff sollte leichtgängig sein, d.h. nicht in verschiedenen Stellungen hängenbleiben. Geht er überhaupt nicht mehr zurück, ist vermutlich die Feder bei der Einspritzanlage hopsgegangen oder das Seil gerissen. Geht er schwergängig, würde ich das Gasseil ölen. Oder, wenn das nicht hilft, es auswechseln, weil dann einzelne Drähte gerissen sind. Dazu muß das Gasseil am oberen Ende ausgehängt werden. Das Seil läuft am Gasdrehgriff auf einer Rolle, auf die es beim Gasgeben aufgewickelt wird. Bei BMW-Motorrädern ist es an einer kleinen Kette befestigt, die von einem Zahnrad aufgewickelt wird. Wie das Verfahren genau funktioniert, mußt du dir einfach anschauen, und dazu muß der festgeschraubte Deckel vom Drehgriffgehäuse abgebaut werden. Das Gasseil selbst ist am Ende mit einem Nippel ausgestattet, der in eine Nut am Drehgriff oder die Kette eingehängt ist. Der läßt sich einfach von Hand aushängen, wenn vorher der Einsteller unter dem Gehäuse gelockert wird (Abb. 43).

- Zuerst Kontermutter lösen, dann Einstellmutter nach rechts drehen, dadurch wird das Seil locker. Jetzt kannst du es herausziehen und oben Öl reinträufeln, bis es unten rausläuft. Willst du das Seil ganz ausbauen, um es zu erneuern, mußt du den unteren Einsteller aufschrauben (erst Kontermutter lösen), der sitzt direkt am Vergaser, und dann wieder einen Nippel aushängen (Abb. 44).
- Beim Einbauen würde ich das Seil erst mal oben und unten einhängen und dann am unteren Einsteller grob vorspannen. Dabei kannst du dich an der Einstellung orientieren, die das Seil vorher

hatte. Danach baust du am Gasdrehgriff alles wieder zusammen und nimmst zum Schluß die Feineinstellung am oberen Einsteller vor. Richtig eingestellt ist das Gasseil, wenn der Drehgriff in der Leerlaufstellung ca. 1 cm Spiel hat, d.h., du kannst ein wenig drehen, ohne daß tatsächlich Gas gegeben wird.

Wenn du Gas gibst und den Griff plötzlich losläßt, mußt du hören, wie der Gasschieber mit einem Klackgeräusch auf seinen Anschlag schnellt. Als Gegenprobe muß in der Vollgasstellung der Gasschieber auch ganz geöffnet sein. Kannst du alles bei ausgeschaltetem Motor prüfen (3 P.).

Altes Gasseil: Ab in die Tonne, nicht in die grüne, eher unters Altpapier mischen, es gibt sowieso keinen Punkt.

Tachowelle und Drehzahlmesser ausbauen bzw. ölen

Requisiten: Werkzeug, insbesondere Zange • Kriechöl • ggf. Bowdenzugöler • ggf. neue Welle.

Auch diese Wellen können, sofern sie aus Draht sind, geölt werden. Dazu muß wieder das obere Ende abgeschraubt werden. Beide Wellen sind von unten jeweils in den Tacho oder den Drehzahlmesser geschoben und mit einer Rändelmutter festgeschraubt. Da ist es ziemlich eng, deshalb kannst du, wenn nicht dranzukommen ist, den Scheinwerfer abbauen, der hat zwei Schrauben links und rechs an der Seite. Die Rändelmuttern der Tacho-/Drehzahlmesserwelle gehen entweder von Hand auf, oder du nimmst eine Zange zu Hilfe. Wenn du die Welle oben abgebaut hast, kannst du wieder Kriechöl hineinschütten.

Am anderen Ende ist die Tachowelle am Vorderrad oder am Getriebe befestigt. Entweder befindet sich an der Stelle, wo sie an der Vorderachse verschwindet, eine kleine Schraube (SW 8 oder 10), die ganz herausgeschraubt werden muß. Oder, wenn keine Schraube zu sehen ist, hält sich ein kleiner Sicherungsring in der Öffnung an der Tachoaufnahme versteckt. Der muß mit einer Spitzzange oder zwei Lüsterklemmenschraubendrehern zusammengedrückt und herausmanövriert werden (Vorsicht: freches Kleinteil). Danach kannst du die Welle einfach herausziehen. Der Einbau erfolgt in umgekehrter Reihenfolge. Wenn die Welle nicht ganz in die Führung an der Vorderachse oder am Tacho paßt, drehe mal ein bißchen an ihrem Ende: Das sieht irgendwie plattgetreten aus und paßt deshalb nur in einer bzw. zwei Stellungen in die Führung. Befindet sich die Tachowelle am Getriebe, ist sie meistens mit einer Schraube befestigt.

Bei der Drehzahlmesserwelle funktioniert alles genauso, nur ist sie am Motor befestigt und nicht am Getriebe.

Abfall in den Abfall (kein Punkt).

Bremsseil

Requisiten: Werkzeug • ggf. Kriechöl • ggf. Bremsseil • ggf. Bowdenzugöler.

Sollte dein Motorrad vorn eine Trommelbremse haben und mit einem Bremsseil ausgerüstet sein, gratuliere ich dir erst einmal zu deinem Oldtimer. Die Einstellung des Seils sowie das Auswechseln funktionieren genauso wie beim Kupplungsseil (s.o.). Der Bremshebel sollte ca. 2 cm Spiel haben, und das Rad muß sich frei drehen lassen (Abb. 45, vgl. Abb. 41).

Bremsgestänge

Requisiten: ggf. 10er Schlüssel • ggf. etwas Fett (das holst du dir kostnix von der Tankstelle) • Socke.

Die Hinterradbremse wird, sofern es sich um eine Trommelbremse handelt, über ein Gestänge betätigt. Im Lauf der Zeit verschleißt die Bremse und muß nachgestellt werden. Das merkst du daran, daß du beim Durchtreten des Bremspedals kaum mehr Wirkung spürst. Die Einstellung erfolgt von Hand an der Flügelmutter oder mit einem 10er-Schlüssel an der Sechskantmutter am Ende des Bremsgestänges (Abb. 46). Nach rechts drehen bedeutet, die Bremse greift nach kürzerem Pedalweg. Wenn du unbedingt noch etwas tun möchtest, kannst du die Gelenke des Gestänges mit etwas Fett einschmieren.

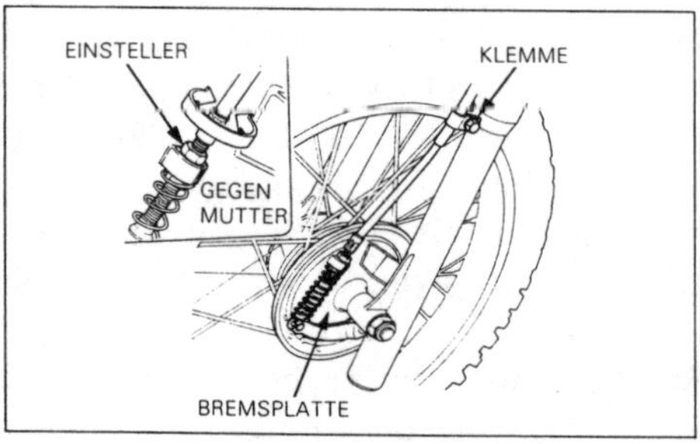

Abb. 45 (Honda)

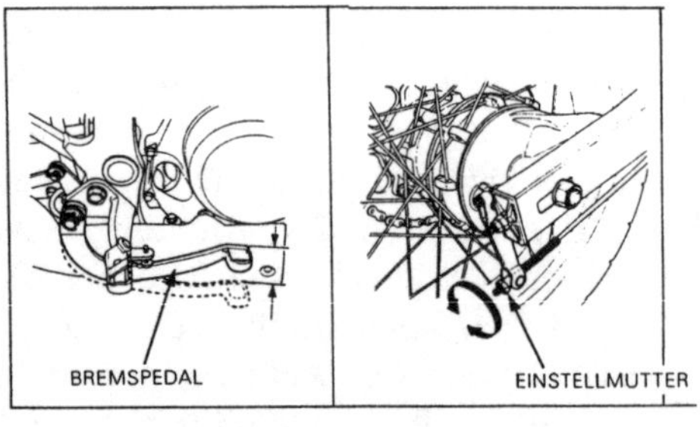

Abb. 46 (Honda)

5 Punkte für eine umweltfreundliche Wartungsarbeit. Socke: ab in die Waschmaschine.

Vorderrad

1. Ausbau

Requisiten: Werkzeug • evtl. Splinte • Mineralwasserkiste • zwei Freundinnen.

Das Vorderrad läuft auf einer Achse, die quer zur Fahrtrichtung an den Gabelholmen befestigt ist. Der Achsbolzen hat an einem Ende ein Gewinde, das mit einer Achsmutter am einen Gabelholm befestigt wird, auf der anderen Seite ist entweder ein Sechskant, ein Inbus oder eine Bohrung im Achsbolzen, durch die du zum Drehen einen Schraubendreher stecken kannst. Des weiteren befindet sich an der Vorderachse meistens der Tachoantrieb, an dem die Tachowelle befestigt ist. Am Gabelholm ist die Bremse befestigt, entweder eine hydraulische Scheibenbremse oder eine Trommelbremse mit einem Seilzug. Der Ausbau des Vorderrades verläuft bei allen Typen in etwa nach dem gleichen Muster. Unterschiedlich ist nur der Ausbau der Bremse: Während bei der hydraulischen Bremse der Bremssattel an der Gabel befestigt bleibt, wird die Trommelbremse mit ausgebaut.

- Als erstes muß das Motorrad auf den Hauptständer gestellt werden. Wenn sich jetzt herausstellt, daß das Vorderrad nicht frei in der Luft hängt, bzw. zu wenig, als daß es unter dem Radlauf herausgenommen werden könnte, mußt du das Motorrad am Motor abstützen. Die einfachste Möglichkeit ist eine Bier- oder besser noch Mineralwasserkiste (die sind höher). Die stellst du auf den Kopf und läßt das Motorrad von zwei guten Freundinnen draufheben. Jetzt sind vermutlich beide Räder ohne Bodenkontakt, das macht nichts, Hauptsache das Motorrad steht halbwegs stabil. Sollte das Hinterrad noch am Boden stehen, lege den ersten Gang ein, damit es nicht herunterrollt. Leider passiert es immer wieder, daß Motorräder abstürzen. Bastle also so lange herum (mit Abstützungen wie z.B. alten Reifen, Holzstücken), bis du wirklich das Gefühl hast, jetzt kann nichts mehr passieren. Bei asymmetrischen Auspuffanlagen ist das sehr schwierig. Hier empfehle ich die unter *Zubehör* beschriebene Montagebühne.
- Jetzt muß die Tachowelle ausgehängt werden (s.o. *Seilzüge*). Schau dir bei dieser Gelegenheit mal an, in welcher Stellung der Tachoantrieb auf der Achse sitzt. Auf einer Seite hat er einen Anschlag an den Gabelholm. Den mußt du dir unbedingt merken, denn genauso muß er später wieder eingebaut werden (Abb. 47).
- Wenn dein Motorrad eine Trommelbremse hat, mußt du den

Bremsseilzug aushängen. Dazu müssen die Kontermutter am unteren Einsteller gelöst und der Einsteller ganz hineingeschraubt werden. Auch hier empfehle ich dir, die ungefähre Einstellung im Kopf zu behalten – also wie viele Zentimeter oder Umdrehungen ist der Einsteller herausgeschraubt gewesen. Wenn der Seilzug gelockert ist, kannst du ihn am unteren Bremshebel aushängen (Abb. 48).

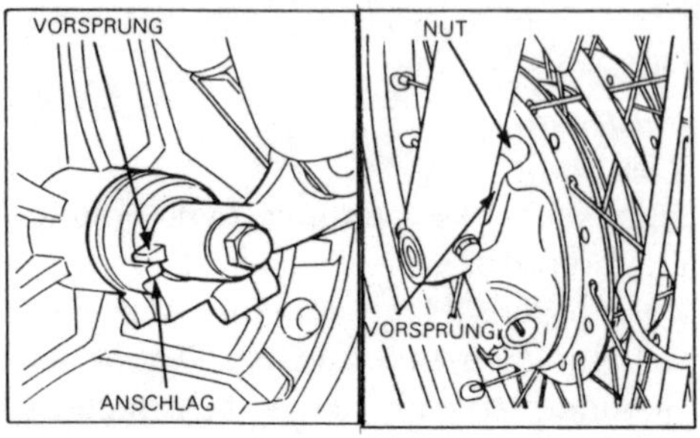

Abb. 47 (Honda)

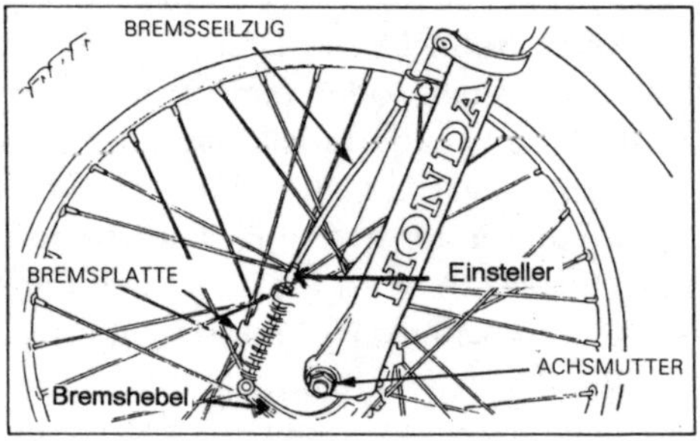

Abb. 48 (Honda)

- Als nächstes löst du die Achsmutter. Die sitzt ziemlich fest, deshalb brauchst du einen möglichst langen Hebelarm an deinem Werkzeug. Auf der einen Seite der Achse setzt du dein Werkzeug an, und auf der anderen mußt du evtl. mit einem anderen Werkzeug (Schraubenschlüssel oder Schraubendreher) gegenhalten, damit sich die Achse nicht mitdreht.
- Je nach Modell ist der Achsbolzen auf der Seite, auf der die Achsmutter aufgeschraubt ist, mit 1, 2 oder 4 Schrauben an den Gabelholm geklemmt. Die Halteschrauben müssen abgeschraubt werden (Abb. 49, 50, 51).
- Jetzt kann der Achsbolzen mit dem Schraubenschlüssel oder Schraubendreher herausgedreht werden. Damit er sich nicht verkantet, kannst du das Rad ein wenig anheben und auf der Seite, auf der die Achsmutter angeschraubt war, mit Hammer und Schraubendreher oder Durchschlag den Bolzen herausschlagen. Laß dir Zeit dabei und beobachte genau, was für Teile dir so entgegenfallen, und vor allem, wo sie in welcher Einbaulage wieder hingehören: Tachoantrieb, Bremsbackenhalter bei der Trommelbremse und evtl. auf der anderen Seite des Rades noch eine Distanzhülse.

- Wenn der Achsbolzen heraus ist, kannst du das Rad herausnehmen, falls es nicht eh schon herausgefallen ist. *Achtung! Sobald sich die Bremsscheibe nicht mehr zwischen den Bremsklötzen befindet, darfst du die Bremse nicht mehr betätigen!*

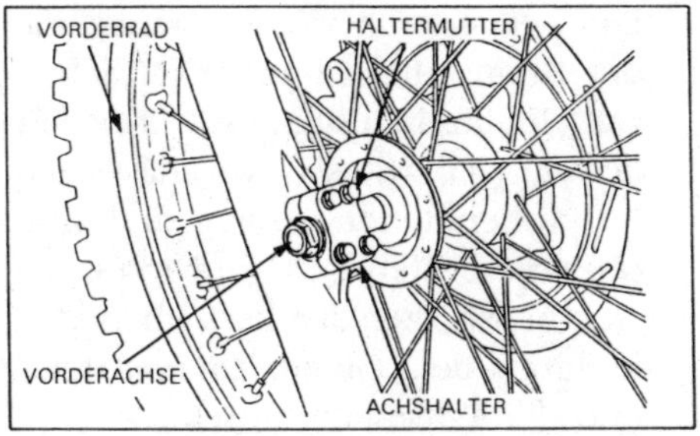

Abb. 49 (Honda)

2. Einbau

Der Einbau erfolgt in umgekehrter Reihenfolge:

- Achsbolzen evtl. mit etwas Fett einschmieren und in die Bohrung am Gabelholm einsetzen.

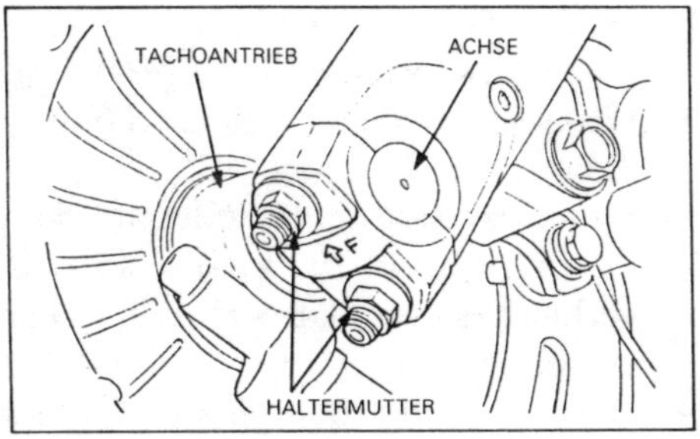

Abb. 50 (Honda)

- Bei der Trommelbremse die beiden Bremsgehäuse so ineinanderfügen, daß beide Ansätze des Tachoantriebs in die dafür vorgesehenen Ausschnitte passen (Abb. 52).
- Bei der Ausführung mit Scheibenbremse den Tachoantrieb außen auf das Rad aufsetzen und in die „richtige" Stellung drehen. (Wie war das noch eingebaut???)

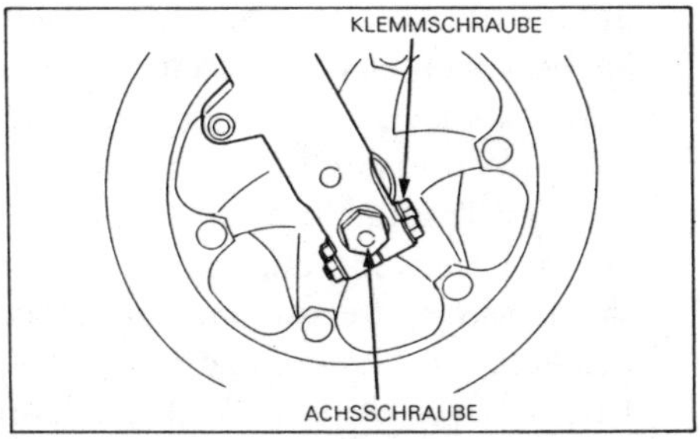

Abb. 51 (Honda)

- Jetzt wird das Vorderrad zwischen den Gabelholmen in die Stellung gebracht, daß der Achsbolzen durchgeschoben werden kann. Bei der Scheibenbremse muß die am Rad befindliche Bremsscheibe vorsichtig zwischen die Bremsklötze geschoben werden. Sollte das überhaupt nicht funktionieren, kannst du den Bremssattel oder bei der Doppelscheibenbremse eben beide abschrauben und später, wenn das

Rad befestigt ist, wieder draufschrauben. Jeder Bremssattel ist mit zwei Schrauben am Gabelholm befestigt. Auf diese Schrauben kommt – falls du so etwas hast – ein Tropfen Schraubenkleber. Anzugsdrehmoment mit oder ohne Kleber ca. 30 Nm (s. Abb. 28).

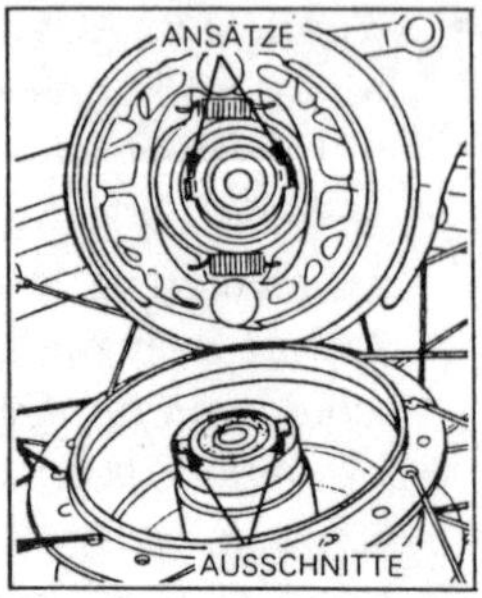

Abb. 52 (Honda)

- Den Achsbolzen durchschieben, drehen, vielleicht mit dem Gummihammer durchschlagen und die Achsmutter ansetzen.
- Wenn das Rad gerade zwischen den Holmen hängt und sich leicht drehen läßt, kannst du die Klemmhalterung anschrauben. Aber noch nicht ganz festziehen!
- Erst die Achsmutter fest anziehen (ca. 45 Nm).
- Jetzt bitte noch mal deine Freundinnen, dir beim Abbocken zu helfen.
- Wenn das Motorrad wieder auf dem Vorderrad steht, drücke zwei- bis dreimal auf die Gabel, so daß sie etwas einfedert. Dadurch verhinderst du, daß sich der Achsbolzen in der Klemmhalterung verspannt.
- Nun kannst du die Klemmschrauben festziehen. Wenn es mehrere sind, zuerst die vordere(n) oder die obere(n) anziehen. Drehmoment ca. 20 Nm, also nicht mit Gewalt!
- Als nächstes befestige die Tachowelle wieder. Spätestens jetzt merkst du, wenn irgendwas nicht stimmt. Dann hat sich der Tachowellenhalter verkantet, weil er nicht in der richtigen Stellung eingebaut ist. Fast kein Problem – einfach Schritt für Schritt zurück (bitte noch mal aufbocken) und den Halter verdrehen, bis er paßt.
- Bei der Trommelbremse baust du jetzt den Bremsseilzug wieder ein und stellst ihn ungefähr so ein, wie er vorher war. Das Rad muß sich halbwegs frei drehen, darf dabei ruhig ein paar Schleifgeräusche machen, muß beim Betätigen der Bremse aber auch stehenbleiben. Du kannst auch nach der Probefahrt noch mal nachstellen.
- Bei der hydraulischen Scheibenbremse fällt dir der Bremshebel bei der ersten Betätigung durch. Macht nix. Bremse einfach zwei- bis dreimal, dann stimmt der Druck wieder. Durch das Heraus- und Hereinschieben der Bremsscheibe hast du die Bremsklötze ein wenig auseinandergeschoben. Die müssen erst wieder an die Scheibe herangepumpt werden.

So, wenn jetzt keine Teile übriggeblieben sind, das Rad sich frei drehen läßt und die Bremse funktioniert, bist du fertig.

Bleibt wieder die Frage der Entsorgung, bzw. wie bekommst du einen grünen Punkt. Deine beiden Freundinnen – wenn es sich denn auch wirklich um solche handelt – würde ich nicht an der Tankstelle und auch nicht bei einem Giftmobil abgeben. Ich bin für Aufbewahren, zumal du sie zumindest für das Projekt Hinterrad noch brauchst. Wie wär's mit Currywurst essen gehen (1 grüner Punkt). Oder ihr leert das Marmeladenglas, denn das brauchst du jetzt bald.

Hinterrad

Requisiten: Werkzeug • ggf. Splinte • ggf. Mineralwasserkiste • Socke.

Der Ausbau des Hinterrads unterscheidet sich von dem des Vorderrads dadurch, daß sich am Hinterrad eine technische Einrichtung zum Antrieb des Rades befindet, von der das Rad getrennt werden muß. Eventuell wird der Ausbau zusätzlich durch ein Rohr der Auspuffanlage oder einen Kofferhalter erschwert. Bei fast allen Motorrädern läßt sich das Hinterrad herausnehmen, ohne die Auspuffanlage abzuschrauben. Der Kofferhalter stört im allgemeinen nur, versperrt aber nicht den Zugang zu irgendwelchen Schrauben. Unter Umständen muß dir also wieder deine Freundin helfen und das Motorrad hinten anheben, damit du das Rad herausnehmen kannst.

Bei den Antriebsarten unterscheidet sich der Arbeitsablauf zwischen ketten- und riemengetriebenen Motorrädern von denen mit Kardanantrieb, und zwar dadurch, daß beim Kardan der Ausbau viel einfacher ist.

Wir beschreiben deshalb an dieser Stelle die Variante mit Kette und Zahnriemen. Welche Arbeitsschritte beim Kardan wegfallen, erklären wir hinterher.

1. Ausbau des Hinterrades mit Kettenantrieb

Zuerst mußt du das Motorrad wieder so aufbocken, daß das Hinterrad frei ist. Da genügt meistens schon der Hauptständer. Ansonsten empfehlen wir die Mineralwasserkiste (siehe *Vorderradausbau*).

★ Erster Arbeitsgang ist das Lösen der Hinterradachsmutter (Abb. 53). Auf einer Seite befindet sich die Mutter, die evtl. mit einem Splint gesichert sein kann. Den mußt du aufbiegen und am Schlaufenende heraushebeln. Das geht am besten mit einem Seitenschneider. Du kannst auch die Enden abzwicken, dann läßt er sich leichter herausziehen. Wenn's kein Dauersplint ist, der leicht herauszuziehen und wiedereinzusetzen ist, brauchst du sowieso einen neuen. Falls sich der Achsbolzen beim Lösen mitdreht, mußt du auf der anderen Seite mit einem Schraubenschlüssel oder Schraubendreher gegenhalten.

★ Ist die Hinterachse gelockert, wird der Kettenspanner gelöst. Da gibt's verschiedene Bauarten, schau dir an, wie deiner funktioniert, wahrscheinlich kennst du das sowieso schon vom Fahrrad. In jedem Fall gibt es zwei Kettenspanner, und zwar einen rechts und einen links vom Rad. Mit ihnen wird das Rad auf der Achse justiert, um einerseits gerade zu laufen und andererseits die Kettenspannung einzustellen. Das geschieht dadurch, daß das Rad weiter vorn oder hinten auf der Hinterradschwinge festgeschraubt wird.

★ Die meisten Kettenspanner bestehen aus einer Einstellschraube, die – wird sie weiter hineingeschraubt – das Rad nach hinten zieht. Fixiert wird sie über eine Kontermutter. Als Anhaltspunkt befindet sich an der Hinterradschwinge eine Skala. Damit das Rad gerade läuft, müssen beide Einsteller links und rechts auf die gleiche Markierung eingestellt werden.

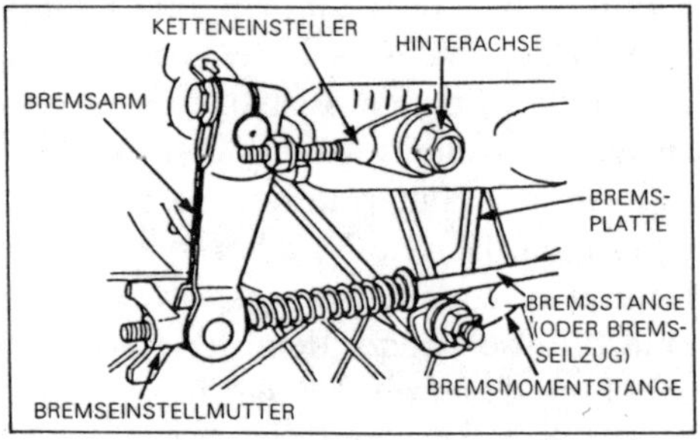

Abb. 53 (Honda)

Bei einer anderen Variante besteht der Spanner aus einer nicht ganz runden Platte (Exzenterscheibe), die du drehen kannst, sobald die Achsmutter locker ist. Über das Verdrehen wird das Rad wieder verschoben. Auch hier gibt's Markierungspunkte und jeweils einen Spanner rechts und links (Abb. 54).

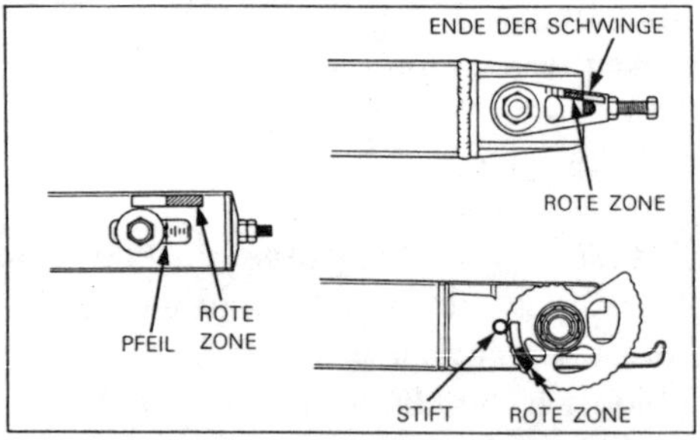

Abb. 54 (Honda)

• Merke dir also die Einstellung auf der Skala, löse die Kontermuttern der Spanner und lockere die Einstellschrauben oder die Einstellscheiben, bis du das Rad so weit vorschieben kannst, daß sich die Kette abnehmen läßt.
• Hat dein Motorrad eine hydraulische Scheibenbremse am Hinterrad, mußt du den Bremssattel eventuell lockern oder abschrauben.

Du kannst aber auch probieren, das Rad so herauszunehmen. (Geht manchmal, heißt aber nicht, daß es auch wieder reingeht.) Der Bremssattel ist wieder mit zwei, evtl. drei vermutlich Inbusschrauben an der Hinterachsschwinge befestigt. Du kannst, wenn du eine Schraube locker drinläßt und die andere(n) herausnimmst, den Sattel wegklappen. Das genügt meistens und erleichtert den Einbau.

Sobald der Bremssattel nicht mehr auf der Bremsscheibe sitzt, darf die Hinterradbremse nicht mehr betätigt werden.

- Bei der Trommelbremse schraubst du die Bremseinstellmutter ab, merkst dir, wie weit sie ungefähr draufgeschraubt war, und ziehst die Bremsstange heraus. Dabei fallen die Feder und eine Buchse heraus (siehe Abb. 53).

  Sollte die Stange noch nicht herausgehen, ziehe sie später ab, wenn du das Rad herausnimmst.
- Bei Trommelbremsen ist die Bremsankerplatte, auf der ja die Bremsbacken sitzen, irgendwo befestigt, damit sie sich nicht mit dem Rad und der Bremstrommel mitdreht. Meistens wird die Bremsankerplatte über eine sogenannte Bremsmomentstange gehalten (siehe Abb. 53). Die ist mit einer Mutter angeschraubt und mit einem kleinen Splint gesichert. Also: Splint herauspulen und die Mutter abschrauben. Jetzt hängt die Bremsmomentstange noch auf der Schraube, kann aber einfach runtergebogen werden.
- Wenn dein Motorrad eine Trommelbremse hat, aber keine Bremsmomentstange zu finden ist, ist die Ankerplatte in eine Nut an der Hinterradschwinge geschoben (Abb. 55). Schau dir das an, damit du beim Einbau weißt, in welcher Stellung die Bremse eingebaut wird.
- Egal ob Trommel- oder Scheibenbremse, wenn du die Bremseinrichtung abgeschraubt hast, kannst du die Achsmutter abschrauben und den Hinterachsbolzen herausdrehen oder sie mit Hammer und Schraubendreher herausschlagen. Da fallen wieder mal diese und jene Distanzbuchsen heraus. Bitte merke dir, welches Teil in welcher Reihenfolge auf dem Achsbolzen sitzt.

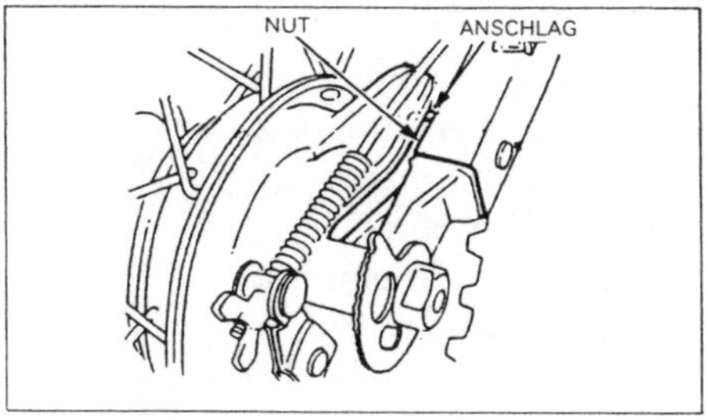

Abb. 55 (Honda)

- Jetzt mußt du nur noch die Kette beiseite legen und das Rad irgendwie am Radlauf, Kofferhalter, Auspuff und Nummernschild vorbeimanövrieren. Wie gesagt, es geht heraus, und oft ist es das Einfachste, das Motorrad von deiner und noch einer Freundin hinten hochheben zu lassen, weil nach unten beim Herausheben nichts im Weg ist. Wenn das Rad draußen ist, kannst du die Bremsankerplatte mit den Bremsbacken herausnehmen und den Belag auf Verschleiß prüfen (mindestens 2 mm dick).

2. Einbau des Hinterrades

Auch hier heißt es wieder, in umgekehrter Reihenfolge zusammenbauen wie ausgebaut wurde.

- Hinterrad zwischen die Arme der Hinterradschwinge halten, Kette ansetzen und Achsbolzen mit den Distanzstücken durchschieben, so daß das Rad wieder in der Schwinge hängt. Beachte die Einbaulage der Bremsankerplatte.
- Achsmutter ansetzen.
- Bremsstange mit Feder und Buchse einfädeln und Einstellmutter ansetzen.
- Bremsmomentstange festschrauben und neuen Splint einsetzen. Drehmoment ca. 30 Nm.
- Bei der Scheibenbremse muß jetzt der Bremssattel wieder befestigt werden. Falls du die Schrauben herausgenommen und einen Schraubenkleber zur Hand hast, kannst du einen Tropfen drauftun und sie dann auch mit ca. 30 Nm anziehen.
- Wenn der Sattel festgeschraubt ist, also wieder auf der Bremsscheibe sitzt, betätige das Bremspedal zwei- bis dreimal, damit die Klötze wieder an die Scheibe herangepumpt werden.

★ Jetzt wird die Kette auf das Zahnrad am Hinterrad aufgelegt, und die Kettenspanner werden so eingestellt, wie sie vorher waren. Zur Überprüfung der Kettenspannung bocke das Motorrad ab, federe es ein paarmal ein und prüfe dann die Kettenspannung (Abb. 56). Die Kette soll sich an einer der beiden abgebildeten Stellen ca. 2 cm bewegen lassen.

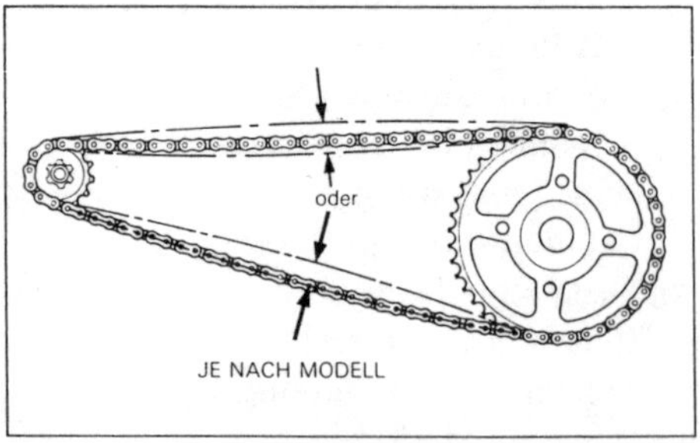

Abb. 56 (Honda)

- ★ Wenn die Kettenspannung stimmt und beide Einsteller auf der gleichen Markierung stehen, kannst du die Kontermuttern – soweit vorhanden – festziehen (ca. 20 Nm).
- ★ Als nächstes wird die Achsmutter ganz festgezogen und gegebenenfalls versplintet (Anzugsdrehmoment ca. 40 – 50 Nm).
- ★ Zum Schluß mußt du bei der Trommelbremse noch die Feineinstellung an der Bremseinstellmutter vornehmen. Dazu stelle das Motorrad auf den Hauptständer, drehe das Hinterrad und probiere, bei welcher Einstellung das Rad sich einerseits noch frei drehen läßt, andererseits der Fußbremshebel nicht zu spät wirkt.

Wenn alle Teile verbaut sind und außer abgezwickten Splinten nichts mehr herumliegt, bist du fertig. Beim ersten Mal brauchst du hierfür je nach Tücke der Motorradkonstruktion ein bis zwei Stunden. Beim zweiten Mal hast du das Rad in zehn Minuten abgebaut. Versprochen!

3. Hinterrad mit Riemenantrieb

Bei riemengetriebenen Motorrädern erfolgt der Aus- und Einbau genauso wie bei Motorrädern mit Kette. Die Zahnriemenspannung mißt du, indem du den Riemen in der Mitte zwischen den beiden Zahnrädern zu verdrehen versuchst. Wenn es dir mit Fingerkraft gelingt, ihn ungefähr in die Senkrechte zu drehen, stimmt die Spannung. Am besten testest du die Spannung, bevor du den Riemen lockerst, und stellst ihn hinterher wieder so ein.

4. Hinterradausbau bei Motorrädern mit Kardan

Wenn du nicht gerade eine neuere BMW fährst, bei der zum Hinterradausbau – wie beim Auto – nur noch drei oder vier Radschrauben geöffnet werden müssen, geht der Aus- und Einbau des Hinterrads bei kardangetriebenen Motorrädern genauso vor sich wie bei kettengetriebenen Motorrädern. Du läßt einfach nur alle Schritte aus, die mit dem Lösen, Einstellen und Befestigen der Kette zu tun haben. Dann bleiben folgende Arbeitsgänge übrig:

- Achsmutter lösen, da gibt's manchmal eine Klemmschraube als Sicherung, die muß vorher gelockert werden (Abb. 57).
- Bei Trommelbremse: Bremsgestänge abschrauben (s.o.).
- Bei hydraulischer Bremse: den Bremssattel wegklappen (s.o.).
- Achsbolzen herausziehen, drehen, schlagen. Distanzbuchsen auffangen (s.o.).
- Das Hinterrad fällt nicht heraus, sondern hängt am Hinterachsgetriebe. Du kannst es bequem zur Seite herunterheben (Abb. 58).

Einbau in umgekehrter Reihenfolge.

- Außer der Einstellung des Bremshebelweges bei der Trommelbremse mußt du hier nichts justieren. Wie schade!

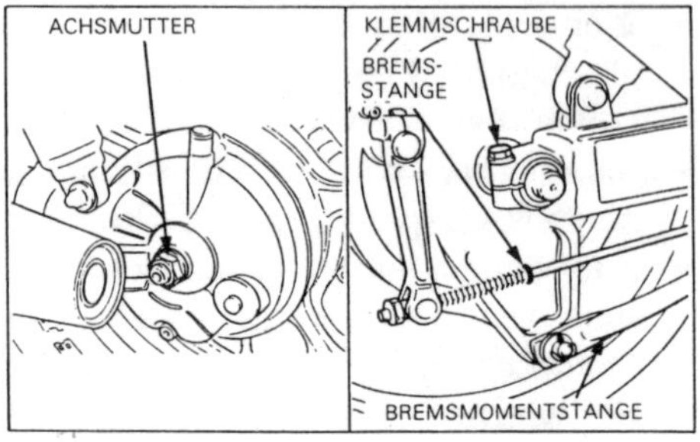

Abb. 57 (Honda)

Räder und Reifen
Grundsätzlich unterscheiden sich Reifen dadurch, ob sie mit einem Schlauch ausgestattet sind oder nicht. Das hängt in erster Linie von der Felge ab. Die Felge ist das runde Metallrad, auf das der Gummireifen draufgezogen ist. Felge und Reifen zusammen bilden das Rad.

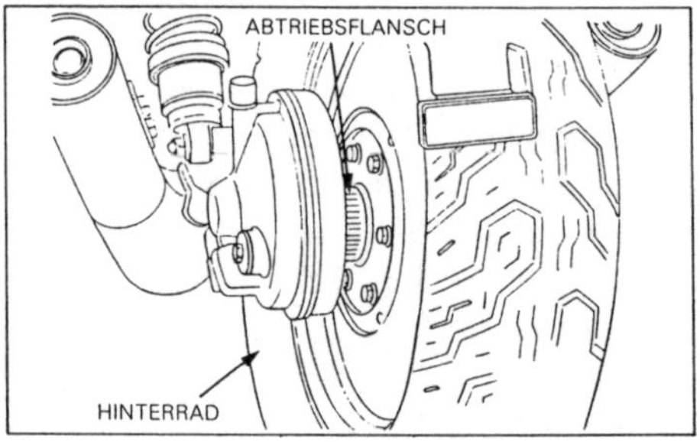

Abb. 58 (Honda)

Es gibt Gußräder, Verbundräder und Speichenräder. Speichenräder sehen aus wie Fahrradräder, nur stabiler.

Speichenräder: Sie sind elastisch und sehen sehr schön aus. Dadurch, daß die Speichen innen durch die Felge gesteckt sind, ist die Felge nicht luftdicht. Deshalb sind Speichenräder immer mit einem Luftschlauch ausgestattet. Der Reifen selbst dient – wie beim Fahrrad – als Mantel, der den Schlauch schützt und Bodenhaftung gewährleistet.

Die einzelnen Speichen können sich im Lauf der Zeit lockern. Um die Spannung zu prüfen, entlastest du das Rad und drehst es durch. Dabei klapperst du einen Schraubendreher an den Speichen entlang und hörst dir den Klang an. Sollte eine Speiche anders klingen als ihre Kolleginnen, vermutlich tiefer, kannst du sie an der Felgenseite am Vierkant mit einem Gabel- oder speziellen Speichenschlüssel etwas fester drehen, bis sie ihre Stimmlage wiedergefunden hat.

Gebrochene Speichen müssen erneuert werden, weil sie ein Ungleichgewicht (Unwucht) ins Rad bringen und die Stabilität verringern. So etwas würde ich von einer Werkstatt reparieren lassen. Bei der Gelegenheit sollten gleich alle Speichen geprüft und so gespannt werden, daß das Rad gerade läuft. Das läßt sich ohne entsprechende

Vorrichtung nicht selber prüfen. Es reicht, wenn du das Rad selbst ausbaust und in die Werkstatt rollst.

Guß- und Verbundräder erfreuen sich großer Beliebtheit. Da die Felgeninnenfläche keine Löcher hat, brauchst du auch keinen Schlauch. Leider sehen sie nicht so schön aus wie Speichenräder, sind aber stabiler.

Reifen: Motorrad-Reifen haben drei Gemeinsamkeiten: Sie sind rund, meistens schwarz und aus Gummi. Ansonsten unterscheiden sie sich wie folgt: Vorderradreifen, Hinterradreifen, Enduroreifen mit Stollen, Straßenreifen ohne Stollen, schlauchlose Reifen „Tubeless“ und Reifen mit Schlauch „Tube-Type“.

Wenn ein Reifen als „Tube Type“ ausgeschrieben ist, bzw. nicht „Tubeless“ draufsteht, muß ein Schlauch eingezogen werden.

Hingegen kann ein „Tubeless”-Reifen u.U. auch mit Schlauch gefahren werden. Zum Beispiel, wenn er selbst nicht mehr ganz luftdicht ist oder wenn er für ein Speichenrad verwendet wird.

Reifen haben des öfteren eine festgelegte Laufrichtung. Die ist in Form eines Pfeiles auf der Reifenseitenwand angegeben. Dabei wird davon ausgegangen, daß du hauptsächlich vorwärts fährst. Ansonsten kann dir das alles egal sein. Wenn du einen Reifen für dein Motorrad brauchst, schau im Fahrzeugschein oder -brief unter den Nummern 20 und 21 nach. Da stehen die für dein Motorrad zugelassenen Reifengrößen und Typen.

Das Räderausbauen würde ich an deiner Stelle selber machen. Das Reifenaufziehen hingegen nicht. Das ist eine ziemliche Plackerei, wobei die Felge leicht beschädigt werden kann. Außerdem muß das Rad hinterher neu gewuchtet werden. Das heißt, unrunde Stellen im Gummi oder Beulen an der Felge müssen mit Wuchtgewichten auf der gegenüberliegenden Seite ausgeglichen werden. Und dazu mußt du's dann sowieso in die Werkstatt bringen.

Prüfen des Reifens

- Ob du einen neuen Reifen brauchst, würde ich nicht der Beurteilung durch die Polizei überlassen. Dieses freundliche Hinweisschreiben kostet nämlich mehr als ein neuer Reifen und bringt dir außerdem noch einen Punkt in einem artfremden Punktesystem, das wir hier nicht anerkennen.
- Gemessen wird das Profil auf der Lauffläche des Reifens. Es soll an der dünnsten Stelle mindestens 2 mm tief sein. Wohlgemerkt: mindestens. Zwischen den Profilstollen sind meistens dünne Brük-

ken eingebaut. Wenn der Reifen so weit abgefahren ist, daß das Profil mit der Brückenhöhe übereinstimmt, ist die Verschleißgrenze erreicht.

- Außerdem darf der Reifen keine Risse oder porösen Veränderungen aufweisen.
- Die Luft, die du hineinfüllst, sollte auch länger drinnen bleiben. Damit meine ich nicht Stunden, Tage oder Wochen, sondern Monate.
- Der Luftdruck sollte unbedingt den Herstellerangaben entsprechen. (Richtwerte: vorne ca. 1,8 bar; hinten 2,1 bar). Zuwenig Luftdruck führt zu Lenkerflattern und instabiler Straßenlage.

Antriebe und ihre Pflege

Ist dein Motorrad mit einer Antriebskette ausgestattet, wirst du nicht umhin kommen, dich andauernd mit ihr zu beschäftigen. Andauernd heißt z.B. alle 1 000 km die Kettenspannung kontrollieren und ggf. nachspannen. Dann will die Kette gut geschmiert sein. Je nach Witterung und Straßenverhältnissen (Regenstraße, Sandweg) kann es sein, daß du jede Woche nachfetten mußt. Und gelegentlich, z.B. vor und nach dem Motorradurlaub, möchte deine Kette gebadet und neu eingecremt werden. Sollte es dir so gehen wie mir – verspürst du kaum mütterliche Gefühle für deine Kette, eher Neid und Mißgunst –, bist du mit einem Kardan- oder Riemen-betriebenen Motorrad besser bedient. Ein Zahnriemen hält viele Jahre und dehnt sich in dieser Zeit nur sehr wenig aus. Du wirst ihn vermutlich nie nachspannen müssen, eher wirst du den Hinterreifen ersetzen, und beim Wiedereinbau des Hinterrads spannst du den Antriebsriemen ja sowieso. Einziger Nachteil: Dieses komische Gummiband sieht scheußlich aus. *Bringt dir aber sicher 11 grüne Punkte ein.*

Kardanantrieb
Hast du dich hingegen für ein Motorrad mit wunderschönem Kardanantrieb entschieden, brauchst du eigentlich nur jede Saison einmal den Ölstand am Hinterachsgetriebe zu prüfen, ganz vielleicht mal etwas nachzufüllen, aber solange keine Undichtigkeit vorhanden ist, geht auch nichts verloren. Und alle paar Jahre, nach ca. 20 000 km oder sogar noch seltener, wechselst du das Öl komplett.

Ansonsten fährst du mit dem Kardan, bis er kaputtgeht, und das kann dauern. Nachteile? Natürlich keine. *(5 grüne Punkte gratis.)*

1. Prüfen des Hinterachsgetriebeölstands (Abb. 59)
Requisiten: Schraubenschlüssel für Einfüll- und Ablaßschraube • Trichter • Getriebeöl nach Herstellerangabe • noch eine alte Socke.

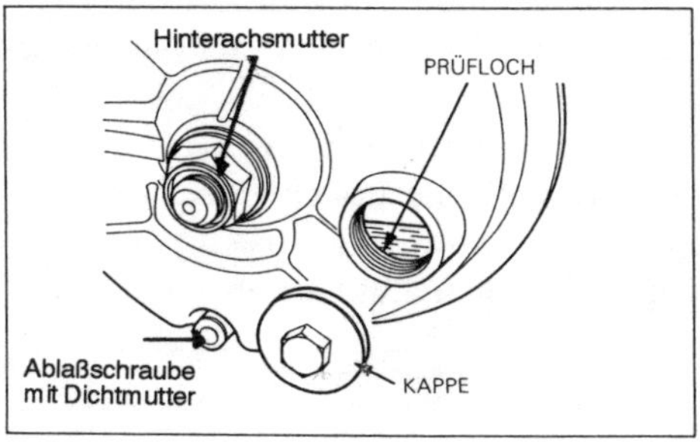

Abb. 59 (Honda)

Zum Prüfen des Ölstands öffnest du die Einfüllschraube an der Seite des Hinterachsgetriebes. Da gibt's nur drei Schrauben: in der Mitte die Mutter für die Hinterachse (die nicht), dann die Ablaßschraube unten (auch nicht) und die Einfüllschraube an der Seite (die ja). Der Ölstand soll bis zum unteren Rand des „Prüflochs" reichen. Legst du also einen Finger waagerecht auf die Öffnung und spürst an der Fingerunterseite Öl, ist alles okay. Wenn zuwenig Öl drin sein sollte, füllst du mit einem Trichter soviel ein, bis es aus der Öffnung herausläuft. Dann schraubst du schnell wieder zu und wischst das hinuntergelaufene Öl vom Hinterreifen ab. Hierzu wird übrigens kein Motoröl eingefüllt, sondern ein besonderes Getriebeöl.

2. Wechseln des Hinterachsgetriebeöls
Requisiten: Schraubenschlüssel für Einfüll- und Ablaßschraube • Trichter • Getriebeöl nach Herstellerangabe • noch eine alte Socke • Marmeladengurkenglas.
Zum Wechseln des Öls öffnest du sowohl Einfüll- als auch Ablaßschraube. Damit das Öl möglichst vollständig herausläuft, würde ich es vorher warmfahren. Das mehrfach erwähnte Gurken- bzw. Marmeladenglas wird reichen, das alte Öl aufzunehmen (ca. 0,25 l). Um ein vollständiges Ablaufen des Öls zu gewährleisten, kannst du das Hinterrad langsam drehen.

Wenn nichts mehr kommt, schraubst du die Ablaßschraube mit Dichtung wieder fest. Je nach Größe 20 – 30 Nm. Dann füllst du das vom Hersteller empfohlene Getriebeöl ein, bis es aus der Einfüllöffnung herausläuft. Zuschrauben (ca. 30 Nm) und abwischen, damit du sehen kannst, ob alles dicht ist.

Abschließend wird das Marmeladengurkenglas verschlossen und an der Tankstelle gegen einen grünen Punkt eingetauscht. Socke waschen oder im Kaufhaus abgeben (noch'n Punkt).

Kettenantrieb

Gut, du hast also ein Motorrad mit einer Antriebskette. Macht ja nichts, gibt aber keine Punkte. Meine Lektorin sagt, das sei diskriminierend und gemein, weil Motorräder mit wunderschönem Kardanantrieb viel teurer sind als solche mit Kette. Das mag wohl sein, aber Umweltschutz ist eben nichts für arme Leute.

Um die Kette richtig pflegen zu können, mußt du wissen, was für eine Kette dein Motorrad hat. Es gibt einfache Rollenketten, die sehr häufig gefettet werden müssen, weil durch die hohe Geschwindigkeit, mit der sich die Kette dreht, sehr starke Fliehkräfte an ihr wirken und dadurch das Fett von der Kette weggeschleudert wird. Seit Mitte der siebziger Jahre gibt es im Motorradbau die sogenannten O-Ring-Ketten (Abb. 60). Bei diesen Ketten ist zwischen dem Nietbolzen und der Hülse eine Fettfüllung, die durch vier O-Ringe pro Kettenglied abgedichtet wird. Diese Ketten leiern nicht so schnell aus und müssen „nur“ noch alle 1000 km gespannt werden. Sie brauchen auch nicht jeden Tag, sondern, je nach Wetter und Belastung, nur alle zwei bis vier Wochen gefettet zu werden.

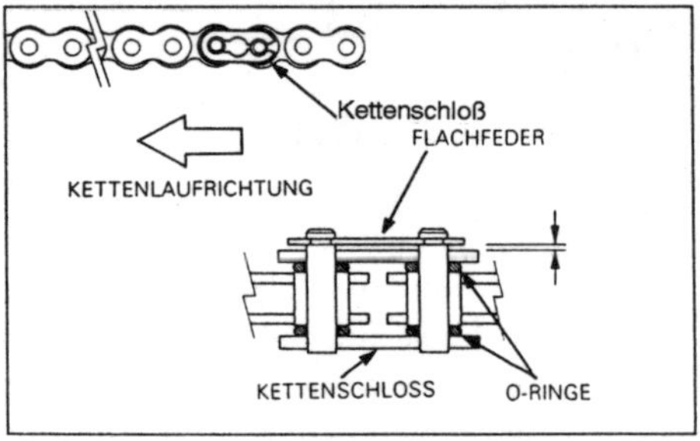

Abb. 60 (Honda)

1. Fetten der Kette

Requisite: Kettenspray.

Zum Fetten brauchst du ein Kettenspray. Das gibt's mit mehr oder weniger umweltschädlichem Treibmittel und als Ausführung für Ketten mit oder ohne O-Ringe. Das ist wichtig. Hast du das richtige Spray, dann stelle das Motorrad auf den Hauptständer, sprühe die Kette am hinteren Zahnrad gleichmäßig ein und drehe das Rad dabei langsam weiter, bis die Kette einmal herumgelaufen ist.

2. Ausbau und Reinigen der Kette

Requisiten: Reinigungsspray oder Werkzeug • Schüssel • alte Spülbürste • Reinigungsmittel • Handtuch oder altes Sockenpaar • evtl. Nagellack oder Stift • ggf. Kettentrenner • ggf. Kettenschloß • evtl. das Gewicht der besten aller Freundinnen.

Um die Kette zu reinigen, kannst du ein entsprechendes Spray mit

Reinigungszusatz auf die Kette sprühen oder – was gründlicher, aber auch viel aufwendiger ist – die Kette ausbauen und in einem Bad reinigen (besuche hierfür eine öffentliche Badeanstalt).

Beim Ausbau der Kette gibt es zwei grundsätzlich verschiedene Voraussetzungen. Entweder es handelt sich um eine sogenannte Endloskette oder um eine Kette mit Kettenschloß. Letztere kann an der Stelle, an der das Kettenschloß angebracht ist, geöffnet werden, und somit läßt sie sich einfach von den Zahnrädern herunterziehen.

Bei einer Endloskette mußt du entweder die Hinterradschwinge ausbauen oder mit einem Kettentrenner die Kette gewaltsam öffnen und hinterher mit einem Kettenschloß verschließen. Wenn es keinen besonderen Grund für eine Endloskette gibt, empfehlen wir dir, aus ihr eine Kette mit Kettenschloß zu machen.

- Als erstes wird das Motorrad aufgebockt, dann muß die Achsmutter am Hinterrad gelockert und die Kettenspanner links und rechts an der Hinterradschwinge müssen gelöst werden. Bei Exzenterscheiben wird die Scheibe verdreht, bei den Einstellern mit Indexmarken wird die Kontermutter gelöst und dann die Einstellschraube herausgeschraubt, bis das Rad sich so weit nach vorn bewegen läßt, daß die Kette abgenommen werden kann (vgl. *Ausbau des Hinterrades*).
- Bei *Kettenschloß:* Um nun das Schloß zu öffnen, mußt du es mit einem Schraubendreher (groß) in Kettenlaufrichtung herunterschieben. (Achtung: Kettenschlösser neigen zu den gleichen Spielchen wie Sicherungen.) Danach kann das geöffnete Kettenglied auf der dem Schloß gegenüberliegenden Seite herausgezogen werden. Wenn die Kette auf ist, ziehst du sie herunter.
- Bei *Endloskette:* Mit Kettentrennwerkzeug ein Kettenglied herausnehmen. Zur Reinigung kannst du die Kette in eine Schüssel legen und abbürsten. O-Ring-Ketten dürfen in O-Ring-Kettenreinigungsmittel oder in Benzin baden. Ketten ohne O-Ringe kannst du in Reinigungsöl oder Paraffin waschen.
- Nach der Reinigung trocknest du die Kette mit der Socke oder dem geerbten Handtuch ab (sonst erkältet sie sich). Papiertücher, die fusseln, sind nicht geeignet. Danach muß die Kette neu gefettet werden. Für diese Grundfettung verwendest du Kettenfett. Die Kette soll gut durchgefettet werden, darf aber nicht tropfen, da das Öl sonst auf den Reifen geschleudert werden könnte, und du bei der nächsten Kurve auf die Straße.
- Zum Einbauen der Kette wirst du jetzt nicht umhin kommen, den Seitendeckel, der das vordere Kettenritzel abdeckt, abzuschrauben.

Der läßt sich oft sehr leicht mit drei bis vier Schrauben entfernen, es kann aber auch sein, daß du den Schalthebel abbauen mußt. Dann wundere dich nicht, sondern nimm es einfach als Konstruktionsfehler des Herstellers hin.

Der Schalthebel ist auf einen Getriebebolzen mit vielen kleinen Zähnen geschoben und mit einer Klemmschraube befestigt. Zum Abbauen mußt du die Klemmschraube lösen und den Hebel runterhebeln oder mit dem Hammer runterklopfen. Du tust gut daran, dir vorher auf dem Bolzen und dem Hebel zwei Markierungen mit Kreide, Nagellack oder Eddingstift oder zwei Punkte mit dem Körner (siehe *Werkzeug*) zu machen, denn sonst mußt du beim Einbau wahrscheinlich verschiedene Stellungen ausprobieren, bevor alle Gänge wieder ordentlich reingehen.

- Hast du den Deckel dann abgeschraubt, kannst du die Kette von vorn nach hinten aufziehen und am hinteren Zahnrad, wo sie nicht so schlackert, das Kettenschloß einsetzen. Bei O-Ring-Ketten wirst du das Kettenglied evtl. mit einer Wasserpumpenzange zusammendrücken müssen, damit das Kettenschloß überhaupt in die Nuten an den Nietstiften einrasten kann.
  Ganz wichtig ist die Einbaurichtung des Kettenschlosses: *Die geschlossene Seite muß in Laufrichtung der Kette zeigen* (vgl. Abb. 60), sonst besteht die Gefahr, daß sich das Schloß während der Fahrt öffnet, und dann peitscht die Kette unkontrolliert auf dich und dein Motorrad ein.
- Wenn die Kette geschlossen ist und auf beiden Zahnrädern läuft, wird sie so gespannt, daß sie in der Mitte zwischen den beiden Zahnrädern einen Durchhang von ca. 2 cm hat. Gemessen wird dies üblicherweise in eingefedertem Zustand mit dem Gewicht der besten aller Freundinnen. Es geht aber auch, ohne daß jemand draufsitzt. Dann laß sie etwas lockerer, denn je mehr Gewicht, desto weiter geht das Rad nach hinten, die Kette wird also strammer. An den Kettenspannern wird durch gleichmäßiges Hereinschrauben der Einsteller links und rechts das Hinterrad nach hinten gezogen, so daß die Kette immer straffer wird.

Ist die richtige Spannung erreicht, und läuft das Rad gerade – das siehst du an den Indexmarken links und rechts –, ziehst du die Kontermuttern fest. Bei Exzenterscheiben drehst du diese so lange, bis die Kettenspannung stimmt. Ist die Kettenspannung fertig eingestellt, muß noch die Hinterachsmutter festgezogen werden (ca. 40 Nm, vgl. *Einbau Hinterrad*).

3. Erneuern von Kette und Zahnrädern
Requisiten: Werkzeug • Ketten-Kit • 2 Freundinnen • Mineralwasserkiste • ggf. Kettentrenner oder Flex • u.U. Spülmaschine.
Wenn die Kette zu lang geworden oder alt ist oder die Zahnräder verschlissen sind, kannst du alles miteinander auswechseln. Es gibt für jedes Motorrad ein sogenanntes Ketten-Kit, das ist ein Set bestehend aus vorderem und hinterem Kettenritzel sowie neuer Kette. Da alle drei ein Leben lang miteinander gelaufen sind, sind sie aufeinander eingespielt oder – wie in anderen Lebensgemeinschaften auch – gleichermaßen verschlissen und sollten auch gemeinsam ausgewechselt werden. Übrigens gibt es diese Ketten-Kits nicht nur von Motorradherstellern, sondern auch von verschiedenen Kettenherstellern. Dort sind sie meistens deutlich billiger und nicht unbedingt schlechter. Es lohnt sich, Erkundigungen einzuholen. Von No-name-Ketten rate ich dir zuliebe ab.

Woran erkennst du, daß ein Ritzel verschlissen ist? Wie auf dem Bild (Abb. 61) zu sehen ist, sind Zähne verschlissen, die entweder nicht mehr da oder spitz geworden sind. Außerdem gibt's noch den sogenannten „Sägezahn“, da sind dann die Zähne nicht symmetrisch abgeschliffen, wie bei einem Sägeblatt. All diese Verschleißanzeichen bedeuten: auswechseln. Ein Ketten-Kit kostet ca. 180 bis 400 DM.

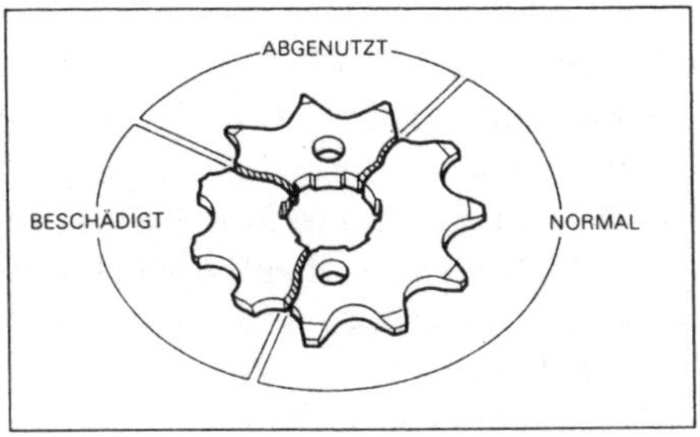

Abb. 61 (Honda)

4. Ausbau der Kettenräder
- Deckel des vorderen Kettenrades abmontieren (s.o.).
- Befestigung des vorderen Kettenritzels lösen. Evtl. Sicherungsblech wegbiegen. Lege den 1. Gang ein und laß die beste aller Freundinnen auf die Hinterradbremse treten, sonst dreht das Ritzel vorn mit.
- Kettenschloß öffnen und Kette abnehmen. Bei Endlosketten muß entweder die Hinterradschwinge auf einer Seite gelöst werden, so daß die Kette herausgenommen werden kann, oder, was ich vorziehen würde: Kette mit Kettentrenner öffnen und später Kettenschloß einsetzen. Wenn kein Kettentrenner aufzutreiben ist, tut's auch eine Flex, mit der lassen sich die Nietköpfe wegflexen.

- Hinterrad ausbauen (vgl. *Ausbau Hinterrad*).
- Das vordere Kettenritzel ist entweder mit einer zentralen Mutter auf die Getriebeachse geschraubt und irgendwie gesichert. Eventuell durch ein hochgebogenes Blech, das mußt du dann aufbiegen. Oder mit einer selbstsichernden Mutter. Manchmal sind es auch zwei. Wenn die gelöst sind, läßt sich das Ritzel abnehmen, es sei denn, es ist auf einen Konus gepreßt. Dann brauchst du einen Abzieher. Den hast du natürlich nicht. Von daher lohnt es sich, vor dem Ausbau mal bei einer Motorrad-Werkstatt zu fragen, ob das Ritzel auf einem Konus sitzt, und wenn ja, ob sie dir einen Abzieher leihen. Sonst kann das an dieser Stelle einen abrupten Baustopp bedeuten. Theoretisch geht das Ritzel runter, wenn du von hinten geduldig daran herumhebelst oder mit dem Hammer ringsherum draufklopfst. Da du das Ritzel ja sowieso wegwerfen willst, kannst du ruhig den Eisenhammer nehmen. (Unter uns gesagt: Brüllen hilft hier nicht.)
- Solltest du es endlich herunterbekommen haben, setze das neue Ritzel auf, das hat übrigens ein oder zwei Löcher, die auf ein oder zwei Nasen gesetzt werden sollen, und schraube es fest.
- Das große Zahnrad am Hinterrad ist mit drei bis sechs Schrauben am Rad befestigt. Hier werden fast immer die gebogenen Sicherungsbleche verwendet. Also: Aufbiegen mit Schraubenzieher und Hammer, Muttern lösen, Zahnrad wechseln, Muttern festziehen (ca. 30 Nm) und alles sichern.
- Jetzt baust du das Hinterrad wieder ein (vgl. Einbau Hinterrad).
- Neue, gefettete Kette aufziehen und Kettenschloß *richtig* einsetzen (s.o.).
- Kette spannen (vgl. *Einbau Hinterrad*).
- Hinterachsmutter festziehen.
- 1. Gang einlegen, beste Freundin auf die Fußbremse und vorderes Kettenritzel endgültig festziehen, auf ca. 50 Nm bei einer Schraube, bei mehreren Schrauben weniger.
- Getriebeachsmutter ggf. noch sichern, wenn sie das nicht selber kann.
- Kettenraddeckel wieder einsetzen.
- Wenn der Schalthebel noch rumliegt, baust du den besser auch wieder ein und schraubst die Klemmschraube fest.

Jetzt probiere noch, ob alle Gänge funktionieren, *und überleg dir was für die fünf Kilo schmierigen Metallabfall, den du gerade produziert hast.*

- *In die Spülmaschine und danach als Neuteile in der Zeitung an-*

noncieren. (Bringt möglicherweise gutes Geld, aber keinen grünen Punkt.)
- *Kette als Rosenkranz verwenden bzw. als solchen verschenken. (Wer's denn mag: 3 grüne Punkte.)*
- *In ein am Straßenrand geparktes Cabrio legen. (4 Punkte)*
- *Bei der Tankstelle oder am Schrottplatz abgeben. (5 Punkte für 5 Kilo.)*

5. Kette spannen

Um die Kette zu spannen oder z.B. wegen größerer Beladung zu lockern, müssen die Hinterradbolzen und die Kontermuttern der beiden Kettenspanner gelockert werden. Danach kann über die Kettenspanner das Rad in der Schwingenhalterung verschoben werden (siehe *Ausbau und Einbau Hinterrad* ★). Achtung, mit der Kettenspannung verändert sich auch die Einstellung der Hinterradbremse bei Trommelbremsen. So muß die Einstellung des Bremsgestänges angepaßt werden (vgl. *Einbau Hinterrad* ★).

Bremsen

Hydraulische Bremse entlüften

Requisiten: ca. 150 ml Bremsflüssigkeit nach Herstellerangabe (DOT-Bezeichnung) • 0,5 m langer Schlauch, ca 4 mm Durchmesser • leeres Marmeladenglas oder bereits halbvolles Gurkenglas mit alter Kupplungsflüssigkeit• Endsocke.

Ebenso wie bei der hydraulischen Kupplung muß die Flüssigkeit ca. alle 2 Jahre gewechselt bzw. gelegentlich mal entlüftet werden, weil die Bremsflüssigkeit dazu neigt, Wasser aufzunehmen.

Du öffnest den Deckel des Ausgleichsbehälters am Lenker, stellst ihn waagerecht (Abb. 62) und füllst ihn mit Bremsflüssigkeit auf. Die beiden Kreuzschlitzdeckelschrauben gehen unwillig auf, deshalb rate ich dir, sie vorher zu prellen, um einer späteren Ausfräsung des Kreuzschlitzes vorzubeugen:
- Passenden Kreuzschlitzschraubendreher draufsetzen und mit einem Hammer (muß ja nicht gleich ein Vorschlaghammer sein) einmal entschieden auf den Schraubendreher schlagen. Danach geht die Schraube auf.
- Bevor du den Deckel, ggf. Deckelplatte und Membran herausnimmst, sorge dafür, daß der Behälter waagerecht steht: Lenker ganz nach links einschlagen.

Wenn das nicht reicht, löse die beiden Schrauben, die den Behälter mit einer Schelle am Lenker festhalten. Jetzt kannst du den Behälter drehen, bis er waagerecht steht. Lege eine Socke um ihn, denn gleich wird gekleckert.

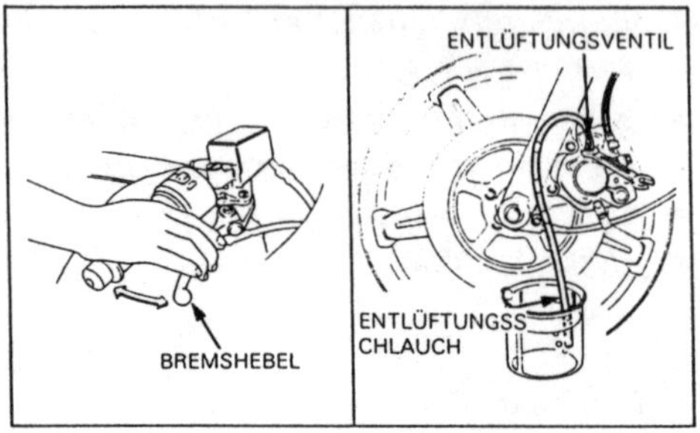

Abb. 62 (Honda)

- Wenn du dem Schlauch vom Behälter zur Bremse folgst, landest du beim Bremssattel. Bei Doppelscheibenbremsen gibt's eine Abzweigung zum zweiten Sattel. In der Nähe des Schlauchanschlusses am Sattel befindet sich eine kleine Sechskantschraube (SW 6, 7 oder 8, 10), die oberhalb des Sechskants eine runde Öffnung und einen Gummistöpsel hat. Diese Schraube ist das Entlüftungsventil (Abb. 62 rechts). Am besten legst du einen Ringschlüssel auf den Sechskant und öffnest das Ventil vorsichtig um eine viertel Umdrehung. Dann machst du es ebenso vorsichtig wieder zu. Laß den Schlüssel drauf, und stecke den Entlüftungsschlauch mit dem einen Ende auf das Ventil, das andere Ende legst du in das Glas.
- Jetzt betätigst du den Bremshebel drei- bis fünfmal und hältst ihn dann fest angezogen. Beim Pumpen kann es sein, daß eine fröhliche Fontäne aus dem Behälter schießt. Lege einfach dein Söckchen darüber. Während du den Hebel festhältst, öffnest du das Ventil wieder – viertel bis halbe Umdrehung. Vielleicht merkst du, daß der Hebel noch ein Stück weiter angezogen werden kann. Halte ihn ganz angezogen, und schließe das Ventil wieder. Jetzt mußt du oben erneut drei- bis fünfmal pumpen, festhalten und unten am Ventil öffnen. Wenn du das Ventil dann wieder geschlossen hast, schau nach, ob du den Behälter schon nachfüllen mußt. Er darf auf keinen Fall leer werden, weil du sonst Luft in die Anlage pumpst. Ebenso ist ganz wichtig, daß das Ventil geschlossen wird, bevor du den Hebel losläßt, sonst saugst du von unten Luft an.
- Diesen Ablauf: Pumpen/Festhalten/Ventil auf/Ventil zu/Pumpen/Flüssigkeitsstand nachfüllen usw. mußt du ungefähr dreißigmal wiederholen. Wenn dein Entlüftungsschlauch durchsichtig ist, kannst du ggf. kleine Bläschen erkennen, die sich in der herausgepumpten Flüssigkeit befinden. Du bist fertig mit dem Entlüften, wenn keine

Bläschen mehr herauskommen. Wenn du nach 5 Minuten immer noch Blubberbläschen herauspumpst, ist irgendwas falsch. Vielleicht ist das Ventil jeweils zu weit geöffnet, so daß dort Luft mit in deinen Schlauch gesaugt wird. Das verfälscht die Anzeige, heißt aber nicht, daß du Luft im System hast.

- Um die Flüssigkeit zu wechseln, mußt du länger dabeibleiben als zum Entlüften. Ungefähr 100 – 150 ml Flüssigkeit muß durchgepumpt werden.
- Wenn du dann längst schon keine Lust mehr hast und endlich fertig bist, hör auf und schraube alles wieder zu. Ventil, Behälterdeckel, Halterung am Lenker. Um sicherzugehen, daß keine Bremsflüssigkeit auf dem Motorrad antrocknet, gieße einfach über alle gefährdeten Teile Wasser.

Zu deinem Erfolgsgefühl fehlt jetzt eigentlich nur noch die Lösung für das Problem Gurkenmarmeladenglas und die sterblichen Überreste deiner Fußtüte.

- *Vielleicht gibt's jemanden, gegen den du noch eine emotional offene Rechnung hast, die dir seit längerem auf den Magen schlägt, und vielleicht hat derjenige ein Auto, auf dessen glänzend polierte Motorhaube du einen Smily tröpfeln könntest. Mit einer längeren Einwirkzeit mußt du allerdings rechnen, ebenso mit Schadensersatzansprüchen und einer Geldstrafe wegen Sachbeschädigung. Als Frau kann es dir auch passieren, daß deine Zurechnungsfähigkeit in Frage gestellt wird. Und das alles wegen 100 ml Bremsflüssigkeit. Da es umwelttechnisch kein besonders bedenkliches Verhalten ist, kriegst du 2 Mutpunkte.*
- *Solltest du emotional so ausgeglichen sein (ich bin o.k., du bist o.k.), daß dich dieses Abenteuer nicht reizt, bringe das Zeug zur Tankstelle oder zum Giftmobil (3 Punkte).*
- *Die Apothekerin mußte vermutlich inzwischen zur Kur, du kannst es ihr ja zurücklegen lassen (1 Punkt).*

Elektrische Anlage

Vorbemerkung: Alle Arbeiten werden grundsätzlich bei ausgeschalteter Zündung durchgeführt.

Requisiten: Kreuzschlitzschraubendreher • 10er Gabel-/Ringschlüssel • Ersatzsicherungen • Kontaktspray • ggf. destilliertes Wasser • Ringelsöckchen • Geduld.

Batterie

1. Flüssigkeit auffüllen

Es gibt im Kraftfahrzeugbereich wartungsfreie und absolut wartungsfreie Batterien. Erstere haben sechs Einfüllstöpsel, in die du gegebenenfalls destilliertes Wasser einfüllen kannst; die absolut wartungsfreien Batterien haben keine Einfüllstöpsel und verlieren theoretisch keine Flüssigkeit. Bei Motorrädern werden vorwiegend wartungsfreie Batterien verbaut. Wo? Unter der Sitzbank, entweder von oben oder unten zugänglich oder durch Entfernen eines Seitendeckels. Auf dem Batteriegehäuse befindet sich für den Flüssigkeitsstand eine MIN-MAX-Markierung. In eingebautem Zustand nicht unbedingt zu erkennen. Dann fülle einfach bis ca. 1 cm unter dem Stöpsel auf (Abb. 63).

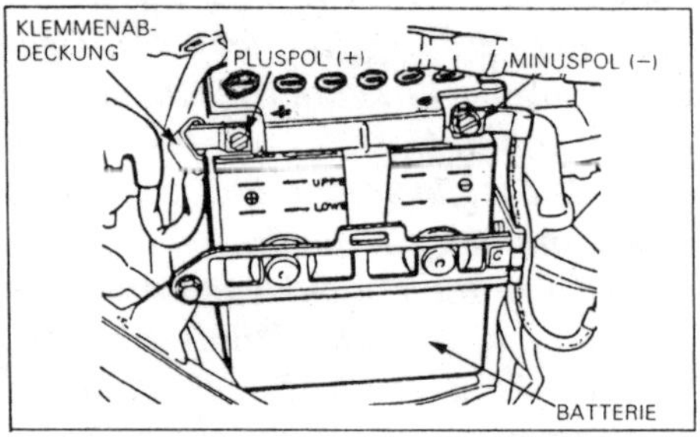

Abb. 63 (Honda)

Durch das eingefüllte destillierte Wasser wird die in der Batterie befindliche Schwefelsäure verdünnt. Je Schwefel, desto geladen. Deshalb kann es dir passieren, daß die Batterie vor dem Auffüllen prima funktionierte und danach plötzlich keine Power mehr hat. Du tust also gut daran, während des Auffüllens den Motor laufen zu lassen und danach eine halbe Stunde spazierenzufahren, damit das destillierte Wasser in Säure umgewandelt und die Batterie wieder geladen wird. Du kannst sie selbstverständlich auch ausbauen und ein paar Stunden an Papas Ladegerät hängen.

2. Batterie ausbauen

Hast du die Batterie gefunden, orientiere dich als erstes über die Anordnung von Plus- und Minuspol. Das steht irgendwo in Polnähe drauf. Der Pluspol ist oft mit einer roten Plastikhaube abgedeckt (vgl. Abb. 63). Der Minuspolanschluß führt auf direktem Weg zum Motorblock.

- Zuerst löst du den Minusanschluß. Es wird immer erst der Minuspol gelöst, weil beim Pluspol die Gefahr besteht, aus Versehen mit dem Schraubenschlüssel eine Verbindung zwischen Pluspol und Motorradrahmen herzustellen. Das wäre ein Kurzschluß und sollte peinlichst vermieden werden. Beim Minuspol kann nichts passieren, denn der ist sowieso mit dem Rahmen verbunden.

Die Pole sind mit Schrauben SW 10 befestigt, die gleichzeitig einen (Kreuz)-Schlitz haben. Wenn's geht, immer lieber den Sechskant als den Kreuzschlitz verwenden. Sobald der Minuspol gelöst ist, ist die Batterie *abgeklemmt* – der Stromkreis ist unterbrochen.

- Nun kannst du völlig gefahrlos den Pluspol abschrauben.
- Viele Batterien haben einen oder zwei Anschnallgurte aus Gummi. Die brauchst du nur auszuhängen. Andere haben eine Halteleiste, die beispielsweise mit 1 oder 2 Schrauben SW 10 befestigt ist.
- Sobald die Halterung gelöst ist, kannst du die Batterie herausnehmen. Dazu mußt du je nach Modell ein wenig rangieren. Eigentlich lassen sich alle relativ gut herausnehmen. Außer bei BMW, da geht die Batterie seit Jahrzehnten um ein paar Millimeter nicht nach oben heraus. Laß dir Zeit, ärgere dich und akzeptiere dann, daß du den Luftfilter wegbauen mußt.
- An der einen Batterieseite ist ein Entlüftungsschlauch befestigt, der etwa entweichende Batteriesäure so in die Umwelt leitet, daß zumindest der Motorradrahmen und gegebenenfalls die Kette nicht verätzt werden.
- Die Batterie darfst du kippen, aber besser nicht auskippen, immerhin ist Säure drin. *Die soll nicht auf die Haut und erst recht nicht an die Schleimhäute gelangen. Säure wird bei Unfällen mit viel Wasser weggespült, also so lange verdünnt, bis sie nicht mehr ätzt.*
- Beim Einbau gilt: zuerst den Pluspol anschrauben und dann den Minuspol.

3. Batterie laden

- Zum Laden der Batterie muß sie vom Bordnetz abgeklemmt sein, d.h. entweder ausgebaut werden oder der Minuspol abgeklemmt sein.
- Dann sollten die Stöpsel aufgeschraubt werden, damit beim Laden evtl. entstehende Gase entweichen können. Sonst platzt die Batterie. Das beim Laden entstehende Gas heißt Knallgas; und das zu Recht. Halte Zigaretten, Feuerzeuge, Streichhölzer, Kerzen und ähnliches fern.
- Kontrolliere den Flüssigkeitsstand in den Batteriezellen.
- Das Ladegerät wird mit dem roten Kabel an Plus und mit dem schwarzen Kabel an Minus geklemmt. Manche Geräte haben eine Wahltaste für 6 V oder 12 V. Da wird die Batteriespannung eingestellt. Welche Spannung deine Batterie hat, steht drauf. Manchmal gibt es eine Sondereinstellung für langsames Laden – das ist besonders für Motorradbatterien geeignet.

- Jetzt brauchst du nur noch den Stecker in die Steckdose zu stecken, und der Ladevorgang beginnt.
- Über das Ende des Ladens sollte eigentlich der Zeiger am Ladegerät Aufschluß geben. Tut er aber nicht immer. Im Zweifelsfall schalte nach fünf Stunden ab.

4. Fremdstarten

Das kannst du machen, wenn die bereits eingebaute Batterie nicht die Leistung erbringt, die zur Betätigung des E-Starters erforderlich ist. Motorräder, die nur mit Kick-Starter gestartet werden, brauchen keine Starthilfe. Wenn du ein Motorrad mit E- und Kick-Starter hast, und der E-Starter versagt, kannst du versuchen, anzukicken. Bei Fremdstarten ist zu beachten, daß beide Batterien die gleiche Spannung haben. Ob Diesel, Benziner, 2-Takter, rot, blau oder grün, ist egal. Alles Gerüchte. Fast alle Fahrzeuge haben 12 V-Anlagen. Nur ca. zwanzig Jahre alte Motorräder und Autos (Käfer) haben zum Teil 6 V-Batterien. Seltene Stadtförsterautos und LKWs sind mit 24 V-Anlagen ausgerüstet.

- Zum Fremdstarten wird bei ausgeschalteter Zündung deines Motorrads ein Starthilfekabel vom Pluspol der einen Batterie zum Pluspol der anderen Batterie, also zu deiner Motorradbatterie, gelegt.
- Das Minuskabel der helfenden Batterie wird an eine große Schraube am Motorblock deines Motorrades gehalten – stellvertretend für den Minuspol deiner Batterie.
- Jetzt kannst du starten. Danach die Starthilfekabel wieder abnehmen. Zuerst das Minuskabel.

Sicherungen

Sollten irgendwelche elektrischen Einrichtungen an deinem Motorrad ausfallen, überprüfe zuerst die Sicherungen. Dazu mußt du sie allerdings finden. Typische Verstecke liegen unter den Seitendeckeln, unter der Sitzbank oder am Armaturenbrett. Wo FUSE draufsteht, ist Sicherung drin. Oft sitzen sie in einer kleinen schwarzen FUSE BOX, zigarettenschachtelgroß. Sie sehen so aus (Abb. 64).

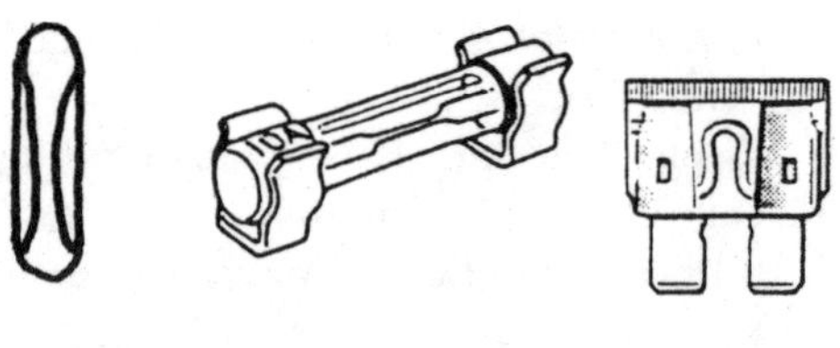

Abb. 64 (Honda)

- Du kannst sie einfach herausziehen und den dünnen Draht anschauen: Ist er durchgeschmolzen, ersetze die Sicherung durch eine neue gleichfarbige.

- Sollte diese wiederum sofort durchbrennen, liegt ein ernster Fehler vor: Irgendwo ist ein Kurzschluß, vielleicht ein aufgescheuertes Kabel. Viel Spaß beim Suchen!
- Oft gehen Sicherungen einfach so kaputt. Aus Altersschwäche oder beispielsweise bei wunderschönen Chopper-Ledersitzbänken, wenn die nach einem großen Regen so richtig vollgesogen sind und du sie beim Draufsetzen quasi auswringst. Dann läuft der Wasserschwall direkt in den Sicherungskasten und bringt dort alle Elektronen durcheinander.

Wartung: Sicherungen bedürfen keiner Pflege, sie halten bis zu zehn Jahre und werden einfach ersetzt, wenn sie kaputtgehen. Aber wie alle elektrischen Teile sind sie empfindlich für sogenannte Oxidationen. Das sind weißlich-blaue Ablagerungen an elektrischen Steckern (vergleiche Zahnstein). Dieses Zeug bildet sich im Lauf der Jahre und macht erstmal nichts kaputt. Aber es isoliert die Kontaktflächen voneinander, so daß kein oder nur noch wenig Strom durchfließen kann. Dagegen hilft Kontaktspray. Es beseitigt Oxidationen und imprägniert das Kontaktmaterial. Sollte dein Motorrad mit runden Sicherungen ausgestattet sein, kannst du sie bei Gelegenheit mal in der Halterung drehen, so daß sich Oxidationen gar nicht erst festsetzen.

Lampen

In der elektrischen Anlage eines Motorrads gibt es eine Scheinwerferlampe, eine Standlichtlampe, vier Blinkerlampen, eine Bremsleuchte und ein Rücklicht. Dazu kommen die Kontrolleuchten und die Tachobeleuchtung. Wenn eine Lampe nicht funktioniert und die Sicherung in Ordnung ist, wechsle die Lampe aus und probiere, ob es funktioniert, denn nicht immer kannst du der Lampe ansehen, daß sie kaputt ist.

Beim Ausbau gibt es zwei verschiedene Befestigungssysteme:

1. Scheinwerferlampen: Egal ob H4 oder Bilux – sie sind mit einer Drahtklammer oder einem Blechring in die Fassung geklemmt. Um an die Halterung heranzukommen, mußt du den Scheinwerfer komplett aus dem Gehäuse nehmen.

- Er ist mit zwei Schrauben an den Seiten ins Gehäuse geschraubt. Die beiden Schrauben vorn am Scheinwerfer haben nichts damit zu tun, sie sind für die Scheinwerfereinstellung.
- Hast du die beiden Schrauben gelöst, kannst du den Scheinwerfer herausnehmen. Er hängt nur an dem dreipoligen Stecker der Scheinwerfer- und an der Standlichtlampe, die seitlich ins Gehäuse gesteckt ist.

- Den dreipoligen Stecker kannst du unter Ziehen und leichtem Wackeln von der Lampe lösen.
- Darunter befindet sich eventuell ein Abdeckgummi, das du abziehen kannst.
- Nun suchst du die Halteklammer, die in zwei Nasen eingehängt ist, und kannst sie öffnen: drücken und aufklappen.
- Bei einem Messingring mußt du draufdrücken und in Richtung „auf" drehen.
- Jetzt kannst du die Lampe gerade herausziehen. H4-Lampen haben drei Füße, die unterschiedlich dick sind und verschiedene Abstände zueinander haben. Sie passen also nur in einer Stellung in die Fassung, und zwar so, daß der mittlere Anschluß des dreipoligen Steckers nach oben zeigt.
- Bilux-Lampen haben einen Sockel mit Kerben, die einen verkehrten Einbau zumindest erschweren. Auch hier gilt: Der mittlere Anschluß am Stecker zeigt nach oben.
- Am besten vermeidest du es, den Glaskolben mit den Fingern anzufassen, denn das Fett deiner Haut gelangt sonst auf das Glas und verbrennt dort, sobald die Lampe heiß wird. Verbranntes Fett hinterläßt schwarze Flecken, so daß kein Licht mehr aus der Lampe dringt. Sollte sich eine Berührung nicht vermeiden lassen, wische das Glas vor dem Einbau mit einem Söckchen ab.
- Der Einbau erfolgt in umgekehrter Reihenfolge.

2. Alle anderen Lampen

- Zuerst die Ausnahme der anderen Lampen: die kleine Standlichtlampe. Um sie auszubauen, muß der Scheinwerfer herausgenommen werden (s.o.). Die Lampe ist nur gesteckt, du kannst an ihr ziehen, und sie kommt raus. Sollte das partout nicht funktionieren, drehe in Richtung „auf" und ziehe noch mal.
  Alle Blinker-, Brems- und Rücklichtlampen sind gleich eingebaut:
- Zuerst schraube die bunte Plastikabdeckung ab. Sie ist meistens mit zwei Kreuzschlitzschrauben befestigt. Dann kannst du sie herausnehmen. Vorsicht, da ist meist eine dünne Dichtungsschnur eingelegt.
- Jetzt kannst du die Lampe am Glas anfassen. Jawohl, am Glas, das geht eben nicht anders. Alle solchen Fassungen funktionieren nach dem Prinzip „drücken-drehen-herausnehmen". Drehen in Richtung „auf", ungefähr 2 mm, das fühlst du.
- Neue Lampe einsetzen, „drücken-drehen", fertig. Wische das Glas sauber und schraube die Plastikabdeckung mit Dichtring vorsichtig

fest. Nicht mit Gewalt. Plastik bricht ohne vorherige Ankündigung. Ziehe die Schrauben Schritt für Schritt gleichmäßig an.

- Bei den Lampen gilt: Lampe mit gleicher Bezeichnung einbauen. Beispielsweise steht bei einer Blinkerlampe auf der Fassung 12 V 21 W oder auf einer Rücklicht-Bremslicht-Lampe 12 V 21/5 W.
- Sowohl die Fassungen als auch die Kontaktflächen der Lampen neigen zu Zahnstein, sprich Oxidation. Auch hier hilft Kontaktspray.

Zündkerzen

Zündkerzen sind Superhightech-Teile, auch wenn sie eigentlich ziemlich altmodisch aussehen. Sie halten Temperaturschwankungen von 2 000 °C aus, wobei das in den Brennraum ragende Teil der Kerze sich in kürzester Zeit total erhitzt, während das andere Ende gerade mal ca. 50 °C warm wird. Das macht ihnen so schnell keiner nach. Außerdem müssen Zündkerzen exakt zur richtigen Zeit einen geeigneten Funken bereitstellen und davon unzählbar viele in ihrem Leben. Natürlich verändern sie sich dabei. Wie wir auch. Mit jedem Funken, also jedem Luftsprung der Elektronen von der Mittelelektrode zur Masseelektrode, wird etwas Material mitgenommen. Deshalb ist die Masseelektrode nach ca. 15 000 km nicht mehr so schön geradflächig und scharfkantig wie zu Beginn ihres Einsatzes. Dadurch verändert sich der Funken, denn der Abstand zwischen beiden Elektroden hat sich vergrößert. Zündkerzen ausbauen, prüfen, reinigen oder erneuern kannst du selbst. Das kann eine sehr schöne oder sehr ärgerliche Arbeit sein – je nachdem, wie zugänglich die Zündkerzen sind.

1. Ausbau der Zündkerzen

Requisiten: passender Zündkerzenschlüssel (Bordwerkzeug) • Fühlerlehre • Drahtbürste • ggf. neue Zündkerze • Gaskocher und Zange • Hauswand oder Bordstein • Ringelsöckchen.

- Als erstes mußt du herausfinden, wie viele Zündkerzen es bei deinem Motorrad gibt. Pro Zylinder sicherlich eine, wenn nicht sogar zwei. Sie befinden sich im oberen Motorteil (Zylinderkopf) und sind nicht zu sehen, weil ein dicker schwarzer Zündkerzenstecker draufgesteckt ist. Von dem geht ein fast kugelschreiberdickes schwarzes Kabel weg und verschwindet unter dem Tank. Pro Kerze ein Kabel.
- Bei manchen Choppern sind Chromblenden davorgebaut. Die mußt du vorher abschrauben. Vermutlich je 2 Schrauben SW 10.
- Bei sportlichen Motorrädern mit 4-Zylinder-Reihenmotoren kann der Kerzenausbau etwas aufwendiger werden, weil vorher der

Tank abgebaut werden muß. Geht alles, dauert nur etwas länger (vgl. *Tank abbauen*).

- Du hast alle Kerzen gefunden. Um sie herauszuschrauben, mußt du den Zündkerzenstecker nach oben abziehen. Geht relativ unwillig und macht ungesunde Geräusche. *Zündkabel nicht vertauschen, das führt zu Verwirrung unter den Zündfunken!*
- Zum Herausschrauben gibt es einen speziellen Zündkerzenschüssel, der von oben auf die Kerze gestülpt wird. Die Zündkerzenschlüssel im Bordwerkzeug haben meist am anderen Ende einen Vierkant oder Sechskant, auf den du als Hebel einen Gabelschlüssel aufsetzen kannst. Besser Handschuhe anziehen. Drehen in Richtung „auf". Da der Kerzenschlüssel so lang ist, mußt du ihn oben mit einer Hand festhalten, während du mit der anderen aufschraubst. Sonst verkantet er sich evtl. auf der Kerze, und da das herausstehende Kerzenende aus Keramik ist, bricht es leicht. Dann brauchst du eine neue Kerze.

2. Zündkerze prüfen und reinigen
Wenn die Kerze heraus ist, kannst du sie untersuchen.

- Welche Farbe haben die Elektroden:
  Rehbraun: optimale Verbrennung;
  Weiß: ein zu mageres Gemisch, d.h., der Vergaser ist so eingestellt, daß im Verhältnis zuwenig Kraftstoff angesaugt wird. Das würde ich in einer Werkstatt korrigieren lassen, weil die Verbrennung eines zu mageren Gemisches sehr heiß ist, so daß es zu Beschädigungen an Kolben und Ventilen kommen kann;
  Schwarz: ein zu fettes Gemisch. Es wird also mehr Kraftstoff angesaugt, als verbrannt werden kann, so daß sich Ruß bildet. Kerzen sehen oft schwarz aus, wenn der Motor vorher nicht richtig warmgefahren worden ist. Beispielsweise, wenn viel mit Choke gefahren wird. Das ist ungefährlich und bei Kurzstreckenbetrieb nicht zu vermeiden. Ab einer bestimmten Temperatur reinigt sich die Zündkerze selbst, von daher tust du gut daran, gelegentlich mal einen Ausflug zu machen, so daß der Motor richtig warm wird und die Kerze sich mal putzen kann.
- Ist die Zündkerze naß, sind also die Elektroden voll Benzin, wird das Motorrad vermutlich gar nicht angesprungen sein. Nasse Kerzen funken nämlich nicht. Du kannst sie mit dem Ringelsöckchen trocken wischen und abbürsten. Am besten wäre es aber, sie mit einer Zange eine Minute über einen Gaskocher zu halten. Gasherd geht selbstverständlich auch.

- Jetzt kannst du sehen, welche Form die Elektroden haben: Masseelektrode vollständig vorhanden?
  Mittelelektrode abgerundet oder noch scharfkantig mit gerader Oberfläche?
  Sollten eine oder beide Elektroden verformt sein, empfehle ich dir, neue Kerzen einzusetzen, um späteren Pannen vorzubeugen.
- Ist die Kerze verschmutzt?
  Ist sie rußig, oder haben sich graubraune Krümel an ihren Elektroden gebildet, kannst du ihr bei der Reinigung mit einer Drahtbürste helfen. Da geht nichts kaputt, und sie schnurrt vielleicht.
- Hast du vor, die Kerze wiederzuverwenden, mußt du den Elektrodenabstand prüfen (Abb. 65). Das ist der Spalt zwischen Mittel- und Masseelektrode. Dazu mußt du erst mal wissen, wie groß er sein soll. Steht in der Bedienungsanleitung oder im Reparaturhandbuch. Z.B. 0,7 mm – du nimmst also aus dem Fühlerlehrenset die Lehre, auf der 70 steht. Die schiebst du gerade zwischen Mittel- und Masseelektrode.

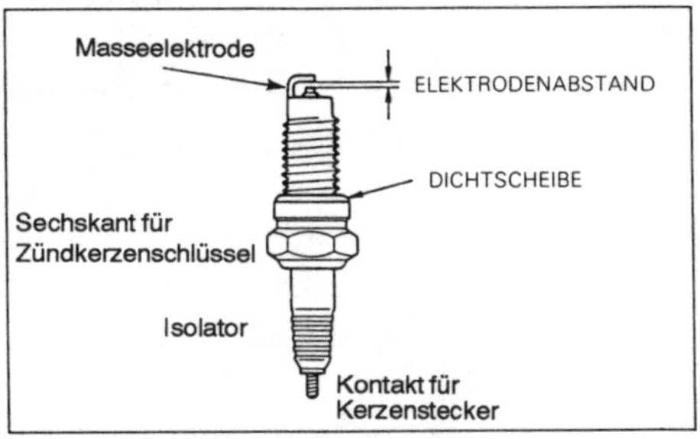

Abb. 65 (Honda)

  Das Maß entspricht dem der Fühlerlehre, wenn sie „leicht saugend" durch den Spalt paßt. Ist der Spalt zu eng, kannst du ihn mit der Fühlerlehre vorsichtig aufhebeln. Ist er zu groß, drücke die Masseelektrode einfach an einer Häuserwand oder am Bordstein etwas enger.

3. Zündkerze einbauen

- Solltest du dich dazu entschließen, eine neue Kerze einzubauen, ersetze bitte alle Kerzen, damit in allen Zylindern gleiche Arbeitsbedingungen herrschen (fairplay).
- Bei den neuen Kerzen kommt es darauf an, daß sie vom Gewinde und der Bauform her den alten entsprechen. Ob das Gewinde gleich lang ist, ob die Kerze ein, zwei oder drei Masseelektroden hat, kannst du selbstverständlich erkennen. Nun haben Kerzen noch ein paar nicht so gut erkennbare Merkmale, die aber wichtig sind und über Leben und Tod deines Motors entscheiden. So zum Beispiel der Wärmewert der Zündkerze. Der braucht dich gar nicht

weiter zu interessieren, wenn du einfach eine Kerze verwendest, die „laut Liste“ für dein Motorrad zugelassen ist. Alle Kerzenhersteller haben solche Listen, und auf der Kerze ist eine Bezeichnung angegeben. Zum Beispiel W7DC oder BPR8ES oder NY8 oder was weiß ich nicht. In den Listen sind auch die Übersetzungen der Herstellercodes angegeben, so daß du eine gleichwertige Kerze von einem anderen Hersteller einbauen kannst.

- Verbaust du jetzt also neue Zündkerzen, fällt dir aus der Verpakkung evtl. ein kleines, rundes Ding entgegen. Das ist der Adapter für den Kerzenstecker. War die alte Kerze mit oder ohne Adapter eingebaut? Es gibt nämlich zwei Anschlußgrößen für Zündkerzenstecker. Den Adapter kannst du einfach mit der Hand hinten auf das klitzekleine Mittelelektrodengewinde schrauben.
- Beim Einsetzen der Kerze ist es wichtig, darauf zu achten, daß du im richtigen Winkel ansetzt. Kerzen werden grundsätzlich mit der Hand eingeschraubt, weil du dabei besser spürst, ob sie richtig ins Gewinde gehen.
- Hast du sie ein paar Umdrehungen ins Gewinde geschraubt, kannst du sie mit dem Schlüssel festschrauben. Dabei gilt, sobald sie fest wird, noch ein bißchen – wie bei einem stark tropfenden Wasserhahn (ca. 30 Nm).
- Wenn der Motor beim Hineinschrauben der Zündkerzen noch heiß sein sollte, warte ein wenig, bis sich die kalte Kerze akklimatisiert hat, bevor du sie ganz festziehst. Denn sonst schrumpft der durch die Erwärmung ausgedehnte Zylinderkopf beim Abkühlen um die Kerze herum zusammen, so daß die Kerze letztendlich fester eingebaut ist, als du sie angezogen hast.
- Nun steckst du den Kerzenstecker wieder fest drauf, bis er diese eigenartigen Kratzgeräusche macht.

Fertig! Was bleibt, sind die Altpapierabfälle der Zündkerzenverpackung (1 Punkt pro Schachtel) und evtl. alte Kerzen. Die kommen in Nachbars Mülltonne (kein Punkt) oder – sofern sie noch funktionieren – lege sie als Ersatzkerzen zum Bordwerkzeug (5 Schiebepunkte).

Kleine Pannenkunde

Meine Erfahrung mit Pannen hat mich gelehrt, daß ca. 80 % der Ursachen für Ausfälle völlig banal sind. Oft werden Ursache und Wirkung miteinander verwechselt. Nur weil der anscheinende Totalschaden „Ich kann nicht mehr fahren“ eine Katastrophe ist, muß die Ursache nicht genauso katastrophal sein und bedeuten „Ich kann nichts machen“.

Wenn du dir grundsätzlich angewöhnst, immer vom Harmlosesten auszugehen und dich Schritt für Schritt fortzubewegen, wirst du erstaunliche Erfolge erleben. Und das nicht nur im Umgang mit deinem Motorrad!

Im folgenden versuche ich, eine kurze Systematik zur Fehlersuche aufzustellen, die selbstverständlich nicht erschöpfend ist, sondern nur helfen soll, den Fehler schnell einzukreisen.

Das Motorrad springt nicht an

1. Ist die Stromversorgung in Ordnung?

- Leuchten bei eingeschalteter Zündung die Kontrolleuchten?

  Nein: Batteriepole auf lockere Kontakte prüfen
Hauptsicherung MAIN prüfen
Batterie evtl. leer – Starthilfe

  Ja: bei Motorrädern mit E-Starter:
Dreht der Anlasser beim Starten durch?

  Nein: Werden die Kontrolleuchten beim Starten dunkler?
(Batterie leer, Starthilfe)
Leuchten die Kontrolleuchten beim Starten fröhlich weiter, und der Anlasser gibt kein Geräusch von sich:

    - Seitenständer ausgeklappt?
    - Stecker abgesteckt?
    - Kupplung gezogen oder neutral?
    - Starterrelais prüfen.

    Dazu kannst du die beiden dicken Anschlüsse am Relais mit einem Schraubendreher kurz verbinden. *Achtung! Vorher Gang raus!* Arbeitet das Relais nicht, kannst du so behelfsmäßig starten.

  Ja: Dreht er langsam durch: Batterie leer – Starthilfe

Also: Stromversorgung ok. Kontrolleuchten brennen, bei Motorrädern mit E-Starter dreht der Anlasser kräftig durch. Trotzdem springt das Motorrad nicht an.

2. Zündfunken prüfen

- Steht der „Killschalter“ auf RUN?
- Sind die Kerzenstecker aufgesteckt?

  Ja: Kerzenstecker abziehen und Kerze herausschrauben. Kerze in Kerzenstecker stecken und mit dem Gewinde auf den Motorblock legen. Ist beim Starten ein Zündfunke zu sehen?

  Nein: Kerze reinigen, trocknen oder mit neuer Kerze probieren.

  Nein: Zündkabel prüfen (rissig, gebrochen?), Anschlüsse und Stekker der Zündanlage kontrollieren.
  Hauptstecker Zündbox locker?
  Unterbrecher oder Zündgeber defekt?

Wenn die Kerze naß ist und nach der Trocknung wieder funkt, war der Motor „abgesoffen“.

- Alle Kerzen herausschrauben, trocknen oder erneuern.
- Vor dem Hineinschrauben Motor mal starten, damit das überflüssige Benzin herausgepustet wird.
- Kerzen einschrauben, Stecker drauf.

Bei fast allen Pannen an neueren Motorrädern liegt die Ursache in nassen Zündkerzen.

Kerzen trocken und sauber, funken alle, Motorrad springt nicht an:

3. Kraftstoffversorgung prüfen

- Ist Benzin im Tank?
- Ist der Benzinhahn auf ON?
- Ist der Choke gezogen?
- Bei Motorrädern mit elektrischer Benzinpumpe: Läuft die Pumpe (sirrendes Geräusch)?

  Nein: Sicherung Fuel Pump/EFi prüfen.

  Ok: Kraftstoff-Pumpenrelais prüfen, ggf. die beiden großen Kontakte des Arbeitsstromkreises miteinander verbinden. Im Schaltplan nachschauen, sonst fröhliches Kontakteraten (kann danebengehen).
- Bei Motorrädern mit Vergasern:

  Ist Benzin in der Schwimmerkammer?
  Dazu Ablaßschraube öffnen und gucken, ob was rausläuft.

  Nein: Benzinfilter verstopft?
  Schwimmernadelventil hängt?

Mit Spritze oder Mund Luft in Vergaserleitung pusten.
Funktioniert der Chokezug?
Funktioniert der Gaszug?

Erst wenn du dies alles geprüft hast, und das Motorrad springt immer noch nicht an, liegt ein ernster bzw. ein gut versteckter Fehler vor. Zünde dir eine HB an und wähle eine bewährte Telefonnummer.

PS: Den Ölstand brauchst du jetzt nicht mehr zu kontrollieren. Sollte die Ursache tatsächlich fehlendes Öl sein – und das ist verschwindend selten der Fall –, ist es jetzt eh zu spät.

4. Elektrisches Messen
Willst du prüfen, ob ein Kabel unterbrochen ist oder ob an einem Verbraucher überhaupt Spannung anliegt, kannst du das am einfachsten mit einer Prüflampe tun.

Elektrische Meßgeräte sind so ausgelegt, daß du nach der technischen Stromrichtung vorgehst. Du mißt also immer am Pluskabel, ob dort Spannung anliegt. Die Spannungsprüfung erfolgt immer *parallel* zum prüfenden Stromkreis (Abb. 66).

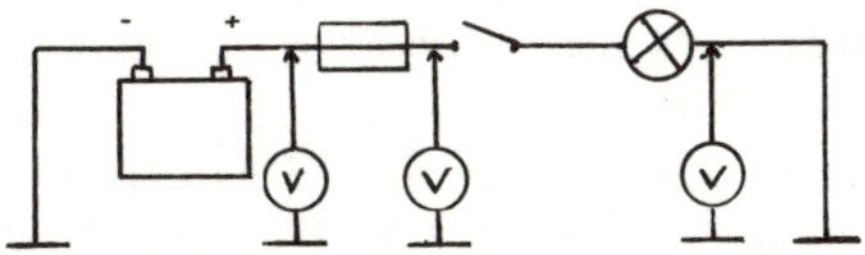

Abb. 66

- Du klemmst also das eine Ende der Prüflampe an Batterie Minus bzw. stellvertretend an eine Motorschraube.
- Um zu prüfen, ob die Prüflampe funktioniert, piekst du mit der Prüfspitze auf Batterie Plus. Jetzt muß die Lampe leuchten.
- Mit der Prüfspitze kannst du dich im fraglichen Stromkreis von Stecker zu Stecker vorprüfen. Mit der Spitze kannst du auch in die Kabelisolierung pieksen. Von Batterie Plus bis dahin und dorthin liegt noch Spannung an, da auch noch, aber hier nicht mehr? Also irgendwo dazwischen ist eine Unterbrechung. Schau an, die Glühlampe ist schuld!

Bei allen weiteren Messungen von Stromstärke und Widerstand brauchst du ein anderes Meßgerät. Mit den Geräten werden Bedienungsanleitungen geliefert, die eine Einführung in das jeweilige Meßverfahren beinhalten. Ansonsten empfehle ich dir, laß dir das Messen von einer Freundin zeigen. Es ist nicht schwierig, sondern gewöhnungsbedürftig.

Nepomuck/Janneck; *Das Schrauberhandbuch*, Moby Dick Verlag Kiel, 8. Auflage 1997
Nepomuck, Bernd L.; *Motorrad-Handbuch*, Moby Dick Verlag Kiel, 2. Auflage 1997
Janneck/Ussleber; *100 heiße Schraubertips*, Moby Dick Verlag Kiel, 6. Auflage 1998
Hohmann, Hans; *Motorradelektrik in der Praxis*, Moby Dick Verlag Kiel, 2. Auflage 1998
Wilson, Hugo: *Motorrad & Roller Reperaturhandbuch*, Moby Dick Verlag Kiel 1998
Heinsohn, Ralf; *Enduros*, Moby Dick Verlag Kiel 1997
Holfelder, Moritz; *Das Buch vom Motorrad*, Husum 1998
Pierson, Melissa; *Von der Leidenschaft, ein Motorrad zu fahren*, Hamburg 1998
Spiegel, Bernt; *Die obere Hälfte des Motorrads*, München 1997
Rauch, Schwietzer; *Handbuch für Motorroller und andere kleine Bikes*, Eschborn 1996
Lorek, Dietmar; *Die harte Tour* (Motorradreisen für Individualisten), Eschborn 1996
Bauerbach, Dirk; *Gebrauchte Motorräder*, Eschborn 1996